POLÍTICA SEXUAL:

os direitos humanos LGBT entre o universal e o particular

POLÍTICA SEXUAL:

os direitos humanos LGBT entre o universal e o particular

ANDRÉA MOREIRA LIMA

Relicário

CIP –Brasil Catalogação-na-Fonte | Sindicato Nacional dos Editores de Livro, RJ

L732p

Lima, Andréa Moreira

Política sexual : os direitos humanos LGBT entre o universal e o particular / Andréa Moreira Lima. -- Belo Horizonte, MG : Relicário Edições, 2017.

300 p. ; 15,5 x 22,5 cm.
Inclui referências, apêndices A,B
ISBN: 978-85-66786-47-7

1. Direitos civis e políticos. 2. Direitos dos homossexuais. 3. Psicologia social. I. Título. II. Título : os direitos humanos LGBT entre o universal e o particular

CDD 323

COORDENAÇÃO EDITORIAL Maíra Nassif Passos
CAPA Caroline Gischewski
DIAGRAMAÇÃO Ana C. Bahia
REVISÃO Pedro Furtado

RELICÁRIO EDIÇÕES
www.relicarioedicoes.com
contato@relicarioedicoes.com

A Acríssio Luiz Gonçalves,
seu amor, companhia e contribuição trouxeram mais colorido
à minha vida, tornando a escrita mais leve e prazerosa.

AGRADECIMENTOS

Quero agradecer a cada um que, de alguma forma, contribuiu com minha caminhada na construção deste livro.

Aos entrevistados na pesquisa, pessoas com as quais tanto aprendi sobre a beleza da diversidade humana. Agradeço imensamente a vocês, que se dispuseram a estar comigo em momentos e lugares tão inusitados e que, mesmo assim, não se esquivaram de compartilhar suas histórias e vivências. Suas contribuições foram imprescindíveis à pesquisa.

A Marco Aurélio Máximo Prado, que abriu a primeira porta para a realização deste sonho. Você é a referência norteadora desta pesquisa, mesmo antes de ela existir, quando, em 2006, iniciamos nossos trabalhos de parceria entre política pública, academia e militância. Ao acreditar que, na minha trajetória, havia um saber construído coletivamente que deveria ser melhor sistematizado e compartilhado, possibilitou-me crescimento acadêmico e incentivo para novas caminhadas.

A James Green, a quem tive a honra de conhecer nos meus tempos de gestão pública. Desde então, aprendo muito com seu conhecimento e experiência, tanto por ser um pesquisador e ativista de destaque internacional quanto por ser uma pessoa sensível e acolhedora. Sua presença e palavra, em momentos de grande importância, principalmente na banca de defesa da tese, foram fundamentais para que eu me sentisse mais incentivada a trilhar novos caminhos e produções.

À Ana Cristina Santos, minha coorientadora do período de estudos de doutoramento em Portugal. Suas contribuições teóricas e ativistas foram fundamentais à pesquisa de campo realizada neste país, e para (re)escrever esta história. O seu jeito cuidadoso de me receber, como nos seus dizeres, para a "Bolsa Bacalhau", fez toda a diferença nas minhas inserções portuguesas.

Aos membros das bancas de qualificação da tese e de defesa do doutorado. Em especial, agradeço à Lúcia Afonso, que desde o início da minha trajetória profissional tem sido uma grande referência intelectual, compartilhando saberes e me dando força, afeto e incentivo nos momentos de maiores desafios; e ao Frederico Viana Machado, que sempre foi um grande interlocutor na vida acadêmica, contribuindo para a ampliação de novos olhares e estudos.

Ao Programa de Pós-Graduação em Psicologia da Universidade Federal de Minas Gerais (UFMG) e, em especial, a Cornelis van Stralen, Cláudia Mayorga e demais professores da linha de pesquisa em Psicologia Social, do Curso de Doutorado em Psicologia da UFMG.

Ao Centro de Estudos Sociais (CES) e à Universidade de Coimbra, em especial a Boaventura de Sousa Santos e Cecília McDowell, pelos instigantes ensinamentos nas aulas e nos corredores, bem como pela forma receptiva de compartilhar espaços poéticos e amistosos com seus alunos.

À Coordenação de Aperfeiçoamento Pessoal de Nível Superior (CAPES), pela bolsa durante o período de estudos de doutoramento no CES, da Universidade de Coimbra, em Portugal. A bolsa de Estágio de Doutorado Sanduíche no Exterior, fornecida por esse órgão de fomento à pesquisa, ampliou minhas possibilidades de estudos e percepções sobre a diversidade humana.

Ao Movimento Social LGBT de Belo Horizonte, em especial a Carlos Magno, Soraya Menezes e Walkíria La Roche, com os quais aprendi muito e tive a oportunidade de compartilhar uma década de ações políticas conjuntas.

Ao Movimento Social LBGT de Portugal, em especial a Paulo Jorge Vieira, Cassilda Pascoal, Mário Dinis e Daniel Medina. O apoio e companhia de vocês foram imprescindíveis no aprofundamento da coleta dos dados e nas experiências de ativismo em Portugal.

À Coordenadoria Municipal de Direitos Humanos (CMDH), ao Centro de Referência LGBT (CRLGBT), ao Centro de Atenção às Vítimas de Violência (CAVIV), à Secretaria Municipal Adjunta de Direitos de Cidadania (SMADC) e à Secretaria Municipal de Políticas Sociais (SMPS), por serem parte do alicerce desta produção. Nesses espaços construí queridas amigas, queridos amigos e grandes parceiros de trabalho ao longo da minha trajetória profissional.

Às amigas e amigos do doutorado da UFMG, do Núcleo de Direitos Humanos e Cidadania LGBT (NUH) e do Núcleo de Psicologia Política (NPP), pelas trocas de conhecimentos e amizade.

Às amigas e amigos do doutorado da Universidade de Coimbra e aos amigos portugueses e brasileiros com os quais convivi no período de moradia em Portugal, pelas pesquisas, ativismos e alegrias compartilhadas.

Às amigas e amigos do Centro Universitário UNA, pelo apoio, parcerias e interlocuções.

À minha mãe, meu pai, meu irmão, minha sogra, meu sogro e cunhados. Aos familiares de Belo Horizonte, de Coronel Murta e da Bahia, pelas alegrias e desafios compartilhados e pelas formas de incentivo, próprias de cada um/uma, nesta jornada.

Às amigas e amigos de ontem, hoje e sempre. Sou muito feliz e agradecida por ter a presença de cada um/uma de vocês em minha vida.

PREFÁCIO

A articulação dos direitos de lésbicas, gays, bissexuais, travestis e transexuais (D-LGBT) no campo que se tornou mais estabelecido e institucionalizado internacionalmente dos Direitos Humanos tem uma longa e contraditória trajetória. Por meio de uma revisita a essa história é que podemos observar vários dilemas, perdas e ganhos, avanços e retrocessos, no campo dos direitos relativos às experiências LGBT.

Foi essa a tarefa a que se propôs realizar Andréa Moreira Lima em sua trajetória de doutoramento e que pude acompanhar até o momento de escrita deste livro. Entre as experiências brasileiras e portuguesas, a autora nos permite interrogar mais uma vez: para quem são os direitos dos direitos humanos?

Como uma estratégia política de visibilidade e pertencimento junto às instituições internacionais, aos tratados intercontinentais e às plenárias das organizações globais pelos direitos humanos com capacidade de incidência política sobre os Estados-nações e sobre as regulações internacionais de direitos humanos é que uma parte do ativismo LGBT articulou a voz dos direitos das experiências e identidades de gênero, de minorias sexuais e de pessoas em não conformidade com as designações normativas da medicina aos corpos no amplo campo de disputa dos Direitos Humanos.

O campo dos Direitos Humanos se estabeleceu a partir do reconhecimento de que várias minorias sociais, culturais e políticas não encontraram, nas legislações, garantia de direitos democráticos, nem internacional e nem nacionalmente. Sua voz e seu pertencimento, portanto, alguns dos direitos declarados, deveriam ser pauta mínima respeitada e garantida em todos os países signatários.

Isso se deu em face a um mundo dividido pela Guerra Fria e sufocado pelo pós-guerra da metade do século XX. Foi nesse contexto que o campo dos DH se firmou como um campo das chamadas minorias sociais, as quais, ao menos intencionalmente, deveriam ser escutadas pelas agências internacionais do campo dos DH, sejam quais fossem as suas vozes, suas dores e suas especificidades. Mas nem sempre foi assim que os DH se consolidaram internacionalmente. As inúmeras interpretações possíveis do que vem a ser os DH no contemporâneo ainda insistem em alguns marcos de guerra em vários conflitos ao redor do mundo e na exclusão e desconsideração de muitos modos de vida.

Tratados internacionais, globais e intercontinentais com metas, proposições, referências técnicas e posições políticas são gestados no amplo espectro de um campo que, desde a Segunda Guerra Mundial, articula-se em torno da ideia de direitos do que viria a ser reconhecido como os direitos das minorias sociais. Mas, se por um lado, essa intenção tem dia a dia se tornado mais ilusão do que realidade e o campo dos DH tenha se tornado um campo muitas vezes limitado, mercantilizado e individualizado, ainda assim, por outro, abandoná-lo seria afogar ainda mais vozes pouco escutadas em seus direitos.

O campo dos DH está sujeito a inúmeras interpretações antagônicas, as quais, em conflito, rearticulam-se em torno da construção de uma posição hegemônica no mundo. Assim, atualmente, é um campo com um horizonte em disputa do que propriamente um recurso com destinatários e projetos em tela já totalmente definidos. Abandoná-lo poderia ser a desistência do fazer da política no sentido de alargar um campo em disputa.

Resta saber – e o trabalho deste livro nos permite contextualizar essa pergunta – se ainda vale a pena a luta no campo dos DH.

Internacionalmente, vemos o quanto os DH são insuficientes para lidar com as inúmeras injustiças sociais e o quanto que as hegemonias locais, nacionais e internacionais atuam na formatação do que viriam a ser os chamados direitos humanos de minorias, inclusive, muitas vezes descaracterizando completamente a construção histórica da experiência de minorias sociais e as reduzindo a especificidades sem nome.

Propositadamente, o livro de Andréa Moreira Lima, fruto de sua tese de doutoramento, encara o campo dos DH não como um campo estabelecido, mas como um horizonte político de disputas, lutas e contradições, como um campo de articulações entre as diferenças e as igualdades.

A autora, desde as suas primeiras pesquisas, vem se dedicando ao tema dos DH no âmbito das articulações com os D-LGBT. Foi a partir de sua pesquisa de doutorado que um fôlego maior sobre essas contradições e os âmbitos das incidências políticas dessa articulação pôde produzir o formato desse livro.

A pesquisa teve como motivação questionar a retórica de que os DH são universais porque gerais e que os D-LGBT são particulares porque específicos. Sem dúvida, esse mote veio da participação da autora como gestora pública quando atuou no âmbito das políticas sociais em Belo Horizonte. Ali, enfrentara-se em demasiado esse discurso sobre as dificuldades de tradução de direitos específicos para a agenda do que se constituía, na imagem de alguns discursos, um campo de direitos gerais e universais. A retórica, muitas vezes perspicaz e estratégica, supunha que universal era sinônimo de neutro e particular de específico, como se os universais não possuíssem faces, cheiros e marcas das experiências singulares em algum nível.

Em verdade, o que se queria dizer no espalhar do falso dilema entre direitos universais e particulares era a falência dos discursos universalistas dos direitos humanos para lidar com a pluralidade dos sujeitos políticos, suas especificidades, seus anseios por novos direitos, as formas de opressão ainda pouco desveladas e assim por diante. A pesquisa de Andréa Moreira Lima, que ora se expressa neste livro, problematizou essa falsa retórica, ampliou as bases de entendimento dos dilemas entre um discurso supostamente neutro e universal frente às experiências de sujeitos engendrados pelas suas expressões de gênero e sexualidade.

O trabalho que a autora levou adiante permitiu compreender os impactos do ativismo LGBT envolvido no campo dos DH e como as inúmeras contradições advindas daí foram sendo articuladas e rearticuladas no campo legislativo, executivo e judiciário. Além disso, a pesquisa apontou para elementos comparativos entre Brasil e Portugal, especificamente entre as cidades de Belo Horizonte e de Lisboa e seus respectivos ativismos.

Essa trajetória do trabalho de Andréa Moreira Lima permitiu compreender alguns dos dilemas que podem ser revelados a partir das experiências do ativismo LGBT e sua relação com o campo dos DH e com as institucionalidades locais que se traduzem em gestões de ações públicas, ainda que precárias e temporárias em ambos os países.

A pesquisadora traçou uma minuciosa tarefa de articular teorias e metodologias que permitissem discutir e debater como o campo dos D-LGBT foi engendrado no campo dos DH, as tensões advindas desse encontro, os limites que nascem a partir daí e as possibilidades da política em ação dada por esse encontro.

O que as leitoras e leitores encontrarão neste livro é uma análise do impacto da construção dos D-LGBT articulados ao campo dos DH tanto no nível legislativo e no nível executivo como no judiciário entre as experiências brasileiras e portuguesas.

Todavia, o livro traz uma série de debates que merecem destaque, pois, ao traçar esse percurso sobre os direitos sociais, a pesquisa permite enfrentar alguns dos debates mais contemporâneos, tais como a institucionalização dos direitos LGBT, as características dos ativismos nos dois países, os movimentos entre cooptação e avanços nas políticas institucionais e as possibilidades de tradução entre as experiências locais e o discurso dos direitos universalizantes.

Tomando a relação entre a igualdade e a diferença como a linha mestra de análise dos dados coletados nos dois países, a autora traz um amplo espectro de questões para serem pensadas e debatidas. Ao tracejar essa história entre as cidades de Belo Horizonte e Lisboa, a autora nos permite observar historicamente como as estratégias de lutas políticas são contextualizadas e precisam ser reinventadas pelas próprias experiências em si.

O livro abre possibilidades de novas questões no campo dos DH que precisam ser enfrentadas, pois podem dinamizar o entendimento dos Direitos Humanos nos espectros internacional, nacional e local. Para aqueles e aquelas que se interessam pelos Direitos Humanos como um campo de articulação das diferenças e das igualdades entre as experiências locais e comparadas, este livro será um importante impulso.

Marco Aurélio Máximo Prado[1]

1. Programa de Pós-graduação em Psicologia, Núcleo de Direitos Humanos e Cidadania LGBT, Universidade Federal de Minas Gerais.

APRESENTAÇÃO

Como fazer política sexual? É possível? O particular e o pessoal podem ser plurais, públicos e políticos? Quais são as tensões entre as reivindicações específicas do movimento LGBT e as noções de cidadania e de direitos universais? Há contradições entre a luta contra as injustiças socioeconômicas e culturais e um movimento que reivindica especificidades e identidades, o que, inevitavelmente, provocaria a fragmentação destas lutas? Essas são alguns das múltiplas questões que Andréa Moreira Lima aborda neste texto instigante sobre o movimento LGBT em duas metrópoles do mundo lusófono.

Para os otimistas, os avanços galopantes na expansão de diretos LGBT nos últimos anos poderiam criar a impressão de que o movimento já conseguiu vitórias importantes, com poucos obstáculos e sem grandes esforços. Para os pessimistas, o movimento LGBT brasileiro enfrenta imensos problemas, inimigos poderosos, tendo alcançado apenas conquistas relativas. O objeto desta obra inteligente e compreensível não é avaliar os avanços e os desafios de um movimento internacional, que aglutina uma diversidade de protagonistas com diversas identidades relacionadas às suas sexualidades, aos seus gêneros, aos seus corpos e às suas apresentações. A autora simplesmente quer analisar e entender o processo de exigir do Estado e da sociedade as especificidades relacionadas a uma história de opressão e discriminação, dentro de um contexto em que a política atua em ambos os países em termos de valores universalizantes. Como encaixar o movimento LGBT dentro da Declaração dos Direitos do Homem (sic) e do Cidadão, aprovado pela Assembleia Nacional durante a Revolução Francesa, em 1789? A Declaração Universal dos Direitos Humanos, ratificada pelas Nações Unidas, em 1948, não menciona orientação sexual ou o direito de escolher a identidade de gênero. É possível trabalhar com essa linguagem dentro de um movimento que afirma que "qualquer forma de amor vale a pena"?

Em 1877, John E. E. Dalberg, Lord Acton, escreveu na obra *A História da Liberdade na Antiguidade* que "o mais certo teste pelo qual nós podemos julgar se um país é realmente livre é pela quantidade de segurança apreciada por minorias". No século XX, Mahatma Gandhi ofereceu uma variação desta frase, afirmando que "a grandeza de uma nação é medida pela forma como trata os seus membros mais fracos". Ao longo dos anos, o conceito de "minoria", aplicado, no Brasil, para mulheres e negros, tem sido problemático, considerando as estatísticas demográficas. A ideia de identificar o gay, a travesti, a lésbica, o transexual ou o transgênero com fraqueza e vulnerabilidade também reforça certos estereótipos.

Mesmo assim, o sentido dos comentários de Acton e Gandhi servem para medir a realidade que vivem as pessoas LGBTTT no Brasil (e talvez também em Portugal). Sendo objetivo, tanto os otimistas quanto os pessimistas têm razão. Para quem foi fundador, em 1978, do primeiro grupo de atuação política LGBT, no Brasil, como membro do SOMOS: Grupo de Afirmação Homossexual, e líder da ala esquerda, essa questão é muito importante para mim. Tenho acompanhado cuidadosamente o movimento desde os seus primeiros passos. Naquela época, era simplesmente impossível imaginar a possibilidade de ouvir um deputado socialista, como Jean Willys, defendendo reivindicações do movimento LGBT no Congresso. Ele é apenas uma voz entre as muitas vozes que representam a força, a criatividade e a persistência de ativistas de todos os tipos, que contribuíram para lograr as conquistas dos últimos anos. E não somente no Brasil. Ainda me comove assistir o discurso de Miguel Vale de Almeida, quando era deputado socialista no Parlamento Português, apresentando a lei que legalizava casamento entre pessoas do mesmo sexo. Hoje em dia, as paradas LGBT são tão grandes e anônimas que, nos últimos anos, desisti de repetir a peregrinação anual a São Paulo para sentir a euforia na Avenida Paulista, tão lotada e cheia de beleza, energia e alegria.

Entretanto, os pessimistas e os críticos do movimento LGBT, especialmente as pessoas que se consideram ativistas, têm razão em apontar os limites de atuação dentro dos corredores do Congresso ou nas negociações com o Estado. As forças "do mal", que supostamente pregam um amor universal, mantêm um discurso medieval e preocupante, e conseguem contaminar as mentes e corações de seus seguidores. Do outro lado da barricada, os políticos aliados muitas vezes entendem a justa causa, mas a ela não dão prioridade, com algumas exceções. A mídia, agora, permite beijos nas novelas, mas não encabeça as campanhas para defender os direitos democráticos dos "mais fracos". Como Luiz Mott sempre nos lembra, a violência continua.

Uma tese de doutorado transformada em livro provavelmente não mudará o mundo, mas ela pode trazer uma análise e uma compreensão sobre os obstáculos e os desafios que os ativistas, mesmo os que pouco valorizam a academia, enfrentam. Nesse sentido, Andréa Moreira Lima é uma grande aliada e simpatizante, que, mesmo não sendo praticante, jogou sua alma, corpo e coração no seu trabalho na Coordenadoria Municipal de Direitos Humanos de Belo Horizonte. Creio que, há mais de uma década, Carlos Magnos, do Centro de Luta pela Livre Orientação Sexual (CELLOS), nos apresentou durante uma das minhas visitas a Minas Gerais. O seu sorriso cativante e seu abraço caloroso me seduziram de imediato. Este trabalho é de uma *outsider* (forasteira) que se tornou uma *insider* (participante, informante), pelo tanto que ela compreende e convive com o movimento LGBT.

Por isso, o trabalho tem percepções, leituras e análises de um assunto complexo e difícil de se compreender em um primeiro momento. No fundo, este trabalho é um esforço de desconstruir discursos e práticas sobre o universal e o particular, produzidos pelo movimento LGBT nas tentativas de forjar políticas para expandir as promessas de um Estado de Direito e a inclusão social de todos, as quais faziam parte do processo da derrubada do regime ditatorial, no caso brasileiro, e fascista, no caso português.

Nesse sentido, a decisão de analisar duas experiências paralelamente, sem insistir em constantes comparações, é uma estratégica muito feliz. Além de compartilhar uma língua e um passado remoto, Brasil e Portugal tiveram caminhos parecidos, em momentos mais recentes. A Revolução dos Cravos, que acabou com o regime fascista, ocorreu em 1974, precisamente no ano em que o quarto presidente-general, Ernesto Geisel, prometeu uma abertura gradual e controlada no Brasil. Olhar além do mar certamente alertou os militares brasileiros de possíveis rebeliões mais próximas e incentivou setores das forças armadas a apoiar a distensão. O surgimento de movimentos urbanos e rurais em Portugal ocorreu quase na mesma época do crescimento, no Brasil, dos movimentos sindicais e sociais, que expandiram o processo de democratização e consolidaram a ideia de cidadania plena e participativa, nos anos 1980. Em ambos os países, as esquerdas, que cumpriram um papel fundamental no processo democrático, mantiveram, naquela época, ideologias e conceitos pouco receptivos às reivindicações dos movimentos LGBT, então incipientes. Nos dois lados do Atlântico, setores progressistas custaram a modificar noções ultrapassadas sobre a natureza patológica e decadente acerca da homossexualidade. Apesar dos preconceitos que os brasileiros mantêm sobre o povo português, vistos como conservadores em questões de costumes e moralidade – especialmente em comparação aos habitantes do Novo Mundo, autoproclamados como sensuais e sexuais –, o peso da bancada de bíblia, boi e bala, no Congresso Nacional, em Brasília, questiona a universalidade da frase de que não existe pecado abaixo (da linha) do Equador. Alguns residentes da Terra de Santa Cruz acreditam que existem muitos pecadores por aí.

Nos últimos anos, com o Partido dos Trabalhadores no Palácio do Planalto e muitos representantes das esquerdas, os quais dirigem estados, capitais, e municípios, o movimento LGBT brasileiro tem enfrentado uma contradição interessante. Com um discurso e programa governamental que defende a inclusão e a justiça social, quais são as estratégias eficazes para obrigar os detentores de poder a implementar as suas promessas? O movimento português enfrenta o mesmo dilema com o Partido Socialista, mas também com outros governos que têm apropriado os discursos democráticos europeus.

Este livro penetra esses dilemas, usando as vozes dos ativistas como veículo para entender as disputas, as contradições e os problemas de um movimento que reivindica suas especificidades, embora dentro de um marco universal de direitos democráticos, baseado nas declarações sobre direitos humanos. O texto consegue considerar as disputas entre os representantes do Estado e dos movimentos sociais, as batalhas sobre recursos e os dilemas entre militantes e funcionários contratados pelo Estado para implementar políticas ainda em desenvolvimento.

Não existe outro acadêmico mais capaz de considerar todas essas e muitas outras questões, neste livro tão importante para a nossa compreensão sobre como o movimento LGBT tem atuado no Brasil e em Portugal, nos últimos anos.

James N. Green
Brown University

INTRODUÇÃO

É verdade que somos um país racista, sexista, homofóbico e socialmente egoísta. Entretanto, o liame unificador, aquilo que pode forjar uma identidade brasileira, não é a negritude, o sexo, a orientação sexual ou o dinheiro. É a cidadania, a vontade de construir uma sociedade ao mesmo tempo brasileira e igualitária. E igualdade significa redistribuir a renda, o status social e a própria história do povo brasileiro.

Mateus Afonso Medeiros

O movimento pela defesa dos direitos humanos das minorias sexuais em Portugal remete-nos para uma realidade complexa, heterogénea e fluida, onde o respeito pela dignidade do ser humano em toda a sua diversidade permanece um objetivo, mais do que uma aquisição.

Ana Cristina Santos

No contexto brasileiro e português, respectivamente em Belo Horizonte e Lisboa, a política de direitos humanos voltada para a defesa da cidadania e afirmação da identidade de Lésbicas, Gays, Bissexuais, Travestis e Transexuais (LGBT) tem sido implementada por uma lógica de tensões e diálogos entre a universalidade dos direitos humanos e a particularidade das lutas por direitos sexuais. Frente a esses paradoxos para o exercício da cidadania na sociedade contemporânea, quais seriam os desafios para a promoção dos direitos humanos como instrumento para dialogar com as diferenças? A articulação da política universal dos direitos humanos com as políticas específicas dos grupos sociais contribui para o enfrentamento das formas de violência a esses segmentos, tais como as violações à dignidade humana?

A partir destas questões, o objetivo da presente pesquisa foi o de descrever e analisar como as tensões e diálogos entre a universalidade dos direitos humanos, proposta pelo poder público, e a particularidade das lutas por direitos LGBT, proposta pelo movimento social, se materializam na construção da política de cidadania e identidade LGBT, nas cidades de Belo Horizonte e Lisboa, com foco no período de 1990 a 2012.

A defesa da cidadania de pessoas com orientação homossexual tem se destacado nas diferentes instâncias de poder. Vivem-se, atualmente, momentos relevantes de reformulações da ética sexual, dos limites do que deve ou não ser tolerado, dos limites do que deve ou não ser criminalizado, do que deve ser amparado por lei civil, do que deve ser objeto de políticas públicas (Carrara, 2005). Contudo, as tensões entre os aspectos universais e particulares subjazem e constituem o movimento ou o campo de debates sobre o tema em todo o mundo. Tais tensões se reproduzem tanto no Brasil quanto em Portugal, resguardadas as suas características contextuais. Esse fato aponta para importância de considerarmos esses debates internacionalmente, reforçando a relevância de estudos comparados, dado que tal tensionamento traz consequências para a construção da política de direitos humanos de pessoas LGBT.

A livre orientação sexual como direito humano é uma experiência nova, principalmente para as políticas governamentais voltadas para pessoas LGBT, contribuindo, dessa forma, para a afirmação de identidades políticas e para o exercício de cidadania. No âmbito municipal, tanto em Belo Horizonte quanto em Lisboa, considera-se o surgimento pontual de perspectivas de intervenção, as quais, de forma incipiente, mas criativa, constroem políticas mais contextualizadas. Uma análise sistemática e crítica dessas políticas permitiu um planejamento de estratégias teóricas, técnicas e políticas para a formalização desse saber na interface entre a universalidade dos direitos humanos e as particularidades das lutas para garantia desses direitos às pessoas LGBT.

Trabalhei durante uma década na Coordenadoria Municipal de Direitos Humanos (CMDH) de Belo Horizonte. Esse órgão público se destaca no âmbito nacional pelo seu pioneirismo na criação de políticas públicas, programas e projetos na área de direitos humanos e direitos de minorias sociais. A CMDH foi criada no país em 1993, e, desde essa época, existem ações políticas LGBT, mesmo que pontuais, desenvolvidas por essa política pública. Naquele momento, esse órgão era coordenado pela militante de referência nacional na área dos direitos humanos, D. Helena Greco, que desenvolvera ações de direitos humanos LGBT em parceria com o militante de referência nacional na área LGBT, Edson Nery.

No período que permaneci no cargo de Coordenadora da Política Municipal de Direitos Humanos, de 2004 a 2008, pude conviver de forma mais efetiva com algumas das tensões e diálogos entre a universalidade e a especificidade dos direitos humanos, momento em que coordenei a equipe de criação do CRLGBT (2007). Vivi momentos de parcerias e também de conflitos acirrados tanto com o movimento social quanto com o próprio poder público, o que conduziu desde o reconhecimento da gestão, em constantes premiações nos períodos das Paradas LGBT em Belo Horizonte, até as pressões e questionamentos sobre a eficácia desse trabalho. Resguardadas as proporções, tal ativismo também ocorreu em Lisboa e Coimbra, quando do meu estágio de doutoramento, a partir das participações ativas nos eventos formais e informais dos movimentos LGBT portugueses, com destaque pela iniciativa e participação na comissão organizadora da I Parada LGBT de Coimbra.

Ressalto que esse trabalho é fruto de uma relação entre ciência e política, pesquisa e ativismo. Dessa forma, não tenho a pretensão de me apresentar como uma pesquisadora neutra, mas como uma pesquisadora engajada em seu objeto de estudo. A pesquisa, além de fazer referência à trajetória profissionalizante pela qual caminhei e que me levou a ocupar lugares e construir saberes – e que nomeio como campo da política de direitos humanos LGBT –, também dá ênfase a uma tentativa de sistematização sobre o que vem sendo produzido, por quem, e como se produz na referida área.

Os dilemas entre o universal e o particular com os quais me deparei no cotidiano de trabalho e estudo suscitaram a formulação de um problema de pesquisa que aqui tenho chamado de universalidade dos direitos humanos, isto é, as tensões vividas nas divergências entre as ações políticas mais amplas pela garantia de uma perspectiva de indivisibilidade dos direitos e das lutas (universalidade) e aquelas mais específicas (particularidade) às lutas por direitos para as pessoas e grupos LGBT, tais como a luta em prol da criminalização da homofobia, a luta pela união civil, pela redistribuição socioeconômica – geração de emprego e renda para travestis –, demandas por reconhecimento sociocultural, ações afirmativas para gays, entre outras. Nesse sentido, as questões que nortearam este trabalho foram as seguintes: como estimular, nos cidadãos e nas ações coletivas, a afirmação de identidades políticas que fortaleçam a efetivação dos direitos humanos? O que é visto pelo movimento LGBT como universal e particular em suas estratégias políticas de redes sociais com o poder público? Como propiciar uma política de direitos humanos que seja interlocutora dos direitos específicos, trabalhados pelas demais políticas e pelos diferentes grupos LGBT, e que abarque a complexidade humana? Em que contexto seria interessante para os grupos LGBT se articularem em prol de uma concepção universal de direitos humanos ou se afirmarem em demandas específicas?

Assim, não se está falando de direitos específicos para um grupo social, mas de demandas particulares de um grupo social que se encontra excluído daquilo que é formalizado como política universal de direitos humanos. Dessa forma, pode-se afirmar a não existência, no nosso cotidiano, dessa universalidade para todos, uma vez que as demandas neste campo dos direitos humanos acabam sempre se particularizando nos modelos de referência impostos pela elite dominante.[1] Tais antagonismos permitem o seguinte questionamento: como lutar de forma mais ampla contra as injustiças socioeconômicas e culturais sem perder as especificidades de cada grupo social e nem fragmentar estas lutas? (Fraser, 1997; Young, 2006).

A relação entre a política universal de direitos humanos, defendida no discurso do Estado, e a política específica de direitos LGBT, defendida no discurso dos movimentos sociais, têm possibilitado ações conjuntas com efeitos significativos. Essa aproximação mais ampla entre Estado e movimentos sociais pode ser constatada principalmente no período de redemocratização política (Dagnino, 2004; Scherer-Warren, 1999).

Diante dessa realidade, minha hipótese foi a de que a emergência dos sujeitos políticos LGBT no cenário das políticas universalistas denunciam como a política dos direitos humanos é uma hegemonia reguladora de discursos e práticas sociais. Portanto, um particular construído pelas elites no poder e universalizado para todos de modo a não aparecer como particular. E é exatamente daí que surge a ambiguidade dos direitos humanos. Dessa forma, meu foco não foi a análise das políticas públicas e nem do movimento social, mas a pesquisa e a reflexão sobre como a tensão e o diálogo entre a universalidade e a particularidade se materializam na construção da política de direitos humanos LGBT.

1. O termo "elite dominante" será utilizado ao longo de todo o texto. Refere-se a uma análise crítica que tem origem no conceito marxista de classe dominante, termo utilizado para designar a classe social que controla o processo econômico e político. No entanto, buscamos, nesse estudo, expandir o conceito para abarcar qualquer grupo social que detenha características reconhecidas como superiores na nossa sociedade, tais como ser homem, branco, rico, heterossexual, casado. Assim, o termo "elite" designa um grupo dominante na sociedade ou um grupo localizado em uma camada hierárquica superior, em uma dada estratificação social. Por isso, é um grupo que estabelece um domínio subjetivo, social, histórico, político, econômico e cultural em determinado país ou região, apesar de ser uma minoria demográfica.

O tensionamento desse diálogo tem sido importante para as especificidades da construção das políticas voltadas para os direitos humanos de pessoas LGBT no âmbito das políticas públicas consideradas universais. Assim, por um lado, o debate sobre os direitos específicos amplia, desloca e torna mais crítica a noção de universalidade dos direitos humanos; por outro lado, o enfoque em uma especificidade absoluta também traz problemas, como, por exemplo, a fragmentação e o enfraquecimento das lutas sociais. Ainda assim, essa tensão entre universal e particular tem se mostrado produtiva, uma vez que é a partir dela que as políticas LGBT têm sido construídas. Essa tensão, além disso, tem produzido efeitos de alargamento de direitos e de participações.

A politização do debate sobre os direitos universais é necessária, sobretudo porque, neste debate, a discussão sobre os direitos específicos das pessoas LGBT ainda é precária e provisória. Dentre as tensões vividas nesta relação entre a política universal de direitos humanos e as especificidades das demandas por direitos voltados às pessoas LGBT, foram discutidas ao longo desta pesquisa, as seguintes:

1. As tensões construídas pelas diferenças entre a cultura política do poder público e a do movimento social. Por um lado, as burocracias e hierarquias do serviço público e, por outro, a informalidade e incipiente organização dos movimentos sociais.
2. Os conflitos por (re)distribuição de verbas, orçamentos e seleções em editais para projetos, programas e políticas públicas voltados para grupos de minorias.
3. A discordância sobre qual deve ser o perfil dos profissionais para realizar o atendimento ao público LGBT. O poder público considera, como critério, apenas ter uma formação acadêmica direcionada às questões LGBT e/ou experiência ou engajamento com a temática. Grande parte do movimento social, entretanto, sustenta que o principal critério é que sejam profissionais com orientação sexual LGBT.
4. A pouca descentralização na delegação de poder pelo governo, conduzindo à falta de transparência nas decisões e autoritarismo por parte de alguns agentes e gestores públicos nas relações de parcerias.

5. A priorização das ações vinculadas a interesses privados e/ou de um determinado segmento, na maioria dos casos motivadas por rivalidades partidárias.
6. A cultura política do *jeitinho brasileiro*,[2] com práticas de clientelismo, nepotismo, assistencialismo e tutela. Às vezes os grupos de pessoas LGBT entram em confronto com tais práticas conservadoras e, em outras vezes, buscam se beneficiar delas.
7. As dificuldades de maior envolvimento e participação da população da cidade, seja LGBT ou não, nas atividades realizadas.
8. A falta de maior envolvimento e participação dos grupos LGBT nas atividades mais amplas desenvolvidas pelo Estado em sua política universal de direitos humanos.
9. A resistência dos grupos específicos em participar das lutas de outros grupos de minorias e compartilhá-las, ou mesmo em realizar ações conjuntas, conduzindo a uma não adesão às ações realizadas em uma perspectiva universal de direitos humanos.
10. A falta de (ou o pouco) conhecimento e interesse do governo local sobre as especificidades das demandas dos grupos sociais, ou, de modo análogo, a falta de (ou o pouco) conhecimento e interesse dos movimentos sociais sobre os organogramas e fluxogramas do governo. Isso demonstra o desconhecimento do fato de que, para demandar ao governo, é preciso construir formas mais estratégicas que viabilizem a efetivação das ações dentro da realidade burocrática dos serviços.
11. O perfil identitário dos diferentes atores sociais envolvidos na política, uma vez que os agentes e gestores públicos tendem a um modelo de posturas e atitudes mais normatizadas, enquanto que os militantes tendem a um modelo de posturas e atitudes com maior liberdade de expressão e despojamento nas condutas.

---

2. O "jeitinho brasileiro" é uma expressão utilizada no país para caracterizar posturas de improvisação, flexibilidade, criatividade, intuição, etc., diante de situações inesperadas, difíceis ou complexas. Tais atitudes não se baseiam em regras, e sim em "dar um jeitinho", ou seja, encontrar alguma solução informal. É típica de indivíduos de baixo nível de politização, pois não há compromisso de se mudar o que não vai bem ou mesmo o *status quo*, mas busca-se exclusivamente obter uma solução de curto prazo para si próprio, às escondidas e sem chamar atenção; por isso, o "jeitinho" pode ser também definido como "molejo", "jogo de cintura", habilidade de "se dar bem" em uma situação "apertada". Para mais informações, ver os livros de Roberto DaMatta: *Carnavais, Malandros e Heróis* (1979) e *O Que faz o brasil, Brasil?* (1984).

12. A divergência nas visões sobre as ações políticas, nas quais os movimentos sociais criticam as práticas universalistas como sendo muito abstratas, argumentando que estas só ganham materialidade nas lutas específicas. Já o poder público critica a dispersão das demandas por práticas particularistas, argumentando que estas conduzem à fragmentação e à fragilidade das lutas por direitos humanos universais.
13. Os conflitos dos movimentos sociais LGBT com os movimentos sociais de direitos humanos e os serviços públicos de direitos humanos, frente à falta de laicidade dos espaços vinculados a uma perspectiva universal de direitos humanos. Tais discordâncias estão presentes nas contradições do discurso religioso vinculado historicamente ao campo dos direitos humanos, o qual perpassa desde correntes mais críticas relacionadas à teologia da libertação até correntes mais fundamentalistas vinculadas ao protestantismo, renovação carismática, entre outras.
14. A diferença nas concepções de direitos humanos com relação às penalidades e punições aos agressores. Por exemplo, existem debates sobre as medidas punitivas relacionadas à discriminação de pessoas LGBT, os quais discutem se tais medidas deveriam ocorrer por meio de penas alternativas ou de encarceramento.
15. As tensões sobre a necessidade da criação de um órgão público específico para os direitos LGBT ou do fortalecimento dos serviços específicos para as pessoas LGBT no âmbito de um órgão público de direitos humanos (na perspectiva universal).
16. As demandas dos movimentos sociais para a criação de políticas sociais específicas, voltadas não apenas para assistência social e participação, como também para políticas de autogestão e autossustentação, por exemplo, por meio de programas de geração de emprego e renda destinado às minorias mais estigmatizadas pela sociedade.
17. A despolitização na compreensão das diferenças entre o que significa melhorias na infraestrutura dos serviços específicos e melhorias no orçamento financeiro e na visibilidade política dessas ações.
18. Os desgastes e retrocessos causados pelas mudanças de governo, principalmente pela desmobilização das ações políticas diante da

inserção de novos profissionais sem perfil ou mesmo sem experiência para ocupar os cargos públicos específicos.

19. A contradição entre as capacidades e habilidades profissionais e pessoais para lidar com as políticas universais por parte do movimento social LGBT e com as políticas particulares por parte do Estado.
20. A confusão de papéis e funções dos diferentes atores sociais na construção da política de direitos humanos LGBT, conduzindo a conflitos de ordem estrutural e conjuntural.
21. Os tensionamentos estratégicos mobilizados pelo movimento social LGBT com vistas para o público externo, com objetivo a alcançar maior visibilidade de suas reivindicações junto ao poder público, aos demais movimentos sociais e à sociedade em geral.
22. A resistência dos movimentos sociais LGBT frente às parcerias do poder público com pesquisadores e profissionais vinculados às Universidades, para realização de pesquisas, mantendo a crítica, feita pelos grupos sociais, de que a Universidade é elitista.
23. Os conflitos velados, nos quais por vezes o governo, mesmo discordando de alguns posicionamentos do movimento social LGBT, cede às suas demandas para evitar maiores divergências políticas. O movimento social, por sua vez, também cede por se tornar refém de alguns benefícios públicos.
24. O desconhecimento e a falta de interesse entre os diferentes atores sociais sobre o trabalho e as ações políticas desenvolvidas pelos demais, conduzindo a uma desmobilização das ações conjuntas.

Tais tensões foram sistematizadas e articuladas à experiência da autora na área, bem como às bibliografias estudadas e também à pesquisa de campo realizada. Constatou-se que a universalidade dos direitos humanos não existe na prática; tampouco os direitos humanos se configuram como uma agenda pronta de direitos a serem aplicados ou, mesmo, agregados às especificidades. Trata-se de um campo de disputas políticas; de quem consegue nomear, a partir da sua particularidade, uma âncora para reconhecer e ser reconhecido nos direitos humanos ditos universais. Por isso, o foco desta pesquisa foi analisar o que essa tensão produz em termos de ampliações, deslocamentos e mudanças nos discursos e práticas no campo das conquistas pelos direitos humanos LGBT. Enfim, o problema investigado foi a relação de tradução das demandas do movimento social para as respostas construídas pelas políticas do Estado, na construção da política de cidadania e identidades LGBT, com foco nas cidades de Belo Horizonte e Lisboa. Nesse sentido, uma questão se apresentou: quais são os efeitos produzidos na tensão entre a universalidade dos direitos humanos e a especificidade dos direitos LGBT, reconhecendo que esse é um campo político de disputas muitas vezes antagônicas e de difícil consenso com as próprias lutas dos grupos LGBT?

Vale ressaltar que a escolha por fazer uma pesquisa de delineamento do tipo "tradução" (Santos, B. S., 2008) entre as cidades de Belo Horizonte e Lisboa parte também de uma escolha de abrir mão de um modelo tradicional de estudo comparativo, devido ao risco de serem feitas análises lineares que desconsiderem as diferenças do contexto de cada uma dessas cidades. As diferenças entre elas, em termos de população, espaço geográfico, cultura, educação, entre outros aspectos, também apontam seus distanciamentos. É também nesse sentido que vale destacar que minha atuação em Belo Horizonte foi, prioritariamente, na gestão da política. Já em Lisboa, minha experiência foi, prioritariamente, na militância. Ciente dessas diversas posições, isso me possibilitou, como pesquisadora, continuar transitando entre os lugares de gestão, ativismo e pesquisa.

Assim, a escolha por estudar essas duas cidades partiu, principalmente, das justificativas a seguir:

1. Por serem cidades com construção de políticas de direitos humanos LGBT de referência nacional,[3] devido ao seu pioneirismo e localização geográfica estratégica em seus respectivos países.
2. Por se tratar de cidades com núcleos de pesquisas consolidados e com desenvolvimento de estudos na área de direitos humanos e LGBT.[4]

---

3. Belo Horizonte sedia, de forma pioneira, a primeira Coordenadoria Municipal de Direitos Humanos do país. Já Lisboa, por ser a capital do país, também concentra a maioria das ações políticas LGBT de forma pioneira.

4. No caso de Belo Horizonte, temos o Núcleo de Direitos Humanos e Cidadania LGBT, vinculado à UFMG, iniciado a partir de parceria com o Programa Brasil sem Homofobia, da Presidência da República (2004). No caso de Lisboa, temos o Centro de Estudos Sociais-CES, vinculado à Faculdade de Economia/FEUC da Universidade de Coimbra, com extensão na cidade de Lisboa.

3. Pela aproximação acadêmica nos estudos realizados pela pesquisadora e seu orientador, ambos brasileiros, com a sua coorientadora do período de bolsa sanduíche em Portugal, bem como com os professores do curso de doutorado vinculados ao Centro de Estudos Sociais (CES) da Faculdade de Economia da Universidade de Coimbra (FEUC/Portugal), entre eles, Boaventura de Sousa Santos.

Os estudos realizados por Boaventura de Sousa Santos (2003; 2004; 2005; 2008; 2009) apontam Brasil e Portugal – além de Moçambique, África do Sul, Colômbia e Índia – como países de referência em pesquisas que buscam desenvolver modelos alternativos à globalização neoliberal e ao capitalismo global. O autor argumenta que, em tais países, os conflitos entre a globalização hegemônica e a contra-hegemônica são mais intensos, haja vista que são países que têm construído alternativas "de baixo para cima", por meio da sociedade civil organizada e dos grupos de minorias sociais. Essa lógica também vai ao encontro do viés dessa pesquisa, em conduzir um estudo que articule teoria e prática, que extrapole o circuito hegemônico de produção da ciência social. Por esse motivo, articulam-se diferentes tradições teóricas e metodológicas para o presente estudo, tomando em conta as idiossincrasias das culturas brasileira e lusitana.

Foram investigados os pontos de tensão encontrados no cotidiano do planejamento, execução e avaliação da política, considerando que esse é um espaço de disputa. Investigou-se questões tais como:

1. Quando e como a reivindicação pela diferença e/ou igualdade emerge?
2. Quando e como a associação dos direitos LGBT com os direitos humanos aparece?
3. Quais são os conflitos existentes?
4. Em quais momentos algum consenso é possível?

As entrevistas e demais atividades de pesquisa de campo ocorreram entre os anos de 2010 e 2012. Como primeiro recurso metodológico, foram feitas entrevistas semiestruturadas, as quais foram gravadas e posteriormente transcritas. Foram realizadas 29 entrevistas, sendo 15 em Portugal, na capital Lisboa, e 14 no Brasil, em Belo Horizonte, no estado de Minas Gerais. Optou-se por compor um universo com informantes estratégicos, quer seja por representarem marcos históricos (aqueles que são nomeados como pioneiros no envolvimento com as questões concernentes aos direitos humanos e aos direitos LGBT), quer por estarem em posições institucionais privilegiadas, de onde pudessem ter um panorama do campo. Incluiu-se, ainda, uma terceira categoria de entrevistados, aqueles cuja inserção institucional os coloca em posição-chave nas suas funções. A saturação de informações foi o critério de interrupção da coleta, isto é, as entrevistas foram interrompidas quando elas deixaram de oferecer informações suplementares[5]. Junto às entrevistas, também foram realizadas visitas com observação participante nos locais em que atuam os movimentos sociais e as políticas LGBT, e coletados documentos para o aprofundamento da análise dos dados e para a confrontação entre o discurso formal e informal.[6]

Um segundo recurso metodológico foi a pesquisa documental ou análise de documentos, aqueles dados produzidos de forma escrita (quase sempre) e mantidos nos espaços onde operam os gestores, agentes públicos e militantes que fazem parte do campo da pesquisa, ou seja, as políticas que tratam do tema direitos humanos e direitos LGBT, seus projetos, relatórios, estruturas, fluxogramas e suas práticas. O *corpus* analisado também foi composto por materiais informativos diversos, tais como: jornais, panfletos, *folders*, atas, relatos de reuniões, *fanzines*, sítios de internet, estatutos internos e outros materiais produzidos pelos grupos e instituições. Além disso, vale ressaltar que foram realizados seminários, observações participantes, diários de campo em reuniões e listas virtuais de discussões.

Para a análise dos dados, utilizou-se o método hermenêutico-dialético proposto por Minayo (2007), que possui como pressupostos a concepção de que não há consenso no processo de produção de conhecimento e que esse processo é provisório e aproximativo, bem como o fato de que o produto final de uma pesquisa se constrói em uma relação dinâmica entre o conhecimento daqueles que a praticam e a experiência da realidade concreta. Esta pesquisa sustentou-se, também, a partir do método de análise de conteúdo, tal como compreendido por Bardin (2011), isto é, por um conjunto de técnicas de análise das comunicações que visa, por procedimentos sistemáticos e objetivos de descrição do conteúdo das mensagens, obter os indicadores

5. Minayo (2007, p. 197-198) afirma que: "por critério de saturação se entende o conhecimento formado pelo pesquisador, no campo, de que conseguiu compreender a lógica interna do grupo ou da coletividade em estudo".

6. Nos apêndices A e B, encontram-se, respectivamente, uma caracterização geral dos entrevistados de Belo Horizonte e de Lisboa. Mais informações foram resguardadas para evitar uma grande exposição das pessoas entrevistadas.

que permitam a inferência de conhecimentos relativos às condições de produção/recepção destas mensagens.

As contribuições analíticas de Minayo (2007) e Bardin (2011) foram complementadas pelas contribuições do referencial teórico-metodológico de "tradução", de Boaventura de Sousa Santos. A tradução pode ser compreendida como um dos procedimentos metodológicos que busca superar a insuficiência da ciência na compreensão da complexidade dos fenômenos sociais contemporâneos. A experiência social é muito mais ampla e diversificada do que a nossa tentativa de racionalização que, por vezes, desconsidera a diversidade social e intensifica os conflitos frente à tentativa de homogeneização da vida em sociedade. Por isso, o trabalho de tradução vem substituir a busca de uma teoria geral por uma ecologia de saberes.[7] Tal ideia em muito contribui para esta pesquisa, uma vez que a tradução de experiências de Belo Horizonte e Lisboa na área da construção da política de direitos humanos LGBT permite analisar suas perspectivas universalistas e particularistas.

A partir do levantamento bibliográfico relativo à interface entre os direitos humanos e os direitos LGBT, das entrevistas realizadas e da experiência construída, buscou-se a complexidade teórico-prática da área, permitindo uma leitura ampliada do cotidiano. Foram enfatizados os antagonismos, hierarquias e relações de poder, buscando construir uma análise das tensões e diálogos entre a universalidade e a particularidade, entre o consenso e a diversidade, para a construção de mecanismos de transformação social. Procurou-se também, nesta pesquisa, analisar as formas que os atores sociais da área LGBT têm encontrado para traduzir (ou não) os direitos LGBT em direitos humanos e vice-versa.

Por fim, vale destacar que todo conhecimento é desconhecimento, uma vez que, para conhecer, reduzimos o contexto, simplificamos as inter-relações e a complexidade (Santos, B. S., 2000). Portanto, o texto que se segue não tem a pretensão de responder a todas as questões que o tema poderá suscitar. É apenas uma tentativa de, sem essencializar conceitos, levantar teorias e experiências que possibilitem articular conhecimentos, discutir e sistematizar o tema proposto.

---

7. A ecologia de saberes é um conjunto de epistemologias contra-hegemônicas ao modelo imposto pela globalização neoliberal. Defende que não existe conhecimento neutro e que a reflexão epistemológica não deve buscar um conhecimento abstrato, mas os impactos sociais das nossas práticas de saberes (Santos, B. S., 2008).

1.

ENTRE O UNIVERSAL E O PARTICULAR:
para quem são os direitos dos direitos humanos?

Um galo sozinho não tece uma manhã:/ ele precisará sempre de outros galos. / De um que apanhe esse grito que ele/ e o lance a outro; de um outro galo/ que apanhe o grito de um galo antes/ e o lance a outro; e de outros galos/ que com muitos outros galos se cruzem/ os fios de sol de seus gritos de galo, / para que a manhã, desde uma teia tênue, / se vá tecendo, entre todos os galos.

João Cabral de Melo Neto

A luta pelos direitos humanos está relacionada à desigual distribuição do poder pelas classes dominantes. Em vários momentos da história e em diferentes contextos, aquele que detinha o poder abusava de sua autoridade, violando os direitos de outros. À medida que uma classe social reivindica um determinado direito por meio de disputas políticas que rompem com hierarquias socioeconômicas, novos valores agregam-se aos existentes. Contudo, existem muitas desigualdades, diferenças e jogos de poder entre a reivindicação e a conquista de mudanças.

As pressões sociais vindas de diferentes movimentos sociais conseguiram uma construção irregular, feita de avanços e recuos. Nesse processo de negociação por uma redistribuição e reconhecimento mais justos (Fraser & Honneth, 2003), alguns grupos têm menos recursos, de forma que as elites tendem a receber mais benefícios. No entanto, é preciso também considerar os direitos que foram conquistados pela luta dos movimentos sociais e que não existiriam de outra maneira.

No Brasil, a luta pelos direitos humanos se fortalece no movimento contra a ditadura militar instalada em 1964, na redemocratização da política e ruptura com o regime autoritário. Por meio dos movimentos sociais das décadas de 1970 e 1980, surgem significativas mudanças:

> No Brasil, acredito que isso está mais localizado a partir dos anos [19]60 e [19]70, quando da nova estrutura governamental da pós-ditadura. Acho que a gente tem um grande crescimento dos movimentos sociais e pelo fim da ditadura; e, ao fim da ditadura, pelos direitos políticos, sociais. [...] Nós temos, no Brasil, desde os anos [19]70, uma organização do movimento de mulheres. Logo nos anos [19]80 começa a haver uma crescente reivindicação pelos direitos LGBT. (Entrevista 6BH) [1]

Assim, é também nesse contexto de redemocratização política que, no final da década de 1970, surgiu o movimento homossexual no Brasil. O marco de criação de um movimento politizado sobre o tema é reconhecido na literatura específica e pela militância com a fundação, em 1978, do Grupo de Afirmação Homossexual (SOMOS), em São Paulo, e do jornal *Lampião da Esquina*, no Rio de Janeiro. Na década seguinte, temos, como iniciativa de destaque, o surgimento dos grupos Triângulo Rosa no Rio de Janeiro, Grupo Gay da Bahia em Salvador e, também, do Atobá, no Rio de Janeiro (Facchini, 2005; Green, 2000; Trevisan, 2000).

O fim da década de 1960 e o início da década de 1970 podem ser descritos como um contexto de efervescência política, cultural e social no cenário brasileiro. O movimento de contracultura, sob a influência da juventude de classe média urbana, contribuiu para questionar o modelo hegemônico de sexualidade e gênero. Foram também iniciativas importantes nesse processo: diversos grupos teatrais, como o Teatro Oficina, que exibiam ao público cenas de sexo explícito, e os tropicalistas, tais como Gilberto Gil, Caetano Veloso, Maria Betânia e Gal Costa – os quais romperam com os paradigmas sobre a heterossexualidade normativa escancarada (Green, 2000; Simões & Facchini, 2009).

Green (2000) salienta que a repressão desencadeada pelo regime autoritário abafou um possível êxito destas iniciativas na área da homossexualidade. Contudo, o autor esclarece que, a partir de 1978, expandiram-se, no país, os movimentos sociais, tendo aumentado, também, o número de jornais alternativos que criticavam o regime militar em declínio. Conforme

---

1. Optou-se por utilizar trechos das entrevistas ao longo de todo o texto da pesquisa, como forma de reconhecimento da relevância dos vários discursos presentes no contexto estudado.

o autor argumenta, na época, o movimento feminista contribuiu significativamente para o fortalecimento do movimento gay: "O desafio das feministas ao patriarcado, à rigidez dos papéis de gênero e aos costumes sexuais tradicionais desencadeou uma discussão na sociedade brasileira que convergiu com as questões levantadas pelo movimento gay a partir de 1978" (Green, 2000, p. 394).

De acordo com Facchini (2009), é possível classificar a história do movimento LGBT em três fases ou "ondas", que perpassam a trajetória de transformação do termo "Movimento Homossexual" para "Movimento LGBT Brasileiro".

A primeira onda abarca o final dos anos de 1970, a partir da formação de grupos de homens e mulheres homossexuais (sendo o Grupo SOMOS um marco significativo) e a criação do jornal *Lampião da Esquina* – ambos de 1978 e oriundos da cidade de São Paulo. Ambas as ações serviram para uma politização da homossexualidade, correspondendo ao final do regime militar brasileiro (1964-1985), no contexto de abertura política instalada no país no término de tal década. Facchini (2005) considera que as ações antiautoritárias do movimento homossexual brasileiro serviram como uma anteposição à ditadura militar no Brasil.

A segunda onda do movimento, na década de 1980, ocorreu com a redemocratização brasileira. Nesse período, inicia o processo de institucionalização do movimento homossexual a partir das ações de prevenção das DSTs, como pode ser ilustrado no trecho de entrevista a seguir:

> A experiência do movimento LGBT, principalmente no Brasil, se constrói e se fortalece a partir da questão da AIDS. A experiência dessa parceria com o Estado se dá muito no âmbito da saúde. Até porque, a saúde, isso a gente pode dizer, começou com a participação popular. O SUS, por exemplo, é construído a partir de Conferência, ou seja, com a participação popular, com o povo e tal. Então, com a questão da AIDS, o movimento LGBT teve muita participação dentro do Estado, inclusive na elaboração e também na execução de políticas. (Entrevista 5BH)

A terceira onda é considerada o reflorescimento do movimento homossexual brasileiro e, em meados da década de 1990, é marcada pelo aumento do número de organizações dentro do movimento, pela sua diversificação de atuações e de formatos institucionais (Facchini, 2005; Simões & Facchini,

2009). É também nesse contexto que é ampliada a rede de articulação do movimento, com a presença de novos atores sociais e com a ampliação da visibilidade da diversidade sexual, daí a mudança para o termo "GLBT". Posteriormente, por definição, na I Conferência GLBT, em 2008, há a alteração da posição da letra "L" para o início da sigla, passando a ser LGBT, como proposta de visibilidade política para as mulheres.

Alguns autores (Facchini, 2005; Machado, 2007) salientam que, em meados dos anos 1980, com a epidemia da AIDS – estigmatizada por muitos como a *peste gay* –, ocorre certa desmobilização do movimento homossexual, tendo esse movimento ressurgido gradativamente, na primeira metade de 1990, fortalecendo-se por diferentes atores sociais locais, nacionais e internacionais, vinculados a universidades, políticas públicas, partidos políticos, associações científicas ou profissionais:

> O fato de pensarmos direitos LGBT dentro da perspectiva dos direitos humanos já se caracteriza como algo novo. Durante muitas décadas, o Estado brasileiro tratou essas questões no âmbito da saúde, sempre relacionado-as a possíveis riscos à saúde, em busca de causas e curas. Transpor essas questões para o âmbito dos direitos humanos é mais do que considerar essas pessoas como seres de direitos, é possibilitar a luta por algo muito maior do que o acesso à saúde, é reivindicar que essas experiências sejam consideradas como formas legítimas de vida. (Entrevista 13BH)

Outros autores (Ramos, 2005; Ramos & Carrara, 2006) argumentam que, diante da epidemia da AIDS, teria ocorrido certo fortalecimento das manifestações dos movimentos sociais, por meio do fenômeno de "onguização" – isto é, a reconfiguração de muitos desses grupos sociais em ONGs. Ressalta-se que esse acontecimento também esteve presente no movimento feminista latino-americano. Dentre as mudanças que são devidas à essa reconfiguração do movimento LGBT, destacam-se:

> A valorização da competência técnica (em oposição à ideia de 'representatividade'); a profissionalização e a especialização da militância; a tendência à diversificação e à multiplicação [das formas de atuação]; o diálogo [da militância] com experiências internacionais; a busca de autonomia [dos movimentos] em relação ao Estado, combinada com a disputa por recursos

> para a manutenção de estruturas que tendem a incluir sedes, equipamentos e funcionários. (Ramos & Carrara, 2006, p. 187)

Em 1995, fundou-se a Associação Brasileira de Gays, Lésbicas e Transgêneros (ABGLT), com o objetivo de implementar políticas de direitos homossexuais em todo o país. Dentre estas iniciativas, destaca-se, principalmente, a realização da Primeira Parada do Orgulho LGBT em São Paulo, em 1997, pela sua inclusão de ativistas e homossexuais não organizados.

Assim, a saúde e os direitos humanos foram interlocutores fundamentais do processo de mudanças nesse contexto. À medida que as ações políticas de prevenção e controle da AIDS e demais DSTs se efetivaram, percebeu-se a ocorrência de uma migração das lutas contra DSTs para o enfrentamento à violência homofóbica, o que contribuiu significativamente para uma aproximação do movimento LGBT com o campo dos direitos humanos (Facchini, 2005; Fonseca, Nascimento & Machado, 2007). O trecho de entrevista a seguir mostra claramente essa transição:

> Na verdade, a pauta dos direitos LGBT começa pela AIDS mesmo, pela questão da epidemia da AIDS. Mas ela também vem num bojo, quando você tem algumas resoluções internacionais de que direitos sexuais são direitos humanos. [...] O Movimento começa a pautar mais a questão dos direitos humanos a partir do final dos anos [19]90, início do ano 2000. (Entrevista 5BH)

Em 2004, no âmbito governamental, ocorreu um avanço nas conquistas LGBT devido às pressões dos movimentos sociais para que o Estado se posicionasse formalmente e garantisse ações concretas na área dos direitos LGBT. Foi criado, então, a partir de uma parceria tensionada entre Estado e sociedade civil organizada, o programa *Brasil sem Homofobia*. Tal programa propôs 53 ações a serem desenvolvidas pela Secretaria Especial de Direitos Humanos da Presidência da República, juntamente com os demais Ministérios, políticas públicas e atores sociais mobilizados nessa causa. A partir desse Programa, foram descentralizadas várias ações políticas nos estados e municípios do país:

> Se pensarmos na posição estratégica da Secretaria Especial de Direitos Humanos, percebemos que esta abriga discussões complexas, tais como as de gênero, raça, sexualidade e outras, que encontrariam grande resistência ao serem inseridas com o plano de governo em outros ministérios, tais como

educação, planejamento etc. Isto pode ser compreendido como uma forma do governo abrir espaço para debates internacionais, dando resposta a demandas contemporâneas, sem ter que bater de frente com os grupos conservadores que se organizam nos poderes legislativo, executivo e judiciário. (Prado, Machado & Carmona, 2009, p. 158)

O fortalecimento dos movimentos sociais no Brasil coincide historicamente com o surgimento da ação coletiva organizada em Portugal, após a revolução de 1974. O enfoque principal das lutas sociais centrou-se no combate à pobreza, no acesso a recursos materiais, nas campanhas de alfabetização e na negociação de melhores condições de trabalho (Estanque, 1999; Santos & Nunes, 2004).

Ainda na década de 1970, surgem as primeiras manifestações públicas exigindo liberdade sexual (Almeida, 2010; Cascais, 2006; Santos, A. C., 2005). O trecho de entrevista a seguir contextualiza alguns marcos:

> Antes da crise da SIDA[2], antes de meados dos anos [19]80, o movimento LGBT só existia nos países centrais, Estados Unidos, Inglaterra, França... Era um movimento muito mais preocupado com a liberdade sexual, a afirmação e a aceitação da homossexualidade comum... e muito pouco preocupado com os direitos. Não é porque não quisessem, mas não concebiam como possível. Isto é, as pessoas achavam mesmo que pertenciam a uma subcultura marginal que precisava de ser afirmada, mas não lhes passava pela cabeça de que isso fosse possível de ser transformado em igualdade de direitos. As coisas não se punham nesses termos. Punham-se em termos de uma cultura de liberdade sexual que, por exemplo, não pensava na conjugalidade, não pensava na reprodução e na parentalidade. Não pensavam que pudesse existir uma educação anti-homofóbica... Pensavam mais em 'como é que eu posso viver no meu espaço com liberdade?'. Politizaram-se contra a indústria farmacêutica e contra o Estado, que não os apoiava e que perseguia as pessoas com SIDA, por preconceito. Portanto, houve uma repolitização do movimento em torno da questão da SIDA, e houve também uma reconfiguração das comunidades. As comunidades transformaram-se completamente. (Entrevista 9L)

A homossexualidade foi descriminalizada apenas em 1982, sendo necessários vários anos até que surgissem, no país, associações LGBT com

2. SIDA, isto é, a Síndrome da Imunodeficiência Adquirida, mais conhecida, no Brasil, a partir da sigla AIDS (*Acquired Immune Deficiency Syndrome*).

intervenção pública, organizada e regular. Considera-se que tal regularidade pública das iniciativas LGBT em Portugal contribuiu para que o movimento LGBT no contexto lusitano emergisse, a partir de 1995.[3] Após a descriminalização da homossexualidade, desenrolou-se um período de quase duas décadas nas quais nenhuma conquista jurídica foi concretizada no campo LGBT. No início do século XXI, mais precisamente em 2001, foi aprovada a *Lei das Uniões de Facto*, que garantiu o reconhecimento da coabitação a casais, independentemente da orientação sexual. Este era um dos motivos ou das matrizes do movimento, desde a década anterior, e, por isso, a Lei foi celebrada como uma vitória coletiva. A aprovação da Lei das Uniões de Facto iniciou uma série de alterações jurídicas que incluíram medidas de proteção contra a discriminação no Código do Trabalho (2003) e na Constituição (2004), bem como permitiu a equalização das idades de consentimento (2007),[4] a proteção contra a violência doméstica e os crimes de ódio (2007), e o casamento civil (2010).

Ademais, acontece uma peculiaridade nas comemorações da Parada LGBT de Portugal, pois, desde 2007, elas são acompanhadas de outro evento chamado *Arraial Pride*. Esse último se integra à programação oficial das festas da cidade de Lisboa e é organizado pela Associação ILGA de Portugal, em parceria com a Câmara Municipal de Lisboa. Percebe-se que se trata de um momento mais festivo e menos político, que se insere no circuito *Europride* e *WorldPride*, como uma característica da cultura das grandes cidades europeias.[5] Nessa mesma linha, acontece o *Arraialito*, composto por um conjunto de atividades lúdicas voltadas para famílias homoafetivas e suas crianças. Nesses eventos, a política se expressa, exatamente, nas festividades.

Não obstante o impacto político das estratégias desenvolvidas pelo movimento LGBT português (Carneiro, 2009; Santos, A. C., 2008), algumas dessas alterações foram também influenciadas por instâncias supranacionais, com especial ênfase para a União Europeia. Entre as reivindicações não respondidas pelo poder político e legislativo, permanecem ainda os

3. Foi nesse ano que se realizou a primeira celebração dos eventos de *Stonewall* em Portugal, quando ocorreu a I Marcha do Orgulho LGBT de Portugal, em Lisboa. Hoje o evento é organizado por um conjunto de grupos LGBT e possui ampla participação na sociedade. Vale ressaltar que, desde 1995, foi criada a ILGA Portugal, a associação LGBT mais antiga dentre as que persistem até o momento.

4. O Código Penal português (artigos 174º e 175º), passa a estipular a idade de consentimento (sexual) independentemente da orientação sexual.

5. Para mais informações, pesquisar o *site*: <http://arraialpride.ilga-portugal.pt/2012>.

direitos de homoparentalidade, nomeadamente: a procriação medicamente assistida e a coadoção e adoção por casais do mesmo sexo, conforme esclarece a fala a seguir:

> Portugal está em plenos anos [19]90, em plena União Europeia, a receber directivas sobre orientação sexual e identidade de género – coisas que cá, até então, nem se discutia. O Governo teve que transformar leis – em grande medida, por imposição europeia, não porque quisesse. [...] Acho que tem havido grandes transformações nestes últimos 10, 15 anos... Quando eu digo que não foi uma transformação social decisiva, eu mantenho essa afirmação, mas também não posso dizer que nada mudou... Há 10, 15 anos não se falava de homossexualidade em Portugal, não existia sequer enterros mediáticos. (Entrevista 14L)

Todos esses acontecimentos gerais, no Brasil e em Portugal, apontam para a compreensão dos processos (contra)hegemônicos presentes na relação entre os movimentos sociais e o poder público, na construção da política de direitos humanos LGBT. Resgatar as tensões e os diálogos da relação entre o universal e o particular, presentes nessa política, contribui para a percepção da complexidade desse fenômeno social. Para isso, G. Santos (2006) afirma que:

> Ao invés de reificar estes atores e tratá-los de forma dicotômica (o Estado enquanto a 'encarnação do mal' e a sociedade civil representando o 'pólo das virtudes democráticas'), é mais relevante entender as intrincadas relações e 'trânsitos' de indivíduos e ideias entre ambas as esferas e como estas relações e 'trânsitos' auxiliam e/ou dificultam a construção de uma sociedade mais igualitária e democrática. Neste sentido, as trajetórias de militância, as experiências bem-sucedidas de encontros com agentes estatais e a presença de interesse em 'partilhar' poder de decisão e 'incorporar' demandas dos movimentos são importantes indicadores dos limites e/ou possibilidades destes trânsitos. (Santos, G., 2006, p. 127)

Assim sendo, reconhece-se que há certa articulação entre Estado e sociedade civil, o que não significa homogeneizar o campo nem desconhecer suas relações de poder, mas ressaltar que essas (in)diferenciações também estão presentes e precisam ser percebidas nos momentos em que elas aparecem, para que se possa demarcar os papéis entre os atores sociais – por isso, a importância da percepção da fluidez dessas fronteiras e, ao mesmo tempo, de suas demarcações.

1.1 DIREITOS HUMANOS NA ERA DAS PLURALIDADES: contribuições teóricas contemporâneas

Eu ando pelo mundo prestando atenção em cores que eu não sei o nome.

Adriana Calcanhotto

A reivindicação por igualdade de direitos e a sua pretensa efetivação por parte da política de universalização dos direitos pelo Estado, tem como contraponto, na sociedade contemporânea, o pluralismo de subjetividades. Por meio desse pluralismo, coexistem tanto a diversidade de expressões quanto a intolerância e a fragmentação destas, o que tem levado alguns estudiosos conservadores a acreditar que a saída para diminuir a violência seria manter a seguinte lógica: todos são iguais. Ao sustentar a lógica de que direitos são para todos e, consequentemente, de que as políticas, para serem públicas, precisam ser feitas para todos, sem especificar a necessidade de ações pontuais pela equiparação de direitos aos seguimentos sociais historicamente excluídos, o discurso, paradoxalmente, torna-se neoliberal.

Para uma reflexão mais aprofundada sobre o tema dos direitos humanos, será apresentado um recorte histórico sobre os marcos formais deste campo e, em seguida, o debate atual mais crítico, a partir de teóricos contemporâneos. A proposta é trazer subsídios com relação ao (não) reconhecimento dos direitos LGBT como direitos humanos.

Na Grécia Antiga, a pólis grega era o espaço de sociabilidade, e a leitura de mundo se sustentava pelo direito natural como regra da convivência humana derivada da natureza. Influenciados por uma perspectiva universal, alguns pensadores gregos procuraram princípios gerais e válidos para todos e em qualquer época. Na Idade Média, a natureza passa a ser considerada como um produto criado por um único Deus. As leis, apoiadas pelo suposto direito divino, passam a ser impostas pelo clero e pelos senhores feudais. Nesse mesmo período, ainda que grandes violações dos direitos fundamentais permanecessem no continente europeu, desenrolou-se, na Inglaterra, o marco inicial dos direitos humanos: a Magna Carta de 1215 (Bobbio, 1997).

É por compreender esse acontecimento como o início da limitação do poder do Estado, e como uma primeira reivindicação do cidadão por seus direitos, que muitos teóricos consideram a elaboração da Magna Carta como sendo o marco inicial dos direitos humanos. Já outros a consideram apenas um marco do constitucionalismo moderno, por se tratar de uma garantia dos direitos dos barões, proprietários de terra, diferente de uma ampla garantia dos direitos de todo o povo (Magalhães, 2000). Nessa contradição de posições sobre a Magna Carta, de certa forma, já começa a se revelar o cunho ideológico por trás do estabelecimento dos direitos.

Outros acontecimentos na Europa também contribuíram para a indagação da realidade social, como o aperfeiçoamento da imprensa por Gutemberg – o crescimento da impressão de livros e da circulação de ideias –, o Renascimento e a Reforma Protestante – com mudanças na religião –, e o Iluminismo – que mobilizou o poder da razão, buscando um conhecimento apurado da natureza. Gradativamente, o direito natural deixa de se vincular à vontade de Deus para ser denominado como produto da razão, a partir da Escola de Direito Natural de Grotius (1625). Magalhães (2000, p. 19) aponta que:

> O interesse sistemático pelos direitos humanos iniciou com a Escola Clássica do Direito natural – Hobbes, Spinoza, Puffendorf, Locke, Jefferson, Rousseau, Kant e outros. Apesar da riqueza do pensamento encontrada na Antiguidade, sobre o direito natural e o conceito de justiça, a realidade social não correspondia à preocupação demonstrada pelos pensadores. As civilizações ocidentais antigas baseavam-se, muitas delas, em conceitos primitivos de justiça, sendo que o trabalho escravo se colocava na base da sociedade como sustentáculo da vida na polis grega ou nas cidades do Império Romano.

Na Idade Moderna, o direito natural passa a ser legitimado pela razão e tem como objetivo a validade universal. Pela necessidade de valorização do indivíduo e a consequente resistência ao Estado, as ideias formais de garantia dos direitos humanos começaram a circular, como se percebe na realização de revoluções, como a estadunidense, de 1776 – que inspirou a Constituição estadunidense, de 1787 –, e a Revolução Francesa, de 1789, com o lema da igualdade, liberdade e fraternidade. Contudo, para Magalhães (1997), esses movimentos, ao contrário de inserirem a democracia, caracterizavam-se pelo individualismo, pela liberdade à propriedade e por um Estado omisso aos problemas sociais que se alastravam face ao sistema capitalista e à Revolução Industrial. Nesse contexto, também se destacam o ato de *Habeas Corpus*, de 1679, o *Bill of Right*, de 1688, e o *Instrumento de Governo de Cromwell*, reconhecidos por alguns autores como inspiração para a Constituição Estadunidense, de 1787.

Nessa época, o conteúdo dos direitos humanos não faz menção ao aspecto econômico, restringindo-se aos direitos relativos à liberdade e à igualdade. Por isso, pode-se considerar que o liberalismo fracassou ao prometer a liberdade por meio de um estado mínimo e da possibilidade da propriedade privada, permitindo, assim, a concentração econômica por parte daqueles que detinham o poder e a exclusão social dos demais, gerando desigualdade, desemprego, rebeliões e violência.

A Primeira Guerra Mundial (1914-1918) veio como um agravante das tensões sociais estabelecidas nos séculos XVII e XVIII. As novas constituições irão se preocupar com os direitos e o dever social do Estado. De acordo com Bobbio (1997), após a Primeira Guerra Mundial, além dos direitos civis e políticos conquistados no Estado liberal, acrescentam-se os direitos sociais, econômicos e culturais nas constituições modernas. Os direitos coletivos aparecem como via de realização dos direitos individuais.

Para Magalhães (2000), nos séculos XVII e XVIII, a perspectiva individualista e omissa do Estado diante dos conflitos sociais e econômicos propiciou um capitalismo desumano e escravizador. No século XIX, com a Revolução Industrial, essa miséria se agrava, e o Estado é cobrado a se posicionar frente às suas omissões diante dos problemas sociais e econômicos. Na passagem de um Estado abstencionista, ou Estado liberal, para um Estado social, podemos apontar a Constituição do México, de 1917, e a de Weimar (Alemanha), de 1919, como alguns dos marcos da inclusão dos direitos sociais na concepção dos direitos fundamentais. Entretanto, diante da crise econômica de 1928-1929, principalmente nos EUA, o incipiente Estado social cede lugar a um Estado totalitário, opressor e violento. Em 1939, ocorre a Segunda Guerra Mundial, tornando evidente a falência do Estado social.

Para compreender os acontecimentos que envolveram esse fato, será útil a menção ao pensamento de Hannah Arendt. A filósofa alemã define o contexto da Segunda Guerra Mundial como *tempos sombrios* para dizer dos limites e possibilidades da convivência humana em uma sociedade estruturada nas frágeis fronteiras entre a civilização e a barbárie (Arendt, 1996). O terror nazista, o genocídio de seis milhões de judeus e a fragilidade dos negócios humanos explicitam a entrada da sociedade no mundo moderno, juntamente com a perda das garantias que, antes, a religião e a tradição tentavam oferecer.

Guiada por Hitler, a sociedade alemã vivenciou a experiência do totalitarismo. A incapacidade de discernimento e a subversão dos valores na sociedade alemã da época são definidas por Arendt (1996) como a banalidade do mal. A autora tematiza a sociedade moderna como despolitizada, indiferente às questões públicas, individualista e competitiva. Como efeito da Segunda Guerra, houve uma dissolução do espaço público, o qual significou a perda de um espaço comum entre os seres humanos. Um espaço onde fosse possível o reconhecimento recíproco entre os cidadãos quanto à pluralidade de opiniões.

Toda essa discussão sobre o pensamento filosófico de Arendt é importante para compreender suas contribuições à política e aos direitos humanos. Para a autora, a Lei não é vista como mandamento, prescrição ou regulamentação de interesses privados, mas como uma delimitação do espaço no qual a interação política pode se realizar. Daí vem a especificidade da noção de direito em Arendt (1996). Ao contrário de significar necessidades ou interesses em demandas individuais, o direito é definido como uma forma de sociabilidade política, que só existe por meio do seu efetivo exercício. Quer dizer, o problema não está na garantia do trabalho, da residência ou da vida. Tudo isso pode ser obtido pela caridade, solidariedade, etc. O problema é ter condições para reivindicar esses direitos.

Há críticas dirigidas a Arendt pela sua recusa em reconhecer a existência do conflito como uma dimensão constitutiva da sociedade, bem como a vinculação desse conflito a interesses particulares. Entretanto, parece ser consenso o reconhecimento de sua originalidade em relação à possibilidade de pensar a política como algo que não se define exclusivamente por referência ao Estado, e sim como forma de sociabilidade.

Lefort (1996) faz uma leitura da expressão *direito a ter direitos*, de Arendt, identificando nesta expressão a eficácia simbólica dos direitos, o que nos leva a pensá-los como uma linguagem política que articula práticas individuais e coletivas em um espaço comum de pertencimento.

Isso significa que os direitos estão inscritos na dinâmica cultural e simbólica da sociedade, determinando o ponto de interseção entre a legalidade e a cultura, a norma e as tradições.

Por esse viés, é possível reconhecer que o espaço público precisa ser regido por uma dinâmica em que o próprio direito é sujeito a uma constante reinterpretação. Isso implica a abertura da sociedade a um permanente questionamento de seus próprios fundamentos e marca a diferença entre uma sociedade democrática, na qual há a legitimidade do conflito, para os regimes totalitários, nos quais não há espaço para as particularidades e diferenças.

Disso, certamente, dão testemunho os movimentos sociais que foram surgindo na década de 1940. Os protestos sociais foram intensificados por meio de uma luta simbólica em que se questionavam as representações e imagens instituídas, referidas à condição de classe, de gênero, idade ou de raça, o que veio a culminar na criação da Organização das Nações Unidas, em 1945.[6] Bobbio (1992) apresenta que os resultados trágicos da Segunda Guerra Mundial levaram a população a um consenso de que não se poderia mais deixar a outorga de direitos tão importantes – bem como a sua tutela – exclusivamente ao Estado.

A respeito da internacionalização desses direitos, é possível pensar que seu desenvolvimento pode ser atribuído às duas grandes guerras e à crença de que essas violações poderiam ser prevenidas com a criação de um sistema de proteção internacional dos direitos humanos. A partir desse momento, a proteção e promoção dos direitos humanos deixa de ser tarefa apenas de cada país, passando a ser de interesse internacional. Ocorre um rearranjo na organização do poder, e cria-se o Estado Democrático de Direito como uma possibilidade de participação da sociedade civil na vida política:

> No decorrer das quatro últimas décadas, o processo histórico de generalização e expansão da proteção internacional dos direitos humanos tem-se demarcado pelo fenômeno da multiplicidade e diversidade dos mecanismos de proteção, acompanhadas pela identidade predominante de propósito destes últimos e pela unidade conceitual dos direitos humanos. (Trindade, 1998, p. 1)

6. A Organização das Nações Unidas (ONU) elabora periodicamente um relatório sobre a situação econômica e social das pessoas residentes nos países que assinaram a Carta das Nações Unidas. O relatório é intitulado: *Índice de Desenvolvimento Humano* (IDH).

A partir do percurso feito pela história dos direitos humanos, é possível perceber diversas conquistas, ainda que estas apresentem contradições, retrocessos e limitações. Certamente, a sociedade utópica constituída por pessoas livres e iguais, que consta na Declaração Universal, ainda não está garantida – sequer foi alcançada. O que sempre prevaleceu na realidade social é a desigualdade, por fatores diversos: econômicos, sociais, sexuais, psicológicos, jurídicos, educacionais, etc. Porém, a conquista pela internacionalização dos direitos humanos está baseada na concepção de que toda nação tem o dever de respeitar e proteger os direitos humanos de seus cidadãos e das próprias nações, tendo também o direito de protestar, se qualquer país violar os direitos de um outro. Apesar disso, o mundo ainda vivencia com intensidade esse desafio.

Esses acontecimentos precisam ser pensados de acordo com o contexto socioeconômico dos últimos tempos, isto é, como a elite, articulada com o Estado, às vezes isolada, outras vezes articulada internacionalmente, aciona estratégias de defesa e ataque distantes das mesas de negociação e na contramão de valores compartilhados pelas convenções assinadas de direitos, como o Pacto Internacional de Direitos Civis e Políticos – PIDCP/1966 – e o Pacto Internacional de Direitos Econômicos, Sociais e Culturais – PIDESC/1966. Em contrapartida, a ONU e as cortes internacionais, que deveriam tomar decisões efetivas quanto às violações dos direitos humanos, têm perdido cada vez mais espaço e força nesse debate.

É imprescindível relembrar as milhares de vítimas indefesas de Hiroshima e Nagasaki ao fim da Segunda Guerra Mundial, bem como, após décadas, o sinistro pronunciamento de defesa proferido em rede nacional por George Bush, então presidente dos EUA, acerca desse evento histórico, afirmando que era a luta dos bons contra os maus – remetendo-nos aos equívocos desastrosos da era hitleriana. Sabe-se que Hitler tentou legitimar a chacina de um povo, imputando características negativas a toda uma comunidade racial e cultural, para que, dessa forma, o assassinato coletivo fosse aceito como uma lamentável necessidade.

Em uma abordagem naturalista do Direito, esses acontecimentos podem ser compreendidos como resultantes do direito universal e absoluto dos governantes sobre os governados. Quer dizer, o privilégio dos governantes de decidir o que é melhor para todos. Em contraponto, uma perspectiva crítica e sócio-histórica dos direitos humanos valoriza as mobilizações sociais em prol da garantia de direitos nas leis e critica o fato de que os privilégios das minorias dominantes sejam legitimados pelas leis locais, como ocorreu na era Hitler e agora se repete de forma pulverizada pela mídia hegemônica e pelas instituições de repressão social.

Por isso, os direitos humanos não devem ser entendidos como uma mera prescrição, mas como uma forma de sociabilidade política em constante reinterpretação e que têm como fim a promoção da dignidade humana para todos. Daí advém a ilustre expressão "ter direito a ter direitos" (Arendt, 1989, p. 332), que se remete à exigência de um espaço no qual cada um possa ser julgado por suas ações e opiniões – e não pelo que são, enquanto gênero, classe ou raça. Isso leva à análise do antagonismo irreconciliável entre as posições monistas e dualistas clássicas. As primeiras pretendem provar a primazia do direito internacional sobre o direito interno, enquanto as segundas pretendem provar a primazia do direito interno sobre o direito internacional. Porém, como afirma Trindade (1996), ambas devem ser aplicadas de forma dinâmica e interativa para garantir a continuidade do processo de expansão e fortalecimento do direito de proteção do ser humano. Além disso, segundo A. C. Santos (2005), a superação dessa dicotomia contribuirá para uma política contra-hegemônica de direitos humanos, uma vez que a cultura ocidental tende a formular seus princípios como universais. É necessário que ocorra, entre os diversos países, a constatação da incompletude cultural mútua e a abertura para diálogos interculturais.

É por isso que, na hipótese de conflito entre regras internacionais e internas de proteção aos direitos humanos, há de prevalecer sempre a regra mais favorável ao sujeito de direito, pois a proteção da dignidade humana e a justiça deve ser a razão do sistema jurídico (Comparato, 1999). Nesse contexto, a saída para uma sociedade emancipatória está na criação e na promoção de mecanismos de prevenção à violência e de educação para uma cultura de efetivação dos direitos humanos e do exercício de cidadania, acompanhados de uma reconstrução efetiva das capacidades sociais do Estado e da participação da sociedade civil organizada na gestão pública. A partir dessa afirmação, assume-se a abordagem crítica e sócio-histórica dos direitos humanos.

O cenário atual da política internacional de globalização tem servido aos interesses dos que comandam a economia mundial e se beneficiam da exploração dos países pobres. Essas nações têm defendido seus próprios interesses como sendo os interesses globais. Contudo, a globalização da contemporaneidade não pode significar, como querem os governos das grandes potências, um retorno à era do colonialismo. Como muito já se discute, em nome de um ideal de inclusão progressiva, o que se percebe é a exclusão e a segregação. Resgatar os direitos e deveres de todas as nações se torna uma saída possível por um pacto mundial de solidariedade, cooperativismo e de novas formas de laços sociais. Dessa forma, trabalhar pela inter-relação e interdependência entre os direitos, as leis e os valores nacionais e internacionais, a política econômica, o funcionamento das políticas públicas e a possibilidade de criação de novos direitos são condições para um Estado social e democrático de direito.

Diante desse fato, vale retomar o percurso sócio-histórico, salientando que, durante a Segunda Guerra Mundial, a falência do Estado social na Alemanha hitlerista e a experiência do totalitarismo, bem como a emergência dos movimentos sociais na década de 1940 e a criação das Nações Unidas, em 1945, são momentos que obrigaram o fortalecimento dos laços internacionais por meio de mecanismos universais de proteção aos direitos humanos. Dentro desse quadro – embasados nos laços internacionais que foram estabelecidos no pós-guerra – a Comissão de Direito Humanos, criada em decorrência da Carta da ONU, elaborou, em três anos, a Declaração Universal dos Direitos Humanos. Tal declaração teve como lema a internacionalidade, universalidade, interdependência, inter-relação e indivisibilidade dos direitos fundamentais. Promulgada em Paris, no Palais de Chaillot, em 1948, sob a presidência de Eleanor Roosevelt, ela contém trinta artigos sobre os direitos da pessoa humana, cujos princípios vêm representar o compromisso assumido pelos países signatários da mesma.

Apesar de não ter valor jurídico, a Declaração Universal dos Direitos Humanos (DUDH) está respaldada pela constituição dos países que assinaram esse documento.[7] Trata-se de uma carta política, considerada por muitos pensadores como o marco principal da história dos direitos humanos, a primeira vez que diversos povos se uniram, partilhando um sistema de valores em prol dos direitos de todo ser humano. Todavia, são direitos históricos, os quais nascem de certas circunstâncias, de lutas contra velhos poderes e de forma gradual. A perspectiva crítica e sócio-histórica dos direitos humanos, descrita anteriormente, aponta que os direitos humanos

7. No ano de 1948, na Assembleia Geral da ONU, a Declaração Universal dos Direitos Humanos foi aprovada por 48 países, tendo recebido abstenções de apenas oito países, a saber: os países comunistas (União Soviética, Ucrânia, Bielorrússia, Tchecoslováquia, Polônia e Iugoslávia), Arábia Saudita e África do Sul (Comparato, 1999).

não são inatos à constituição de uma pessoa, e sim direitos conquistados no curso da história. É a partir dessa perspectiva que Bobbio (1992) afirma que os direitos humanos são construções sociais, historicamente orientadas por necessidades humanas. Contudo, ao mesmo tempo, é possível perceber que a luta pelos direitos humanos esteve sempre relacionada à desigual distribuição do poder pelas classes dominantes de cada época. À medida que uma classe social[8] reivindicou um determinado direito, a partir de lutas sociais, outros valores e normas foram sendo agregados aos existentes.

Para fins didáticos, alguns teóricos, como Marshall (1967), Vasak (1979), Sorondo (1998), Lafer (1988), Ângelo (1998) e Carvalho (2008), utilizam a concepção de *gerações de direitos* para discorrer sobre o tema dos direitos humanos. De forma sintética, temos descrita, por Marshall (1967), a seguinte divisão:

1. Direitos de 1ª geração: que incluem os direitos civis, direitos políticos ou direitos da liberdade à vida.
2. Direitos de 2ª geração: que tratam dos direitos econômicos, sociais e culturais.
3. Direitos de 3ª geração: que seriam os direitos dos povos, isto é, desenvolvimento, solidariedade e outros.

Ângelo (1998) descreve essa mesma divisão; contudo, acrescenta algumas perspectivas diversas e incorpora mais uma geração:

1. Direitos de 1ª geração: são os direitos do indivíduo, que podem ser traduzidos como atributos da pessoa, direitos da liberdade e contrários ao Estado absolutista.
2. Direitos de 2ª geração: são os direitos econômicos, sociais e culturais. Nasceram no século XX e se resumem aos direitos de igualdade.
3. Direitos de 3ª geração: são os direitos à fraternidade, ao desenvolvimento e ao meio ambiente.
4. Direitos de 4ª geração: são os direitos à democracia, ao pluralismo e à informação.

---

8. A noção de classe social é crucial para a compreensão de diversos fenômenos sócio-políticos do universo LGBT, inclusive a formação e a atuação dos grupos militantes. Isto porque, assim como em vários outros países latino-americanos, a maioria dos participantes do movimento gay e lésbico no Brasil tendem a ser de classe baixa ou classe média baixa.

Lafer (1988) resume os direitos de 1ª geração como sendo os individuais e políticos; os de 2ª geração, como direitos sociais; os de 3ª geração, como os direitos dos povos; e, os de 4ª geração, como os direitos das gerações futuras. De forma mais detalhada, Sorondo (1988) descreve:

1. Os direitos de 1ª geração surgem dos primórdios até a Revolução Francesa, no século XVIII, pela necessidade de valorização do indivíduo e a consequente resistência ao Estado, por meio de conquistas derivadas das aspirações da classe social dominante na época – a burguesia. Na medida em que a sociedade foi se transformando, surgiram novas aspirações e exigências de satisfação das necessidades humanas.
2. Os direitos de 2ª geração são frutos dos efeitos degradantes da Revolução Industrial, que suscitou o deslocamento dos direitos do indivíduo para os direitos das categorias e classe, reconhecendo o direito ao trabalho, à assistência social, à segurança, etc.
3. No período pós-guerra, a humanidade se viu compelida a reivindicar direitos dos povos, consolidando-se a 3ª geração dos direitos. Nesse grupo, ressaltam-se os direitos ao desenvolvimento, à paz, ao meio ambiente e à comunicação. Essa conquista acelerou a independência e a descolonização de vários países que, até então, eram subordinados a outros, ao proclamar que todos os povos têm direito à livre determinação.
4. Em seguida, para a concretização desses últimos, surge uma 4ª geração de direitos, que reivindica a garantia da democracia, do pluralismo, da informação, ou seja, dos direitos de solidariedade.

Contudo, autores como Bobbio (1992), Comparato (1999), Lima Júnior (2003), Magalhães (1997; 2000; 2001), Piovesan (1998) e Trindade (1998) advertem sobre os riscos fornecidos pelas *gerações de direitos*, pois esta premissa pode tornar-se uma noção simplista ou fragmentada sobre os direitos humanos, uma vez que estes não se sucedem ou se substituem uns aos outros, mas se expandem, se acumulam e se fortalecem. Sendo assim, a variabilidade histórica do conceito de direitos humanos, a íntima relação destes com as mobilizações sociais e as transformações de necessidades sociais em direitos propiciaram a formulação de leis e o reconhecimento jurídico dos direitos humanos. Porém, novos direitos sempre irão surgir como consequência das novas necessidades do desenvolvimento humano.

Um dos problemas da perspectiva geracional dos direitos humanos, tal como aponta Carvalho (2008), é que o exercício de certos direitos não garante, automaticamente, a conquista de outros:

- Os direitos civis garantem somente a participação na vida em sociedade.
- Os direitos sociais garantem somente a participação nas riquezas coletivas.
- Os direitos políticos garantem somente a participação no governo.

Contudo, a perspectiva geracional dos direitos humanos apresenta uma classificação que não é meramente didática, mas que aponta para uma mudança de percepção. Pouco a pouco, novos conceitos acerca da definição de direitos e proteção vão sendo incorporados. Todas essas gerações têm como lema dois princípios – a liberdade e a igualdade –, e diferem apenas com relação àquilo que representa a liberdade e a igualdade em cada momento da história. No século XX, por exemplo, devido aos efeitos aterrorizantes da Primeira e da Segunda Guerra Mundial, as nações se viram desamparadas e, por isso, a divisibilidade de direitos já não bastava, sendo necessária também uma política global de direitos humanos. Dessa forma, quando foi proclamada a Declaração dos Direitos Humanos, em 1948, institui-se, como seu lema, a internacionalidade, a universalidade, a interdependência, a inter-relação e a indivisibilidade dos direitos.

É interessante conhecer a forma com que foram construídos os direitos ao longo da história, para compreender a interdependência entre eles. Todavia, não se pode conceber a existência de uma hierarquia entre os direitos humanos, uma vez que não existe uma ordem de importância entre eles:

> Todos os direitos devem ser desenvolvidos e protegidos. Na ausência de direitos econômicos, sociais e culturais, os direitos civis e políticos correm o perigo de serem puramente nominais; na ausência dos direitos civis e políticos, os direitos econômicos, sociais e culturais não poderiam ser garantidos por muito tempo. (ONU, 1948, p. 1)

Se na Grécia Antiga o direito natural justificava a leitura de mundo dos gregos, na Idade Média essa verdade passa a ser contestada pela força e pelo poder do clero em benefício de seus interesses em ter determinados direitos. Por sua vez, as mobilizações sociais e políticas que foram surgindo em oposição ao poder instituído nas respectivas épocas – como exemplo: a Magna Carta, a Constituição Estadunidense, a Declaração dos Direitos do Homem, etc. –, apesar de representarem conquistas alcançadas pela luta de classes, nos apontam que o conceito de direitos humanos sempre esteve relacionado à ideologia de cada época e, ainda, ao poder das mobilizações sociais (em suas reivindicações acerca do que define o direito humano).

Por isso, o surgimento do conceito de indivisibilidade dos direitos humanos permite que se afirme a importância da percepção dos direitos como indivisíveis. Essa concepção está relacionada ao fim da Segunda Guerra Mundial, período de criação da Organização das Nações Unidas (ONU) e dos sistemas internacionais de proteção dos direitos humanos, culminando na elaboração da Declaração Universal dos Direitos Humanos. Com o fim da Guerra Fria, que dividia especialmente duas potências territoriais a partir de seus modelos econômicos, os Estados Unidos da América e a antiga União das Repúblicas Socialistas Soviéticas, foi reconhecido que toda pessoa necessita de direitos políticos, civis, econômicos, sociais e culturais. Por esse motivo, foi concebida a ideia de indivisibilidade dos direitos humanos nas práticas pela efetivação dos direitos:

> É de extrema importância a constatação da indivisibilidade dos direitos humanos, superando a noção liberal dos direitos humanos como grupos estanques de direitos individuais e políticos ou mesmo a compreensão dos direitos humanos numa perspectiva neoliberal, onde somados aos direitos individuais e políticos, aparecem os direitos sociais e econômicos. [...] Portanto, numa perspectiva clientelista [...] não há efetivamente liberdade sem que existam as condições mínimas para o seu exercício, que são os direitos sociais e econômicos, que surgem aí como garantias sócio-econômicas de implementação dos direitos individuais e políticos. (Magalhães, 2000, p. 8)

Dessa forma, pela teoria da indivisibilidade, a aquisição dos direitos humanos significa ter direito a um padrão de vida mínimo com dignidade, com garantia de acesso à saúde, educação, trabalho, participação na política, entre outros, representando, desse modo, as vias de exercício da liberdade individual e política. Diante das duas grandes guerras mundiais e do totalitarismo político vivenciado no século XX, em âmbito internacional e nacional, houve uma ênfase nos direitos civis e políticos, como forma de garantir direitos que, naquele contexto, eram os mais violados: os direitos dos presos políticos, a liberdade de opinião, etc.

No entanto, é somente a partir de 1968, na I Conferência Mundial de Direitos Humanos, realizada em Teerã, a capital do Irã, que a indivisibilidade dos direitos humanos foi expressa com clareza. Posteriormente, com a II Conferência Mundial de Direitos Humanos, realizada em Viena, Áustria, em 1993, é reafirmada a indissociabilidade dos direitos humanos. A partir desse momento, há um delineamento no Pacto dos Direitos Humanos Econômicos, Sociais e Culturais (DHESC), acentuando seu caráter de garantia dos direitos civis e políticos. A proposta do pacto dos DHESC contrapõe-se às políticas neoliberais, cujo modelo de concentração de renda e riqueza gera exclusão econômica, social, política e cultural, tornando um impasse a construção de uma sociedade mais justa e solidária. Pode-se considerar que a primeira conferência corresponde à fase legislativa, e a segunda, à fase de implementação.

Devido a essas condições, Comparato (1999), Magalhães (2000), Piovesan (2008) e Trindade (1997) desenvolvem propostas teóricas que utilizam como estratégia a concepção de indivisibilidade dos direitos para a intervenção no campo dos direitos humanos, buscando superar as perspectivas liberal e neoliberal. Nas perspectivas reacionárias, os direitos são entendidos de forma estanque, fragmentada, a partir da ênfase nos direitos civis e políticos e, quando aparecem os direitos sociais, estes são focados em uma prática clientelista. No entanto, os direitos civis e políticos apenas são garantidos quando os direitos econômicos, sociais e culturais são exercidos. Além disso, reconhecer a necessidade de políticas específicas para a efetivação de determinados direitos não impede a percepção dos direitos como indivisíveis em relação ao conjunto dos direitos humanos. Em uma democracia efetivamente participativa, a parceria entre Estado e sociedade civil não exclui a condição de que o governo seja gerido com o controle social, a participação e o acompanhamento da sociedade civil organizada.

Tendo em vista a densidade do tema, busca-se agora dialogar com contribuições teóricas mais críticas e contemporâneas no campo dos direitos humanos. Para tal, partir-se-á de aproximações e distanciamentos de teorias sobre direitos humanos desenvolvidas por An-Na'im (2002), Arendt (1996), B. S. Santos (2001; 2010b), Sen (2004) e Shivji (2006).

Desde a Declaração Universal dos Direitos Humanos, em 1948, esse tema tem sido cada vez mais discutido no campo do direito e das relações internacionais, bem como nas disciplinas da área social e humana e nos organismos governamentais e não governamentais. Entretanto, as concepções, valores e normas de direitos humanos são diversas, existindo desde concepções de base naturalista, passando pela concepção normativa, até concepções mais críticas, sócio-históricas e políticas. Dentre as principais questões em torno dessa temática, o universalismo dos direitos humanos é o principal eixo de discussão. Duas outras grandes questões correlacionadas ao universalismo são: 1) o processo de legalização dos direitos humanos, seus limites e possibilidades no reconhecimento de sujeitos de direitos e; 2) as mobilizações sociais dos indivíduos e grupos e os sistemas jurídicos e políticos na construção, apropriação e/ou reconfiguração dos direitos humanos (Santos, B. S., 2010c).

Arendt (1996) analisou que, no pós-guerra, as minorias e os povos que não estavam inseridos no contexto do Estado, e os apátridas, que perderam sua vinculação ao Estado, não eram acolhidos onde moravam nem em suas nações de origem, ou seja, não tinham cidadania nem existência formal perante o Estado. Por questões políticas, a prática da desnaturalização foi a mais comum. Isso acontece mesmo em nossos dias, nos quais muitos imigrantes não são vistos, pelo Estado, como cidadãos de direitos. Daí a discussão da filósofa sobre a importância de vincular o tema dos direitos humanos ao tema da cidadania. De modo semelhante, a população LGBT ainda é considerada como um grupo de não cidadãos; portanto, nessa perspectiva, eles devem ser excluídos dos direitos, das leis e dos serviços públicos.

Sen (2004) destaca a importância atribuída internacionalmente aos direitos humanos, no âmbito normativo, após a Segunda Guerra Mundial. Porém, o autor também ressalta que, na tentativa de defender a universalidade dos direitos humanos, não se deve ignorar a heterogeneidade existente no interior das culturas, para que, assim, a diversidade presente em tais culturas possa contribuir para a unificação do mundo, ao invés de torná-lo mais conflituoso. Desse modo, o pensamento de Sen (2004) aponta para um ceticismo que denuncia os limites do ideal de universalidade dos direitos humanos. Contudo, não podemos deixar de considerar também que, apesar destes limites, a existência de leis universais abre espaço para as lutas sociais, uma vez que propicia o reconhecimento e a legitimidade aos direitos formalizados. Por isso, um relativismo absoluto também não é viável, pois princípios universais se tornam válidos quando conseguem gerar a materialização de lutas sociais específicas pela igualdade de direitos. Tais críticas se relacionam com os contributos de Arendt (1996) e B. S. Santos (2010b), e permitem concluir que as desigualdades econômicas e culturais também definem o "estar fora" do Estado, dado que a globalização e a expansão econômica têm conduzido à subalternização de sujeitos e grupos minoritários.

A tese hegemônica dos direitos humanos e a importância de uma universalidade contextualizada é objeto de análise por parte de Shivji (2006). A autora argumenta que a formação hegemônica dos direitos pertence aos indivíduos, à filosofia liberal e à perspectiva ocidental. Assim, os direitos humanos são uma ideologia do contexto europeu e americano, a qual torna invisíveis as desigualdades, uma vez que a afirmação absoluta da igualdade gera opressão. Por isso, é preciso redefinir os direitos humanos: o seu nascimento demonstra que ele serviu primeiramente à proteção dos europeus brancos, dividindo o mundo em países desenvolvidos e não desenvolvidos – categorização esta que leva à opressão e à não libertação. Ao contrário, a linguagem dos direitos humanos deveria ser aquela da autodeterminação dos povos, que visa a construção de uma luta contra-hegemônica.

An-Na'im (2002) avança nesse debate ao trazer a discussão de que é possível pensar os direitos humanos sem o Estado, mas a partir dos grupos, das redes sociais e da sociedade. O autor faz um contraponto ao universalismo a partir do relativismo cultural. No entanto, o debate com ênfase na cultura pode obscurecer as relações de poder. Em um debate sobre relativismo cultural, por exemplo, deve-se atentar ao modo a partir do qual os costumes e valores de uma determinada cultura podem ser utilizados para ocultar as diferenças existentes entre esta cultura e outras, omitindo as correlações de força nessa relação entre culturas.

B. S. Santos (2001) aborda uma concepção multicultural dos direitos humanos a partir das tensões dialéticas da modernidade ocidental, entre a regulação social e a emancipação social, o Estado e a sociedade civil. O autor argumenta que os direitos humanos somente conseguirão abarcar as diferentes regiões e lutas sociais na medida em que permitirem a realização de um diálogo entre universos de sentidos diferentes, os quais possam ser mutuamente traduzidos.

Apesar da sua raiz de base liberal, Sen (2004) traz discussões pertinentes aos desafios para os direitos humanos, defendendo a ideia de que os direitos humanos deveriam ser, em primeiro lugar, direitos culturais, que ultrapassem uma perspectiva legalista. A discussão de Arendt (1996), por sua vez, contribui para pensar quem na sociedade atual seriam os "descartáveis", os excluídos do "direito a ter direitos". A autora questiona acerca de qual seria o principal direito humano, e sugere, como resposta, o direito de pertencimento a uma comunidade política. Por isso, identificar os direitos humanos implica em dizer quem são esses sujeitos de direitos. Em direção semelhante, Shivji (2006) utiliza uma perspectiva crítica sobre o colonialismo para desafiar os limites do universalismo; daí sua ênfase na cultura de direitos humanos. Assim, os direitos humanos não são apenas aquilo que já está formalmente legalizado, mas principalmente o que a sociedade reconhece como suas necessidades para alcançar a dignidade humana.

As propostas teóricas anteriores identificam o caráter político como fundamental aos direitos humanos, isto é, a importância de saber quem declara os direitos humanos (Santos, B. S., 2010b), pois tais direitos se tratam, antes de tudo, de um sistema de representação, de reconhecimento: uma questão política. Enquanto para Arendt a questão central dos direitos humanos é a falta de pertencimento, para Shivji a questão central é a da representação desses direitos, o fato de eles não representarem os direitos dos povos, advindo daí a importância da autodeterminação. Entretanto, tais autores não abordam a relação entre sujeito e sociedade, público e privado, o que leva a uma perspectiva cultural e, em parte, essencialista.

Ao discutir os direitos humanos fora da esfera Estatal e a partir das redes sociais, An-Na'im (2002) contribui para a construção de uma perspectiva mais contra-hegemônica dos direitos humanos. B. S. Santos (2001) problematiza os direitos a partir de uma concepção multicultural e tenta instrumentalizar as discussões propostas por An-Na'im. Assim, esses teóricos ampliam o debate, ao desenvolverem um sistema de pensamento sobre a universalidade e a particularidade, a regulação social e a emancipação social, o Estado e a sociedade civil, em uma perspectiva multicultural, reconhecendo que os direitos humanos são contraditórios. Há também aí uma utopia ativa, haja vista que, na prática cotidiana, é difícil articular essas diferenças – embora seja esta uma luta necessária e que deve ser contínua.

Para B. S. Santos (2010b), An-Na'im e Shivji apontam que os direitos humanos são necessários e ambos assumem a importância da relação entre a perspectiva global e local dos direitos, mas questionam se sua vertente dominante não é imperialista. Para B. S. Santos e An-Na'im, a concepção de cultura é mais dinâmica, e disso advém a importância da interlegalidade, da discussão acerca das diferentes legislações, da intertextualidade – o debate entre as lutas discursivas e o interculturalismo –, em cuja arena pública se articulam o pluralismo de práticas e atores sociais. A maior contribuição desses cinco últimos autores é a importância dada por eles ao alargamento dos atores sociais, buscando, assim, fortalecer o caráter crítico e político dos direitos humanos.

Busca-se identificar, nesse item, a demarcação das condições nas quais revelam os direitos humanos, e estes se encontram em uma perspectiva progressista e emancipatória. B. S. Santos (2008) argumenta que fazer esse exercício exige a compreensão das três principais tensões dialéticas que perpassam nossa sociedade atual: 1) a tensão entre regulação social e emancipação social; 2) a tensão das contradições entre o Estado e a sociedade civil; e 3) a tensão entre o Estado-nação e a globalização neoliberal. B. S. Santos sustenta essa percepção por meio do seguinte trecho:

> Atravessado por concepções tão contraditórias e com violações ocorrendo a uma escala global, o campo dos direitos humanos tornou-se altamente controverso. E a controvérsia não cessa de se aprofundar à medida que o enfrentamento entre a globalização hegemônica e a globalização contra-hegemônica vai revelando que em muitos aspectos cruciais, as políticas de direitos humanos são políticas culturais. [...] Falar de cultura [...] é falar de diferenças, de fronteiras, de particularismos. Como poderão os direitos humanos ser uma política simultaneamente cultural e global? (Santos, B. S., 2008, p. 437)

Assim, mais do que considerar o conjunto dos direitos humanos como indivisíveis, é preciso considerá-los como um espaço do político, e não como uma pauta pronta que precisa ser negociada com direitos específicos sem levar em conta que os direitos humanos constituem um horizonte de possibilidades, de disputas políticas e antagonismos contemporâneos (Prado, 2003). Isso nos leva a uma aposta de que, talvez, o que seja possível de ser universalizado nos direitos humanos são as suas particularidades. Os direitos específicos parecem ser mais universais do que particulares, como alguns autores propõem, uma vez que há uma lógica de discriminação que perpassa diferentes lutas; e os direitos universais não são para todos, podendo servir tanto para a inclusão quanto para a exclusão de pessoas e grupos. Mais do que pelo seu caráter normativo, os direitos humanos conseguem alguma consistência na prática, se pensados como construções sociais, políticas e históricas.

Trata-se de um processo marcado pela correlação de forças frente às necessidades humanas já garantidas em lei, ou às novas demandas (direitos) que possam garantir aquilo que representa a dignidade humana para cada grupo e sujeito (Carmona, 2006). Nesse sentido, os direitos humanos se assumem enquanto motor de tradução, um mecanismo catalizador de reconhecimentos recíprocos (Santos, A. C., 2005). De acordo com o trecho da entrevista a seguir, essa concepção permite pensar em direitos de uma nova humanidade:

> Direitos pós-humanos, ou seja, direitos de uma nova humanidade. Portanto, não direitos humanos naquele sentido de que há um conjunto de direitos que determinadas pessoas têm e as outras também já devem estar a ter. Mas direitos pós-humanos, direitos para inventar uma nova maneira de ser, uma maneira que seja a melhor para todos. Direitos humanos parecem-me caixinhas já feitas, porque apresenta um conceito de humano e de direitos [humanos] já estruturados. A ideia, portanto, é propor coisas novas que ainda não foram pensadas ou que ainda não foram bem pensadas. (Entrevista 1L)

Após essa análise histórico-política sobre direitos humanos, pode-se afirmar que a atualização desses conceitos, concepções e práticas pode se potencializar por meio da articulação tensionada entre a universalidade dos direitos humanos e as particularidades dos direitos – no presente caso, dos direitos voltados para as pessoas LGBT:

> Assim, poderíamos pensar que além ou aquém dos direitos humanos está sua politização, os modos como eles são articulados, problematizando as concepções históricas em que foi promulgada a Declaração Universal dos Direitos Humanos e/ou apontando as insuficiências de todas as lutas humanas, pautadas pela matriz heterossexista, por direitos. (Torres, 2010, p. 14)

Assim, a pluralidade das noções de direitos humanos como direitos de cidadania de grupos historicamente violados na sua dignidade humana tem contribuído para ampliar as lutas sociais e especificá-las frente às contradições, na efetivação da universalidade dos direitos na prática cotidiana. Porém, pode-se considerar que as lógicas de regulação heterossexistas fazem parte da história dos direitos humanos, por isso a importância da manutenção de um constante questionamento sobre tais lógicas, na busca por uma emancipação não apenas social, no seu sentido mais amplo, mas, especificamente, pela garantia da emancipação sexual e de gênero de maneira universal.

1.2. A CONSTRUÇÃO DOS DIREITOS LGBT COMO DIREITOS HUMANOS: endireitamento da sexualidade ou sexualização do direito?[9]

Antes de concretizada, uma ideia apresenta uma estranha semelhança com a utopia. Nos tempos que correm o importante é não reduzir a realidade apenas ao que existe.

Jean-Paul Sartre

A primeira fase de implementação dos princípios dos direitos humanos, ao final da década de 1940, enfatizou a proteção universal e abstrata. Na segunda fase, na década de 1960, surge a especificação do direito e das particularidades do sujeito. A expansão dos discursos sobre direitos humanos incluiu novas temáticas de grupos excluídos, como o LGBT (Santos, A. C., 2004, 2005). Esse fato contribuiu para o alargamento das lutas sociais, conforme foi esclarecido no trecho de entrevista a seguir:

> Portanto, a inclusão dos direitos LGBT no campo dos direitos humanos pode ter a vantagem de atender a um público mais "alargado", de dar uma certa credibilidade – com muitas aspas – às comunicações dos direitos sexuais. Mas, ao mesmo tempo, acho que pode abafar a especificidade dos direitos sexuais e suscitar mais uma lógica de assimilação do que de diversidade. (Entrevista 13L)

9. Os termos "endireitamento da sexualidade" e "sexualização do direito" foram cunhados por Benedito Medrado, em sua participação como pesquisador membro da minha banca de qualificação da tese de doutorado, ocorrida em novembro de 2011.

Quando da construção da Declaração Universal dos Direitos Humanos, em 1948, as discussões sobre sexualidade e gênero eram quase inexistentes e, nesse contexto, a sexualidade era compreendida como algo da natureza humana. No final da década de 1960, com as perspectivas construtivistas desenvolvidas pelas Ciências Sociais, se inicia uma aproximação desses temas – sexualidade e gênero – com questões sociais pertinentes à discussão dos direitos humanos, a saber: o reconhecimento de que a sexualidade e o gênero são formas estratégicas de diferenciação social que propiciam hierarquizações e desigualdades. Por isso, a importância de uma reflexão crítica sobre os direitos LGBT no âmbito do conjunto de direitos civis, políticos, econômicos, culturais e sociais, considerados fundamentais e universais pela ONU (Duque, 2009).

Avanços importantes aconteceram com os Planos de Ação das Conferências do Cairo (1994) e de Beijing (1995), pelo reconhecimento dos direitos sexuais como direitos humanos. Esses processos resultaram também na tentativa de garantia dos direitos LGBT frente ao poder público. Dentre as ações políticas realizadas pelo movimento LGBT em parceria com o poder público de Lisboa, têm-se a Marcha do Orgulho LGBT. Desde os anos iniciais dessa marcha, já aparece, no movimento, a relação entre direitos humanos e direitos sexuais.

> De início, eu lembro-me de ver uma faixa, numa marcha [...] que dizia "nós também somos família". E acho que o argumento inicial era 'nós (nós, não heterossexuais) somos iguais a vocês, heterossexuais'. Então, o argumento era 'aceitem-nos, porque nós não somos tão mal quanto vocês pensam, e até somos muito parecidos e parecidas convosco'. O argumento era o argumento da igualdade. [...] Eu acho que há de facto pessoas para quem essa questão da igualdade se coloca verdadeiramente, embora eu desconfie. Eu acho que, em termos gerais, é mais fácil aceitar um discurso pelos direitos humanos do que pelos direitos sexuais. Direitos sexuais parece capricho. Reivindicar direitos sexuais parece um capricho. Há um olhar muito desmoralizante às manifestações pelos direitos sexuais. (Entrevista 13L)

A proposta desta pesquisa foi analisar as tensões e diálogos presentes na relação entre a perspectiva universal dos direitos humanos e a perspectiva particular dos direitos LGBT, por meio das demandas dos movimentos sociais e das respostas construídas pelo Estado na constituição da política de cidadania e identidade LGBT. Vale destacar que essa relação entre demandas e respostas não é linear. Nem sempre quem reivindica compõe o movimento social e nem sempre quem responde é o poder público. Esses espaços mistos de participação entre diferentes atores na construção da política LGBT demonstram a fluidez nas fronteiras *nós* versus *eles*, aliados e adversários, por isso o que mais importa nesse contexto é identificar, sendo perspectivas universalistas ou particularistas, para que fins se prestam essas ações políticas.

O processo de construção da política LGBT em Belo Horizonte e Lisboa tem demonstrado um movimento dinâmico – mesmo que, por vezes, apresente efeitos estáticos – de tentativa de capacitação do poder público na área LGBT ou mesmo de visibilidade dessa tentativa, e uma busca de capacitação por parte de alguns grupos LGBT na área de gestão pública – ou, ainda, da mudança do trabalho voluntário para o profissionalizante.

Apesar de a Constituição Federal Brasileira de 1988 não ter inserido a orientação sexual entre as formas de discriminação a serem proibidas – contrariamente a Portugal, que desde 2004, legisla sobre tal discriminação –, as ações dos movimentos e ativistas LGBT e dos poderes Executivo, Legislativo e Judiciário, e do Ministério Público, têm-se utilizado de interpretações e analogias para a garantia de direitos de igualdade nas leis existentes (Anjos, 2002; Rios, 2007). No âmbito nacional brasileiro, destaca-se, em 1995, a criação da Associação Brasileira de Gays, Lésbicas e Transgêneros (ABGLT) e, em 1997, a I Parada do Orgulho LGBT em São Paulo. No que se refere às políticas governamentais, desde 1996 têm aparecido, nos documentos públicos da área dos direitos humanos – como, por exemplo, nos Programas Nacionais de Direitos Humanos (1996, 2002, 2010) –, temáticas como homossexualidade, diversidade sexual, orientação sexual e identidade de gênero. Nos dois primeiros Programas, referentes aos anos de 1996 e 2002, os temas citados aparecem apenas junto a outros grupos de minorias violadas nos seus direitos. No último, aparecem discussões específicas sobre o tema da diversidade sexual, e o termo "homossexualidade" é ampliado para "direitos LGBT". Esse conjunto de diferentes iniciativas contribuiu para a criação, em 2004, do Programa Brasil Sem Homofobia e, em 2008, para a realização da I Conferência Nacional LGBT, que culminou no Plano Nacional da Política LGBT.

Em Belo Horizonte, destacam-se as leis municipais: nº 8.283/01, contra a discriminação por orientação sexual; a nº 8.176/01, que penaliza estabelecimentos que discriminem pessoas em virtude da orientação sexual; a nº 8.719/03, sobre os direitos das minorias, entre elas as pessoas LGBT; e a nº 9.011/05, que atribui à Coordenadoria Municipal de Direitos Humanos (CMDH) o desenvolvimento de políticas de direitos LGBT. Além disso, em junho de 2007, foi criado o Centro de Referência pelos Direitos Humanos e Cidadania GLBT (CRGLBT), vinculado à CMDH.

Tal realidade se aproxima da experiência de Portugal. Neste país, mesmo após o fim da ditadura, em 1974, permaneceu uma ideologia moralista cristã que dificultou a intervenção progressista no espaço público. Nessa medida, a intervenção do poder público em Lisboa não assume a mesma dimensão que em Belo Horizonte, necessitando ainda da criação de serviços ou órgãos públicos que visem o atendimento das especificidades da população LGBT. No entanto, o ativismo LGBT tem possibilitado conquistas a nível sociocultural e, sobretudo, a nível jurídico. Como exemplo, têm-se a inauguração, em 1997, do Centro Comunitário Gay e Lésbico; além disso, ocorre a I Celebração do Orgulho Homossexual (com o apoio da Câmara Municipal de Lisboa), o Arraial Gay e o I Festival de Cinema Gay e Lésbico. Em 2000, ocorre a I Marcha do Orgulho Homossexual, com participação do poder público (via Câmara Municipal). Em 2003, inclui-se no Código de Trabalho a proteção contra a discriminação homofóbica. Em 2004, a Assembleia da República aprova a inclusão, no 13º artigo da Constituição, da proibição de discriminação em função da orientação sexual. Com isso, Portugal se torna o primeiro país europeu e o quarto país a nível mundial a incluir esse critério na sua Constituição (Santos, A. C., 2008). Entre outras ações, deve-se ressaltar, ainda, as intervenções da esquerda política e de organizações como, por exemplo, o Clube Safo, a *International Lesbian, Gay, Bisexual, Trans and Intersex Association* (ILGA) de Portugal, o Não te Prives,[10] o Opus Gay, a Associação de Jovens LGBT (Rede Ex Aequo), os Panteras Rosa e o Portugal Gay, entre outros, por meio de atos públicos, seminários, saraus e publicações (Santos, A. C., 2003).

Em relação à interação entre movimento social e poder público em Portugal, o interesse analítico desta pesquisa centrou-se no processo de criação de órgãos públicos que tratam, entre outras coisas, da política LGBT, tais como a Comissão para a Cidadania e Igualdade de Género (CIG), que

10. O grupo *Não te Prives* tem uma especificidade em relação aos demais grupos portugueses e também em relação aos grupos LGBT brasileiros, por ter uma pauta ampliada em defesa dos direitos sexuais, ou seja, por abranger a luta pelos direitos LGBT e de gênero.

assume esta nomenclatura e novas funções a partir de 2007, e a Secretaria de Estado para a Igualdade (2009). Esses dois órgãos do poder público têm sido importantes interlocutores do movimento LGBT, assumindo, entre as suas prioridades políticas, a luta contra a discriminação sexual. Contudo, como foi referido anteriormente, tais órgãos continuam por responder diversas das demandas jurídicas do movimento LGBT, com especial ênfase para as questões da parentalidade e do atendimento aos casos de orientação sobre direitos e enfrentamento à violência. No relato da entrevista a seguir, é afirmada a relevância de, nesse cenário político, existirem ações estratégicas que possam fortalecer a efetivação dos direitos LGBT:

> Eu sou lésbica, então eu vou ser discriminada por que eu desejo uma outra mulher na minha cama? Os direitos humanos podem formatar isso do jeito que quiser, mas não vai mudar a nossa luta. Eu luto para que eu tenha uma parceria civil registrada. É papel do Movimento usar do olhar dos direitos humanos para fortalecer a nossa causa, e não o contrário. Porém, é muito mais fácil os direitos humanos falarem de uma luta mais geral do que falar da questão da homossexualidade. [...] Querem heterossexualizar nossa luta, e isso não podemos deixar. (Entrevista 12BH)

Dessa forma, torna-se importante ressaltar que, enquanto um dispositivo histórico de poder e saber, a sexualidade disciplina e classifica os corpos a partir dos saberes e das práticas vivenciadas nas leis, nas políticas públicas e nas crenças e valores sociais (Foucault, 2007a; 2007b; 2007c). Essa perspectiva foucaultiana também irá contribuir, ao final dos anos 1980, aos estudos estadunidenses sobre a sexualidade, sobretudo a partir das pesquisas realizadas sobre a teoria *queer*. Esse tema será trabalhado no próximo item deste estudo.

Tais questões, de ordem histórica e política, apontam relações estreitas com questões de ordem contextual e administrativa. Se, por um lado, na cidade de Belo Horizonte, a política municipal de direitos humanos mostra uma tentativa de gestão local baseada na transversalidade com as demais políticas, por outro lado, também revela limites políticos e institucionais nessa perspectiva de atuação. No período de 1993 a 2000, a CMDH, por estar vinculada diretamente à Secretaria de Governo, possuía legitimidade política e estrutura administrativa para as ações intersetoriais embasadas na universalidade dos direitos humanos. Atualmente, vinculada à SMADC, que possui frágil posição estrutural e institucionalização fragmentada no conjunto de suas políticas, a CMDH encontra maior resistência, por parte das demais políticas de direitos específicos, com relação à institucionalização de práticas que ressaltem o caráter transversal da política de direitos humanos.

Já na cidade de Lisboa, embora Portugal seja considerado um dos países mais avançados, do ponto de vista legislativo, existem contradições entre a lei formal e a sua efetivação, ancoradas em uma cultura conservadora (Santos, A. C., 2004). Nesse contexto, uma perspectiva essencialista de aplicação dos direitos humanos universais, desconsiderando as especificidades de cada contexto, se torna ingênua. Por isso, a necessidade de diferenciar o que está no campo dos discursos sobre os princípios fundamentais e universais daquilo que está no campo da prática cotidiana de execução da política de direitos humanos LGBT. Principalmente nessa última, existe uma lógica heterossexista que perpassa o modelo imposto de sociedade, mesmo que nem sempre de modo racionalizado – muitas vezes, essa lógica ocorre de maneira implícita e às vezes até inconsciente, mas sempre apontando seus efeitos de desigualdade social.

Essa constatação também pode revelar algumas das tensões sobre direitos humanos existentes nas comunidades políticas, pois existem grandes conflitos sobre o que deve ser protegido, promovido e reparado. As discussões sobre os direitos humanos da população LGBT precisam perceber os riscos das generalizações advindas dos discursos universalistas. Entretanto, tais discussões e articulações políticas, entre direitos humanos e direitos voltados às pessoas LGBT, têm servido como possibilidade de análise das violações de direitos nos diferentes espaços sociais. Nesse sentido, essas questões podem alargar e questionar a noção de dignidade humana presente no discurso universalista de direitos humanos a partir da desconstrução da lógica heterossexista pelos diálogos propostos entre os diferentes atores sociais que participam da construção da política de direitos humanos LGBT.

Assim, nesse processo de construção dos direitos LGBT como direitos humanos, para que não ocorra um endireitamento da sexualidade e para que se consiga colocar em prática as diretrizes construídas nas leis e nas políticas públicas, é preciso reconhecer que, apesar de atualmente existirem leis, documentos governamentais e eventos que propiciem diálogos, mesmo que tensionados, entre as perspectivas universalistas e as particularistas e entre o governo e a sociedade civil, ainda existe o grande desafio de transformar as incipientes políticas de governos em políticas de Estado, para que estas não se tornem reféns de possíveis governos mais reacionários, que poderiam retroceder nas conquistas já alcançadas.

1.3 A CRÍTICA A UMA POLÍTICA SEXUAL RESTRITIVA:
contribuições dos estudos e ativismos feministas para os direitos humanos LGBT

Que nada nos defina, que nada nos sujeite.
Que a liberdade seja a nossa própria substância.
Simone de Beauvoir

Nas duas últimas décadas do século XX, a emergência de programas e políticas de direitos humanos LGBT pode ser percebida como consequência de um processo complexo que foi a crítica a uma política sexual restritiva que acabou norteando, no Estado, concepções sobre os sujeitos LGBT. Sabe-se que os direitos sexuais incluem os direitos LGBT e que, por serem mais amplos, os direitos sexuais possibilitaram a criação de um diálogo entre o ativismo feminista e LGBT.

Segundo Carrara (2004), atualmente, os teóricos têm buscado construir um conceito objetivo sobre os direitos sexuais. Contudo, é preciso discutir as nuances de tal conceito, devido ao seu potencial agregador.[11] As conquistas LGBT também são fruto das lutas feministas. Esses atores diversos, tantos os movimentos LGBT quanto os movimentos feministas, se debruçaram na análise dos efeitos disciplinares sobre os corpos, buscando, assim, compreender as relações de poder no controle sobre os sujeitos. Hoje, estes movimentos estão participando cada vez mais da construção dessa

11. Vale ressaltar que a relação entre direitos sexuais e direitos LGBT não deve reduzir as pessoas LGBT à sua sexualidade. Há uma lógica organizacional, política e histórica que conduz a essa articulação, porém, é preciso ampliar este debate, dado que muitas reivindicações LGBT não passam por discussões da sexualidade, mas por direitos civis e políticos, como, por exemplo, a reivindicação para a aceitação pública e jurídica do nome social para travestis e transexuais. Talvez esteja nesse tensionamento, entre direitos sexuais e direitos LGBT, um dos motivos da pouca articulação ainda presente entre o movimento feminista e o movimento LGBT. Para aprofundamento desse debate, ver Góis (2003).

política sexual no Estado e nas universidades, de forma mais abrangente e mais inclusiva (Mayorga, 2011).

É preciso esclarecer que, no contexto das Nações Unidas, a legitimação dos direitos sexuais das mulheres não foi acompanhada por avanços equivalentes no que se refere aos direitos LGBT. Na esfera global, os debates mais acirrados sobre sexualidade e direitos humanos se iniciaram em 1993, desembocando na Conferência de População e Desenvolvimento, no Cairo (1994), na qual foram incluídos os termos "saúde sexual" e "direitos sexuais" no programa de ação. Porém, no texto final, o termo "direitos sexuais" foi excluído, mas, por iniciativas feministas, reaparece na Plataforma de Ação de Pequim (1995), que foi o primeiro consenso normativo global acerca dos direitos sexuais.

Em 2001, na sessão especial da Assembleia Geral sobre HIV/AIDS, houve objeções quanto à participação de grupos LGBT. Neste ano, na Conferência Mundial contra o Racismo, Discriminação Racial, Xenofobia e Formas Conexas de Intolerância, realizada em Durban, na África do Sul, a ILGA foi questionada pela Conferência Islâmica Internacional. Nesta Conferência, após debates acirrados, foi rejeitada a inclusão do termo "orientação sexual" como uma das formas de discriminação. Em 2007, ocorre uma grande conquista na inclusão dos direitos LGBT, com a criação dos Princípios de Yogyakarta: Aplicação da Legislação Internacional de Direitos Humanos em relação à Orientação Sexual e Identidade de Gênero. Sistematizado por 29 pesquisadores de 25 países, os princípios de Yogyakarta foram elaborados após uma reunião de juristas realizada na Universidade Gadjah Mada, em Yogyakarta, Indonésia, em 2006. Tais princípios preveem que "Toda pessoa tem o direito à educação sem discriminação por motivo de sua orientação sexual e identidade de gênero" (Princípio de Yogyakarta, 2009).

Contudo, ainda se faz presente, nas Nações Unidas, um discurso homofóbico que se contrasta com a realidade das sociedades que lutam pela igualdade de direitos e reconhecimento social (Corrêa, 2006, 2009; Corrêa & Parker, 2004).

> O debate intelectual e político que fez da sexualidade um tema político na era contemporânea teve origem na revolução sexual dos anos 1960, mas ganhou densidade e legitimidade acadêmica a partir de sua vinculação com as teorias pós-modernas que situam a sexualidade no coração da formação cultural e política moderna. Essa inflexão intelectual – posteriormente denominada

viragem linguística – deu grande fôlego político aos movimentos societários que se mobilizam ao redor das questões da sexualidade. (Corrêa, 2006, p. 105)

A mobilização para inclusão dos direitos sexuais como direitos humanos ainda é algo muito recente, que permanece com contradições de entendimento nas lutas políticas. Apesar de nenhum programa ou tratado internacional ter incluído de forma explícita os termos "direitos sexuais" ou "orientação sexual", vale destacar que a Convenção da União Europeia e o Relatório sobre Desenvolvimento Humano, de 2000, validou a não discriminação à orientação sexual (Chacham, 2007).[12] Conforme é esclarecido no trecho de entrevista a seguir, não há menção aos direitos LGBT, de maneira explícita, nos documentos internacionais significativos:

> Os instrumentos internacionais não falam dos direitos LGBT. Percebe-se, assim, uma lacuna na elaboração de instrumentos internacionais específicos de proteção aos direitos humanos e cidadania LGBT, além da ausência de citação desse segmento nos documentos arrolados nos sistemas geral e especial de proteção dos direitos humanos. Verifica-se, também, a inexistência de uma simples menção à categoria "orientação sexual" entre as tradicionais categorizações elencadas nos documentos da ONU. Ademais, vê-se, frente tal ausência, a afirmação de que os direitos do público LGBT encontram-se intrinsecamente abrigados no rol do sistema geral de proteção dos direitos humanos. Faz-se necessário enfatizar, contudo, a existência de um documento de alcance internacional no terreno dos direitos LGBT, o *Princípios de Yogyakarta: princípios sobre a aplicação da legislação internacional de direitos humanos em relação à orientação sexual e identidade de gênero*. É importante destacar também que o processo de luta pela incorporação dos direitos sexuais na esfera dos direitos humanos remonta a não mais de duas décadas. Os direitos sexuais são conceitos relativamente novos e permanecem, ainda, controversos. Contudo, o reconhecimento dos direitos reprodutivos como parte dos direitos humanos alcança, atualmente, legitimidade, sendo incorporados em dois documentos internacionais, quais sejam, as plataformas do

12. Chacham (2007) esclarece que essa discussão sobre a inclusão dos direitos sexuais nos documentos de direitos humanos foi retomada no período de 1999 a 2001, a partir das revisões para atualização dos documentos do Cairo (capital do Egito) e de Pequim (capital da China). Esse debate também foi realizado na 13ª Conferência Internacional sobre AIDS, em Durban (África do Sul), e, também, na Sessão Especial da Assembleia Geral da ONU sobre HIV/AIDS, realizada em 2001.

Cairo (1994) e de Beijing (1995), decorrentes, respectivamente, da Conferência Internacional de População e Desenvolvimento (CIPD), realizada no Cairo, Egito, em 1994, e da IV Conferência da Mulher, realizada em Beijing, China, no ano de 1995. (Entrevista 2BH)

Vale destacar a recente campanha realizada pela ONU, pronunciando-se oficialmente contra países que criminalizam as relações entre pessoas do mesmo sexo, entre bissexuais e entre transgêneros. Foi realizado um vídeo, pelo Escritório de Direitos Humanos, no qual pessoas de diversas origens culturais comentam sobre as violações de direitos humanos sofridas pela comunidade LGBT. O vídeo inclui a fala do secretário-geral da ONU, Ban Ki-moon, e da alta comissária para os direitos humanos, Navi Pillay. A mensagem de destaque da campanha é de que direitos LGBT são direitos humanos.[13] Tal iniciativa aponta para um gradativo compromisso da ONU com a luta pelos direitos humanos LGBT, embora seja esta uma ação pontual frente à necessidade de uma intervenção de maior impacto social.

Uma das perguntas que perpassam esta pesquisa refere-se à articulação entre direitos humanos e direitos sexuais – ou seja, a articulação entre as perspcetivas universalistas e particularistas. Isto é, quais os efeitos produzidos nessa participação tensionada entre a universalidade e a particularidade? Essa pergunta exige uma análise complexa. As contribuições de Corrêa (2006, 2009) possibilitam um diálogo entre elementos da modernidade e da pós-modernidade que buscaram responder a alguns desses dilemas da participação política.

Os ideários da pós-modernidade, tais como a desconstrução das relações sociais, o reconhecimento de que os sujeitos são efeitos do poder disciplinar e o apontamento de que a visibilidade é uma estratégia do poder disciplinar, conduzem aos seguintes questionamentos: seria possível um engajamento nas lógicas estatais para a construção da política sexual sem intensificar as tramas do poder disciplinar? Seria possível participar da construção da política sexual reivindicando especificidades e pluralidades sem cair nos mesmos efeitos da universalidade disciplinar que se critica?

No entanto, esse questionamento do modelo pós-moderno acaba se tornando bastante cético em relação à ideia de transformação social e política,

13. Cf. o vídeo no *link*: <https://nacoesunidas.org/onu-lanca-campanha-mundial-para-promover-a-igualdade-lgbt/>.

porque tudo se torna impossível pela lógica do poder e da disciplina, o que acaba conduzindo à falta de horizontes possíveis de emancipação.

> A corrente intelectual pós-moderna forneceu aos atores da política sexual um poderoso instrumental analítico para compreender os mecanismos através dos quais instituições, leis, percepções e práticas sociais eram fontes de exclusão e estigma. Mas não oferece alternativas fáceis para programas de mudança social, cultural e política, na medida em que expressa um marcado ceticismo em relação à concepção clássica do sujeito político-universal, racional, autoconstituído, bem como em relação à lei e ao direito como instrumentos potenciais de correção das injustiças. (Corrêa, 2006, p. 106)

A autora propõe uma terceira posição na tensão entre direitos sexuais e direitos humanos, ou seja, uma releitura dos direitos humanos a partir do debate de que as lutas LGBT exigem deslocamentos da perspectiva universalista. Talvez esse seja o principal efeito produzido nessa relação. Dessa forma, não é preciso abandonar o debate dos direitos humanos, mas propiciar que sua ampliação provoque novas configurações capazes de abarcar melhor as demandas das pessoas LGBT, ou seja, "reconstruí-lo de forma a poder especificar diferenças de gênero, classe, cultura e outras e, ao mesmo tempo, reconhecer as necessidades sociais" (Corrêa & Petchesky, 1996, p. 149). Para isso, a autora recorre a Heller (1992), para argumentar que os direitos humanos marcam um campo de luta pela justiça social no ocidente. Essa posição pode ser interessante, desde que os direitos humanos não se tornem, meramente, uma agenda pronta para a aplicação.

Essa terceira posição permite trazer os movimentos sociais e, principalmente, as identidades políticas para o centro da discussão, ao possibilitar a percepção de como os movimentos sociais se articulam de forma dialética na dinâmica da relação com o Estado e na relação entre as demandas universalistas e particularistas, quer dizer, ora via práticas emancipatórias, ora via práticas regulatórias. É nessa releitura da relação entre direitos sexuais e direitos humanos que a construção de identidades políticas aparece na ampliação do que é o humano. Pensar a dinâmica das ONGs e dos grupos sociais, bem como as trajetórias dos militantes, é perceber quando os direitos sexuais se deslocam dos direitos individuais para os direitos sociais, como princípio do bem comum e da ética.

Butler (2004), Corrêa (2006), Fraser (1997) e Plummer (2001) defendem a ideia da articulação entre reconhecimento e redistribuição, a partir da noção de *universalidade situada*. Tais autores argumentam que o foco nas lutas por direitos sexuais não deveria ser os direitos civis, mas a ampliação dos direitos sociais. Quando o foco se detém apenas nos direitos civis, há o risco de acirrar uma disputa de personagens, em uma política de reconhecimento que se afirma apenas nas especificidades. Quando se recoloca essa discussão no campo dos direitos sociais, pode-se construir uma luta menos dependente dos personagens, retomando o tema da desigualdade a partir de novos arranjos sociais, tais como: previdência social, saúde, trabalho, e demandas mais amplas. O que se objetiva, portanto, é a construção de uma pauta política que não se limite à reivindicação de direitos para esse ou aquele personagem, mas que retome os direitos humanos na sua amplitude. Reafirma-se aqui o campo heterogêneo dos direitos humanos, perpassado por diversos discursos, desde concepções religiosas, naturalistas, constitucionalistas, até outras mais sócio-históricas, críticas e progressistas.

Magalhães (2000) apresenta uma divisão sobre tais concepções, enfatizando: (a) a perspectiva filosófica ou jusnaturalista, que concebe os direitos humanos como absolutos, imutáveis e intemporais, inerentes aos seres humanos; (b) a perspectiva internacionalista, que abrange as discussões que devem ser impostas a todos os Estados e as discussões sobre a necessidade de garanti-las a todos e em todas as culturas; e (c) a perspectiva constitucional, que abrange as normas positivadas, no caso, as Leis. Sobre a perspectiva constitucional, é importante ressaltar:

> Sem dúvida, o reconhecimento oficial dos direitos humanos, pela autoridade política competente, dá muito mais segurança às relações sociais. Ele exerce, também, uma função pedagógica no seio da comunidade, no sentido de fazer prevalecer os grandes valores éticos, os quais, sem esse reconhecimento oficial, tardariam a se impor na vida coletiva. Mas nada assegura que falsos direitos humanos, isto é, certos privilégios da minoria dominante, não sejam também inseridos na Constituição, ou consagrados em convenção internacional. (Comparato, 1999, p. 56)

Diante deste fato, destaca-se a importância de considerar as garantias conquistadas pelos direitos humanos, declarados em textos normativos, bem como a importância de se fortalecer uma consciência ética coletiva, isto é, o reconhecimento de que "a dignidade da condição humana exige o respeito a certos valores em qualquer circunstância, ainda que não reconhecidos no ordenamento estatal, ou em documentos normativos internacionais" (Comparato, 1999, p. 57).

Dornelles (1998) também apresenta uma categorização que busca sintetizar as diferentes perspectivas:

- A *idealista*, que apresenta os direitos por meio de uma visão abstrata, como inerentes à razão humana, propagando a visão de um ser humano universal, sem rosto e sem conflitos.
- A *científico-positivista*, que fundamenta os direitos na legislação, propagando a visão de um ser humano igual aos demais, com um rosto igual ao de muitos outros.
- A *crítico-materialista*, que fundamenta os direitos como garantias de um processo histórico de conquistas, propagando a visão de um ser humano real, conflitivo, contraditório, marcado pela diferença, com um rosto representado por um coletivo que se singulariza.

Essa última perspectiva é a que mais se aproxima da perspectiva adotada na presente pesquisa, uma vez que, com o coletivo, é possível considerar o outro como alteridade que nos abre para a experiência de novos territórios. Isso posto, a ética deve ser construída em um processo de diferenciação coletiva, que impede a cristalização de posições em verdades absolutas.

Assim, é possível sistematizar as perspectivas trabalhadas anteriormente:

- Perspectiva Naturalista/Cristã: compreende os direitos como algo natural, como um dado a priori, inerente ao humano, imutável, intemporal – por vezes, justificado pela lei divina.
- Perspectiva Positivista/Constitucional: que é reconhecimento apenas dos direitos garantidos nas Leis – o que propicia um respaldo jurídico-social, embora redunde em uma concepção reducionista.[14]

14. Sobre a crítica a uma perspectiva positivista-constitucional dos direitos humanos, um(a) dos(as) entrevistados(as) argumenta que: "Há um perigo, que é o perigo do discurso institucionalista dentro do movimento, [em] dizer assim: 'se os direitos formais, os direitos legais, já estão garantidos, a gente agora não precisa fazer mais nada acontecer'. Quando nós sabemos que o facto de os direitos legais estarem garantidos, não significa que a sociedade tenha sido transformada. Portanto, nós mudarmos a lei tem um efeito importante do ponto de vista social, mas também não basta. Nós precisamos trabalhar no

- Perspectiva Internacionalista: a ênfase na compreensão universalista dos direitos humanos, apesar de enfatizar a necessidade de diálogo entre as diferentes culturas.
- Perspectiva Crítica e Sócio-Histórica: a compreensão dos direitos humanos como construções sociais e/ou históricas; ou seja, um processo marcado pela correlação de forças frente às necessidades humanas já garantidas em Lei ou frente às novas demandas (direitos) que possam garantir a dignidade humana nos diferentes contextos.

Na presente pesquisa, sustenta-se a abordagem crítica, sócio-histórica e política dos direitos humanos. Considera-se o caráter contextual, mutável e material dos direitos humanos como valores pré-constitucionais surgidos por aquilo que, em cada contexto sócio-histórico-cultural, venha melhor definir o que seja a dignidade humana, bem como as correlações de força e os jogos de poder frente às mobilizações sociais em prol da garantia desses direitos em nossas leis e em nossa cultura social.

Assim, um primeiro passo para processar as tensões e dilemas entre direitos humanos e direitos sexuais é o reconhecimento da heterogeneidade presente nos direitos humanos. Pode-se avançar nesse debate, sobre as diferentes perspectivas dos direitos humanos, ao classificar a relação entre direitos humanos e direitos sexuais em quatro grandes correntes (Corrêa & Parker, 2004):

- Uma corrente moral (absolutista), que afirma que os direitos humanos, por princípio, são universalmente bons e necessários.
- Uma segunda corrente, com bases filosóficas e sociológicas, que também valida a universalidade dos direitos humanos e comporta tanto uma posição essencialista sobre a condição humana quanto posições que se interrogam sobre quais condições sociais poderiam ser firmadas como argumentos universais.

---

domínio da mudança das estruturas sociais, as quais não mudam de um dia para o outro: os sistemas de representações, os sistemas de relações. Isso é também uma luta política. A lei é uma pequena expressão da luta política, e é a cristalização de relações de forças sociais em cada momento. Mas a luta política não acaba com as conquistas legais. Se fosse preciso mais alguma coisa para provar o que digo, temos a própria Carta Universal dos Direitos Humanos que, legalmente, reconhece coisas extraordinárias e que são violadas todos os dias pelos governos, pela sociedade, pelos que têm mais poder" (Entrevista 4L).

- Uma terceira corrente, que pode ser nomeada como pragmática, na qual os direitos humanos aparecem como relevantes e universais, na medida em que sejam aceitos internacionalmente e disseminados.
- Uma quarta corrente, a procedimental, menos conhecida, que define que os direitos humanos somente podem se tornar universais pelo processo de sua construção, por meio de diálogos permanentes, democráticos e intersubjetivos, nos quais haja espaço para o reconhecimento das diferenças e da reciprocidade.

Porém, devido à abertura da corrente procedimental, esta pode apresentar algumas limitações interpretativas. Por isso, a importância de que, a esse referencial, seja conjugada a corrente pragmática, ou seja, o reconhecimento dos princípios gerais dos direitos humanos como suficientemente abertos, para que sejam aplicados ao campo da sexualidade. Contudo, sem deixar de lado a premissa central da corrente procedimental, em que, mais importante do que os conteúdos dos acordos de direitos humanos, são os processos por meio dos quais esses acordos são conquistados.

Daí advém a importância de se apresentar e discutir diferentes concepções de direitos humanos, para o posicionamento acerca de qual perspectiva é adotada. Isso vai indicar tensões e diálogos diferentes: por exemplo, se o debate fosse em um campo religioso, uma perspectiva essencialista seria diferente de uma perspectiva de viés construcionista – que é a proposta do presente trabalho.

Por meio dessa perspectiva, pensar quais possibilidades emancipatórias existem para os movimentos sociais na luta por direitos, em parceria ou não com o Estado, é reconhecer que existem posições universalistas e particularistas que estão em disputa em relação à definição de direitos humanos. Nesse contexto, torna-se relevante o deslocamento da ideia de sujeitos cooptados para a ideia de ações políticas, isto é, de configurações que podem ser hegemônicas ou contra-hegemônicas, a depender do momento e do contexto.

Um bom exemplo dessa dinâmica, presente no cotidiano atual dos grupos LGBT, pode ser encontrado nas contribuições feministas sobre a teoria *queer*. Na tentativa de dissolver as fronteiras rígidas e tradicionalmente estabelecidas entre gênero e sexo, surge um movimento, no início dos anos 1990, composto em sua maioria por teóricas feministas, que começaram a definir gênero em termos de "performance". A pesquisadora de maior destaque é Judith Butler. A teoria *queer* se opõe ao modelo essencialista sobre a diferença sexual como uma verdade natural e, consequentemente, contra quaisquer imposições normativas de formas determinadas de masculinidade e feminilidade. Dessa forma, os teóricos desse referencial colocam-se contrários à normalização, "seu alvo mais imediato de oposição é, certamente, a heteronormatividade compulsória da sociedade [...]" (Louro, 2001, p. 546). É por isso que se pode traduzir *queer* por "estranho", "excêntrico", "raro", "extraordinário", "ridículo".

A teoria *queer* possibilitou novas configurações sobre o conhecimento, o poder, a cultura e as identidades sexuais e de gênero, com toda sua carga de multiplicidade, ambiguidade e fluidez que esta noção oferece. Dessa forma, pensar *queer* significa questionar, problematizar, contestar todas as formas bem-comportadas de conhecimento e de identidade.

Alguns segmentos dos movimentos homossexuais incorporaram a teoria *queer* buscando romper com a normalização padronizada pela política de identidade construída pelo próprio movimento homossexual e sustentada pela política de direitos humanos voltada para as pessoas LGBT. Entretanto, "as condições que possibilitaram a emergência do movimento *queer* ultrapassam, pois, questões pontuais da política e da teorização gay e lésbica e precisam ser compreendidas dentro do quadro mais amplo do pós-estruturalismo" (Louro, 2001, p. 547).

Fazendo um diálogo entre Belo Horizonte e Lisboa, pode ser encontrado, na discussão levantada sobre a teoria *queer*, um debate acirrado pelo ativista, pesquisador e parlamentarista português Miguel Vale de Almeida. Em 2010, esse autor proferiu, no 9º Seminário Internacional Fazendo Gênero, em Florianópolis, a seguinte palestra: "Ser, mas não ser, eis a questão: o problema persistente do essencialismo estratégico". Nesse evento, Almeida debateu a tensão entre os liberais e os radicais, ao problematizar a relação entre identitários e *queers*. Ele argumentou que a posição *queer* não é reducionista, mostrando a insuficiência da lógica identitária para defender os direitos. A palestra suscitou várias respostas indignadas a tal posicionamento. De modo geral, tais respostas repercutiram na palestra apresentada, no mesmo evento, pelo também ativista e pesquisador brasileiro Richard Miskolci, o qual argumentou que a posição identitária é importante como estratégia política, mas que ela está chegando ao seu limite. O autor fez um contraponto com as discussões de Almeida, esclarecendo que o teórico português, de fato, tenta fazer uma discussão sobre a tensão identitários x *queer*, porém, segundo Miskolci, Almeida argumenta a partir do contexto português, no qual a união civil é a questão reivindicatória mais central.

No Brasil, diferentemente de Portugal, a questão central é a luta contra a homofobia.[15] A luta LGBT se configurou de forma diferente nos dois contextos. Em Portugal, tensionar frente à regulação do Estado é sustentar que:

> O pensamento crítico radical – vindo quer da libertação sexual quer da teoria *queer* – é fundamental para garantir autocrítica de um movimento social como o LGBT. Este funciona, de facto, em modo identitário e categorial. Este modo é útil na negociação política concreta nas democracias ocidentais, mas é perigoso se transformado em pensamento e teoria, pois tal conduziria ao essencialismo. Mas quando o pensamento crítico radical e suas formas culturais são traduzidas literalmente para a acção política corre-se o risco de perder a capacidade de transformação das situações concretas no plano dos direitos. [...] Por isso, o lema português: somos, mas não somos. Somos em ação e movimento. Mas não somos em essência trans-histórica e transcultural. (Almeida, 2009, p. 8-9)

Para Miskolci (2010),[16] não se vive no Brasil algo similar ao caso português. Os dilemas do movimento LGBT brasileiro não se reduzem à oposição identitários *versus queer*. Para isso, o autor retoma a história dos grupos e sua relação com o Estado. Se, como muitos outros movimentos, é com a abertura política no final da década de 1970 que se dá o florescimento dos grupos sociais, é somente na década de 1980, com a epidemia de HIV/AIDS, que ocorre um bem-sucedido diálogo entre movimento e Estado. Isso possibilitou a criação de um programa nacional reconhecido mundialmente por seu êxito no combate à doença. Porém, na década de 1990, quando o movimento vai crescendo e se expandindo, tanto em termos de demandas quanto de atores sociais, ocorre uma relação privilegiada com o Estado para a constituição de políticas públicas.

Tal parceria não ocorreu apenas na área da saúde, mas também na educação e nos direitos humanos de forma mais ampla. Com isso, as tensões

15. Para mais informações, ver o Projeto de Lei da Câmara nº 122, de 2006, que criminaliza a homofobia.

16. Artigo apresentado na mesa redonda *Novas perspectivas e desafios políticos atuais*, no evento *Stonewall 40 + o que no Brasil?*, ocorrido em Salvador, em setembro de 2010.

e diálogos propiciaram uma dinamicidade e plasticidade ao movimento LGBT, de forma que o modelo antigo não mais se sustenta. Os efeitos dessa plasticidade do movimento LGBT podem ser percebidos, por exemplo, nas novas demandas referentes não apenas às questões da área da saúde, mas também àquelas ligadas aos direitos humanos e à cultura – com parcerias também variadas, incluindo entre os interlocutores as universidades. Com isso, a "sopa de letrinhas" LGBT já não basta para formar o "nós". Se, por um lado, aqueles que se assumem na postura *identitária* defendem a parceria entre movimento social e Estado – o que também gera a cooptação e o clientelismo –, por outro lado, aqueles que se autodenominam *queers*[17] criticam esta, colocando em "xeque" a essencialização identitária como ferramenta estratégica. Essa mesma lógica acompanha a construção e o desenvolvimento do movimento feminista:

> Para refletir sobre as perspectivas do movimento LGBT brasileiro, é imprescindível retomar e aprender com a história do movimento feminista, pois o feminismo já passou por momento similar ao enfrentado hoje pelo LGBT. De um movimento formado por mulheres brancas, educadas e de classe-média, o feminismo se espalhou pelo mundo tendo que lidar com realidades locais no então chamado Terceiro Mundo e incorporar em seu 'nós, mulheres' as não-brancas, pobres e sem acesso à educação assim como o movimento homossexual brasileiro incorporou lésbicas, bissexuais, travestis, transexuais e outr@s. Mais tarde, o feminismo se deparou com o desafio de des-naturalizar, des-essencializar, o sujeito 'mulheres' a partir da emergência do conceito de gênero assim como o movimento LGBT agora lida com a Teoria Queer. (Miskolci, 2010, p. 8-9)

No Brasil, o que tem sido produzido pela proposta *queer* caminha muito mais para uma proposta unificadora de experiências da vergonha, humilhação e sofrimento. No Brasil, o eixo de lutas que tem se transformado nesse denominador comum é o combate à homofobia. O fato de "transformar esta experiência em força política de resistência é o objetivo da proposta original *queer*" (Miskolci, 2010, p. 11). Entretanto, as vivências, principalmente das travestis e transexuais, mostram que a luta do movimento LGBT não se dirige apenas à reivindicação de direitos formais – isto é, que possam ser estabelecidos pelas ações do Estado – mas também às reivindicações

17. Para uma introdução à teoria *queer* e seus conceitos, ver Butler (2004) e Louro (2001).

acerca da convivência cotidiana, apontando que as demandas por direitos presentes no movimento LGBT são muito mais amplas do que aquelas que a sociedade e o Estado tentam enquadrar. Nesse sentido, Miskolci afirma que "não somos o que nos é atribuído, mas queremos ser diferentes do que nos é oferecido como única forma de aquisição da igualdade" (Miskolci, 2010, p. 20).

As entrevistas realizadas em Portugal destacam que o trabalho dos grupos LGBT portugueses não se dá pela via da afirmação identitária rígida, uma vez que, em tal contexto, o discurso pela diversidade sexual é sempre pela via da igualdade. Ao contrário de Belo Horizonte, os grupos LGBT de Lisboa possuem uma maior adesão à teoria *queer*, bem como uma maior vivência das teorias e práticas que transitam pelo reconhecimento da fluidez identitária. Entretanto, esses grupos também destacam a existência de momentos que determinam, estrategicamente, a defesa da posição *queer* ou da posição identitária.

Os defensores da teoria *queer* argumentam que tal teoria se torna potencialmente transformadora, desde que esta não redunde em uma perspectiva radical sobre a fluidez das identidades. Nessa lógica, tais grupos preferem ressaltar as diferenças identitárias somente quando o Estado não reconhece as pessoas LGBT. Se a cultura vigente propiciasse direitos para todos, poder-se-ia abrir mão da política identitária; porém, quando ocorre uma violência por motivos homofóbicos, tem-se a clareza de que a identidade sexual e/ou de gênero daquela pessoa foi discriminada. Disto decorre a necessidade de dialetização das perspectivas e estratégias políticas identitárias e *queers*. Assim, acredita-se que ambos os pesquisadores/ativistas, Almeida (2010) e Miskolci (2010) apontam discussões teóricas e práticas que apontam para a necessidade de maior contextualização da questão LGBT na realidade brasileira e portuguesa.

Outro exemplo pode ser encontrado nos efeitos da entrada no mundo do direito pelas(os) travestis e transexuais. Se, por um lado, se inserir nas políticas públicas significa a conquista de direitos fundamentais, tais como a inserção no mercado de trabalho e a escolarização, também significa, por outro lado, abrir mão de certa cultura identitária já introjetada nos costumes de seu cotidiano – o que não garante, a princípio, que se trate de uma mudança emancipatória ou regulatória.

O posicionamento desses novos atores sociais LGBT, como público-alvo das políticas públicas, também propicia impactos nos programas sociais, pois os agentes públicos de tais políticas – em suas tentativas de higienização da sexualidade – se veem ameaçados em seu poder de normalização. É por isso que, para Foucault (2002), o Estado não é uma grande caixa da qual o poder emana, mas um processo permanente de criação e recriação de lógicas estatais e sociais. Contudo, Foucault não está mais presente nesse momento político para perceber que os corpos e as identidades que resistem à lógica disciplinar estão também engajados em parcerias estatais, buscando transformar as leis e as políticas públicas a partir de novas regras de regulação da sexualidade – regras estas que podem produzir mudanças identitárias e novos processos emancipatórios.

1.4 ENTRE O UNIVERSAL E O PARTICULAR: movimentos sociais, políticas e identidades

Liberdade é pouco. O que eu desejo ainda não tem nome.
Clarice Lispector

A complexidade das ações coletivas contemporâneas é ilustrada pelas reivindicações de equivalência de direitos que contribuem para a ruptura de símbolos hegemônicos. Essa complexidade se apresenta nos antagonismos e negociações entre os diferentes atores sociais, tal como na relação entre os movimentos sociais e o Estado. Se, por um lado, os movimentos sociais demonstram especificidades e diferenças que podem conduzir à afirmação e/ou fragmentação de suas lutas, por outro lado, no campo das políticas públicas, existe um referencial de universalização dos direitos humanos que pode conduzir à homogeneização das lutas sociais.

Essa reflexão inicia-se com a apresentação de algumas categorias de mediação da relação sujeito e sociedade, a partir das contribuições de dois grandes sociólogos contemporâneos, a saber: Alain Touraine e Alberto Melucci. Serão discutidos pontos de algumas de suas obras que contribuem para a afirmação desta pesquisa, buscando possibilitar o tensionamento e o diálogo de suas proposições acerca de uma síntese e, por vezes, de um hiato na relação entre o universal e o particular. Em seguida, será articulada a contribuição de outros autores, com destaque para Boaventura de Sousa Santos e Ernesto Laclau, para uma interlocução entre as perspectivas universalistas e particularistas e a compreensão da relação entre movimentos sociais, políticas e identidades, a partir, principalmente, da realidade de Belo Horizonte e Lisboa.

Ao analisar a sociedade pós-industrial, o sociólogo francês Touraine (1984) argumenta que a representação da vida social pela Sociologia Clássica entrou em crise. A partir de então, impõe-se a necessidade de substituí-la por uma nova representação. Surge, portanto, a ideia de *mutação*, como um novo momento do desenvolvimento industrial ou pós-industrial, o qual apresenta novos conflitos sociais e políticos. É proposto, então:

> Substituir uma representação da vida social fundamentada nas noções de sociedade, de evolução e de papel [social], por uma outra em que as noções de historicidade, de movimento social e de sujeito ocuparão o mesmo espaço central. (Touraine, 1984, p. 11)

Essa perspectiva se aproxima das teorias de Melucci, dado que, para o sociólogo italiano, as ações coletivas nas sociedades pós-industriais complexas apontam conflitos inerentes a esse tipo de sociedade:

> As sociedades complexas não têm mais uma base 'econômica', elas produzem por uma integração crescente das estruturas econômicas, políticas e culturais. Os bens 'materiais' são produzidos e consumidos com a mediação dos gigantescos sistemas informacionais e simbólicos. (Melucci, 1989, p. 58)

Ao assumir um modelo interpretativo centrado na sociedade, a sociologia clássica se afasta das ideias de *ação social* e *ator social*. Ao afastar-se dessa perspectiva, Touraine (1984) rompe com a concepção de que a sociedade seria o centro da análise sociológica, substituindo-a, assim, pela concepção de *ação social*, na qual a separação crescente entre o ator e o sistema é substituída por sua interdependência. Tal debate cria uma categoria de mediação da relação entre sujeito e sociedade.

Essa mudança no pensamento sociológico representa, também, a passagem da sociedade industrial, caracterizada como uma empresa ou um exército dominante da natureza, para uma sociedade pós-industrial. Touraine (1984) a caracteriza como um novo tipo de organização social que age de forma direta sobre os comportamentos e as relações sociais, por meio da produção de conhecimentos, de informações, de linguagens e de imagens. Posteriormente, o autor retoma essa discussão acrescentando que a sociedade pós-industrial não pode ser compreendida fora do contexto histórico de rápido crescimento cultural. Touraine (1994, p. 258) ressalta essa ideia da seguinte forma:

> Com efeito, eu chamo de sociedade programada – expressão mais precisa que a de sociedade pós-industrial, que só é definida por aquilo a que sucede – aquela em que a produção e a difusão maciça dos bens culturais ocupam o lugar central que fora o dos bens materiais na sociedade industrial.

A vida social deixa de ser compreendida a partir de uma visão essencialista e funcionalista, para ser pensada como uma invenção permanente, produzida e transformada por nosso trabalho, por nossos conflitos sociais, por nossas criações culturais e por nossos debates políticos nas negociações da vida coletiva.

O conceito de historicidade perpassa as discussões acerca da sociedade, podendo ser definido como a capacidade que a sociedade possui de ação sobre si mesma, ou seja, a sua capacidade de transformação, de "construir as suas práticas a partir de modelos culturais e através dos conflitos e dos movimentos sociais" (Touraine, 1984, p. 12). No entanto, Touraine (1994) se questiona sobre a continuidade ou não desse conceito em seus livros posteriores, ao argumentar que, quando utiliza o termo historicidade, está falando de criação de uma experiência histórica, e não da posição do sujeito na evolução histórica. Desse modo, Touraine busca romper com qualquer tipo de visão evolucionista para a compreensão da vida social.

A partir da discussão sobre ator social (Touraine, 1984; 1994) e ator coletivo (Melucci, 1996a), é possível apresentar uma nova concepção de sujeito, oposta a uma perspectiva naturalista e evolucionista (de sociedade). Nessa nova concepção, o sujeito é pensado:

> [...] menos pela sua capacidade de dominar e transformar o mundo do que pela distância que ele assume em relação a essa mesma capacidade. [...] O sujeito apreende-se, para lá das suas obras e por oposição a elas, como silêncio, como estranheza perante o mundo dito social e também como desejo de encontro com o outro, reconhecido como sujeito. Encontramo-lo no protesto contra

> o totalitarismo e a tortura, contra as palavras de ordem e as pseudo-racionalidades das políticas de poder, na recusa das pertenças. Era revolucionário, tornou-se libertário. (Touraine, 1984, p. 12)

Nesse ponto, pode-se encontrar em Touraine (1984) uma possível saída ao dilema da relação sujeito e sociedade, particularidade e universalidade. Para o autor, a necessidade de uma renovação do pensamento acerca do sujeito e da sociedade, por meio de uma nova representação da vida social, poderá se desenvolver com a formação de novos atores sociais e da organização de conflitos para gerir uma historicidade em transformação.

Percebe-se que tal lógica tem sido desenvolvida pelos grupos sociais LGBT, tanto em Belo Horizonte quanto em Lisboa, quando estes tomam distância dos retrocessos sociais causados pelas perspectivas políticas conservadoras, analisando-os à luz dos processos de historicidades ocorridos nesse percurso, e construindo estratégias de mudanças sociais.

O conceito de *sociedade programada*, proposto por Touraine, pode ser associado ao conceito de *sociedade da informação*, encontrado na obra de Melucci. Este autor apresenta a discussão sobre as estratégias de atuação dos sujeitos em sociedades complexas, buscando compreender o surgimento de identidades coletivas, por meio dos movimentos sociais. Suas novas obras conduzem muito mais por uma abordagem psicossocial do indivíduo do que da coletividade. Nessa perspectiva, a permanência de um sujeito no tempo permite que a *identidade* se defina como o conjunto de representações do eu que o torna igual a si mesmo e diferente dos outros (Melucci, 1996a; 1996b; 1997).

A noção de *crise de um sujeito organizado e unificado* para a noção de um *sujeito múltiplo* reflete a não redução do sujeito a um ator único, que ocupa uma única posição na estrutura social, a partir de suas relações de trabalho (Melucci, 1996a; Touraine, 1984). Assim, o indivíduo passa a ser *sujeito* quando age como um ator social que interfere no seu meio, isto é, mais do que ter acesso a bens e serviços públicos, o sujeito participa, transforma e constrói o próprio sistema em que vive.

> Só há movimento social, condutas coletivas empenhadas no conflito pela gestão da historicidade, se o ator possuir a capacidade de se sobrepor às meras reivindicações e mesmo às negociações políticas para se reconhecer e afirmar

mais como produtor do que como consumidor da situação social, como capaz de a pôr em questão em vez de tão-só lhe responder. (Touraine, 1984, p. 28)

Em uma visão que não considere o atual modelo de sociedade pós-industrial, esta pode parecer uma atitude "esquizofrênica"; porém, frente a toda a complexidade social existente, tais atores múltiplos convivem muito bem com a fluidez nas representações identitárias e nas participações políticas.

Posteriormente, Touraine (1994) publica uma síntese de toda a sua nova teoria sobre o sujeito, desde a história do seu desaparecimento, com a filosofia iluminista, que eliminou o dualismo cristão via racionalização, até o seu reaparecimento na modernidade, com os "estragos do progresso". Desse raciocínio, Touraine chega à contemporaneidade com o desafio de unir razão e sujeito, com a tentativa de integrar os seus elementos esfacelados, e vem daí sua célebre concepção de que o sujeito só existe como movimento social. Para o autor, o sujeito social a ser analisado deve ser o movimento social. É possível, então, perceber um movimento de construção da teoria sobre o sujeito na literatura touraineana, iniciado com os estudos sobre o movimento operário e as classes sociais, passando pelos movimentos sociais, entendidos como atores coletivos na sua historicidade, até chegar à ideia central da importância dos sujeitos enquanto atores de transformação social.

O principal interesse desse seu debate é destacar a ideia de que o sujeito é inseparável das relações sociais. Na sociedade programada, o indivíduo é reduzido a um mero consumidor, uma vez que o sistema objetiva as suas necessidades em demandas mercantis. Contudo, segundo Touraine, o sujeito se define justamente por sua oposição ao sistema. Por essa perspectiva, portanto, é possível compreender a ideia de sujeito como integrada à ideia de movimento social – o qual é, ao mesmo tempo, racionalidade e subjetivação, universalidade e particularidade.

Na perspectiva touraineana, a concepção de sujeito e a concepção de democracia são indissociáveis. Em sua visão, a democracia não significa apenas o conjunto de garantias institucionais e procedimentos formais, mas também a luta dos sujeitos sociais contra os sistemas dominantes, por uma sociedade pluralista capaz de organização e de negociação, ou seja, de mediação entre interesses e valores diversos. Numa sociedade democrática, o outro é reconhecido, em sua pluralidade, como sujeito. Assim, a ideia de democracia, inicialmente identificada à de sociedade, aproxima-se progressivamente da ideia de sujeito (Touraine, 1994).

Nessa perspectiva, o sujeito é a expressão política da democracia, uma vez que os princípios constitutivos do regime democrático permitem aos atores sociais se formarem e agirem livremente. Nos momentos em que os diferentes atores sociais, envolvidos na construção da política de direitos humanos LGBT, se posicionam como produtores dessa história, eles são capazes de aproximar a perspectiva universalista da razão da perspectiva particularista da identidade pessoal e coletiva. Nessa lógica, torna-se necessária uma maior articulação entre a perspectiva universal dos direitos humanos e a perspectiva particular das situações e relações sociais nas quais esses direitos devem ser protegidos, assim afirma Touraine:

> Só há atores sociais se se combinar a consciência interiorizada de direitos pessoais e coletivos, o reconhecimento da pluralidade dos interesses e das ideias, particularmente dos conflitos entre dominantes e dominados, e enfim a responsabilidade de cada um a respeito de orientações culturais comuns. Isso se traduz, na ordem das instituições políticas, por três princípios: o reconhecimento dos direitos fundamentais, que o poder deve respeitar; a representatividade social dos dirigentes e da sua política; a consciência de cidadania, do fato de pertencer a uma coletividade fundada sobre o direito. (Touraine, 1994, p. 345)

O que está exposto significa, então, um convite a pensar a democracia pelo viés contrário ao retorno a uma perspectiva apenas universal, racional e objetiva, isto é, como um convite a "voltar-se para o sujeito como princípio fundador da cidadania e definir os conflitos sociais como um debate sobre o sujeito – aposta cultural central – entre os atores sociais opostos e complementares" (Touraine, 1994, p. 358).

As aceleradas e diversificadas mudanças sociais abrem espaço para o seguinte questionamento: seria possível falar de um sistema social único, que teria as relações de classe como o seu conflito central? Essa questão permite estabelecer um diálogo entre Touraine (1984; 1994) e Melucci (1996a).

As contribuições de ambos os autores possibilitam a passagem de uma *sociologia dos sistemas* para uma *sociologia dos atores* – isto é, dos sujeitos, dos sistemas de ação, das relações de poder e dos conflitos sociais e, portanto, dos movimentos sociais. Isto porque, para Touraine, "os atores sociais não se limitam a reagir às situações, mas produzem igualmente estas últimas";

eles "definem-se, ao mesmo tempo, pelas suas orientações culturais e pelos conflitos sociais em que estão envolvidos" (Touraine, 1984, p. 49).

> Enfim, não estarão os movimentos sociais divididos entre [...] resistir às manipulações tecnocráticas, e [...] utilizar as técnicas mais avançadas para transformar a gestão da sociedade? Os atores sociais do passado tinham uma capacidade de ação limitada, porque ainda estavam mergulhados num mundo mais de reprodução do que de produção; hoje é o contrário: a mudança acelerada não desmembrará os atores? (Touraine, 1984, p. 223)

Touraine (1984) não se propõe a responder tais questionamentos, argumentando que, para isso, seriam necessários novos estudos sociológicos e históricos sobre a sociedade, mas anuncia que o conceito de *sociedade programada* serve para discorrer sobre o assunto. O autor acredita que esse termo seja mais preciso do que o termo "sociedade pós-industrial", para caracterizar a excessiva produção e difusão de bens simbólicos e culturais, de conhecimentos e de informações.

Touraine (1984) desvincula os movimentos sociais da ideia de revolução, relacionando-os aos ideais de democracia e de liberdade política, sem a qual os atores sociais não podem negociar e nem enfrentar as relações de dominação nas quais se integram. Essa análise crítica dos novos movimentos sociais, por meio dos novos atores sociais – nesse caso, os ativistas e agentes públicos envolvidos nas tensões entre as práticas universalistas e particularistas da política de direitos humanos LGBT – rompe com a antiga representação dos movimentos sociais como agentes históricos do progresso, da razão e da revolução. A antiga visão é substituída por uma nova representação do movimento social, compreendido como um ator coletivo envolvido num conflito pela gestão da sociedade. Como consequência, nas sociedades programadas, a luta social ultrapassa a luta descrita pela perspectiva marxista, na qual a dinâmica das forças de produção e das relações de classe (entre burguesia e proletariado) eram entendidas como as únicas determinantes da questão social.

Para Melucci (1996a), nas sociedades complexas – isto é, nas sociedades que apresentam demandas não meramente econômicas (como, por exemplo, as demandas identitárias) – a democracia pode permitir que os atores sociais sejam reconhecidos por aquilo que são ou por aquilo que querem ser. Tal condição conduz os atores ao desenvolvimento da autonomia. Nesse sentido, conforme destaca Melucci, a "democracia é a liberdade de representação, liberdade de expressão identitária no sistema de representação, liberdade de pertencimento ou liberdade para construir espaços sociais de reconhecimento" (Melucci, 1996a, p. 220).

Nesse viés, argumenta-se que, apesar de a palavra *classe* ser necessária para definir as categorias sociais a que os movimentos sociais organizados se referem, é preferível, na sociedade atual, utilizar o termo "movimentos sociais", uma vez que classe pode ser definida como uma situação, enquanto que o movimento social é uma ação – uma ação de um sujeito social, ou seja, de um "ator que põe em causa a formação social da historicidade" (Touraine, 1984, p. 103).

> A noção de classe social correspondeu a um pensamento historicista. Ela fazia com que a oposição entre dominantes e dominados se baseasse na oposição entre a sociedade e a natureza [...]. Atualmente, ao contrário, devemos substituir as noções que definiram os atores por uma situação não social por outras noções que analisam as situações em termos de atores e de relações sociais. É por isso que a noção de movimento social deve tomar o lugar da noção de classe social. (Touraine, 1984, p. 257)

Um movimento social possui uma vontade de mudança e de reapropriação da sociedade, representando um conflito social que busca realizar valores culturais de combate a um adversário social. Dessa forma, uma luta reivindicadora, não é a princípio um movimento social, podendo ser apenas uma defesa corporativa ou mesmo a denúncia de uma injustiça. Porém, tais expressões não dizem nada sobre o sentido da ação e não colocam em questão a gestão social das grandes orientações e investimentos de uma sociedade. Por isso, Touraine (1984) apresenta uma diferenciação entre três termos ainda muito confundidos, a saber: "comportamentos coletivos", "lutas" e "movimentos sociais". Comportamentos coletivos são ações conflituosas que buscam a defesa, a reconstrução ou a adaptação de um elemento que esteja diferente do seu sistema social. Lutas são conflitos que representam mecanismos de mudança. Movimentos sociais são ações conflituosas que procuram transformar as relações de dominação. Quer dizer, a compreensão dos movimentos sociais somente poderá ocorrer com a ideia de construção da visibilidade do conflito, baseada na sociologia da ação, isto é:

> [...] dando um papel central à noção de movimento social e criando uma nova prática profissional, que procure apreender o ator na consciência que ele tem da sua própria ação. Uma sociologia para quem os homens fazem a sua história sabendo que a fazem, sem deixar de estar, ao mesmo tempo, aprisionados em ideologias [...] que estudem os atores não só nos seus atos mas também na análise que eles próprios fazem desses atos, e que tentem fazer emergir, para lá das condutas-resposta impostas pela existência de uma ordem social, as condutas de questionamentos, pelas quais a sociedade se produz conflitualmente. (Touraine, 1984, p. 198)

Os comportamentos coletivos para a efetivação de lutas sociais voltadas aos direitos das pessoas LGBT apontam novas formas de convivência social pautadas na transformação das relações de dominação. Dessa forma, não seria incorreto pensar os grupos sociais portugueses como um movimento social, mesmo comparando-os aos grupos sociais brasileiros, uma vez que é perceptível que esses atores estão conseguindo romper com lógicas de desigualdade social.

Melucci (2001) utiliza o conceito de *movimento social* em uma acepção bastante próxima daquela defendida por Touraine. Segundo sua visão, um movimento social é um sistema de ação que expressa um conflito, e não apenas uma resposta a uma crise. A ação coletiva deste movimento "implica a ruptura dos limites de compatibilidade do sistema ao qual a ação se refere" (Melucci, 2001, p. 35).

Gohn (1997) argumenta que existe uma concordância entre Touraine e Melucci quanto à visão de que os movimentos sociais são "uma lente por meio da qual problemas mais gerais podem ser abordados" (Gohn, 1997, p. 157). Os movimentos sociais, portanto, servem à institucionalização de práticas sociais e à mudança da linguagem cultural de uma época. Em ambos os autores, contudo, se nota uma advertência quanto à sacralização dos movimentos sociais como iniciativas progressistas. Isso se deve, sobretudo, à existência de movimentos sociais que se potencializam por estarem mais próximos das práticas e dos discursos dominantes e das instituições hegemônicas.

Tal fenômeno tem sido bastante comum na atualidade, e tanto Touraine (1984) quanto Melucci (1996a) alertam sobre o risco da cooptação dos movimentos sociais pelo poder público e, consequentemente, sobre o risco das perspectivas universalistas de direitos humanos abafarem as especificidades das lutas das minorias sociais. Esse fato foi comentado pelos entrevistados, que destacaram a diferença na visibilidade dos movimentos sociais que estão mais pactuados com o Estado e a falta de visibilidade daqueles que preferem uma postura de independência das parcerias com o poder público. Os movimentos sociais do primeiro tipo podem ser sutilmente utilizados como mecanismos do sistema político para o enfraquecimento das mobilizações progressistas.

Tanto a postura de classificar os *movimentos sociais tradicionais* a partir de uma ênfase econômico-estrutural, quanto a postura de classificar os *novos movimentos sociais* a partir de uma ênfase simbólico-cultural, limitou a compreensão acerca da complexidade das ações coletivas. Principalmente no Brasil, sabe-se que as lutas sociais conciliam demandas no âmbito econômico-estrutural e no âmbito simbólico-cultural. Exemplo disso são as reivindicações das travestis e transexuais por geração de emprego e renda e também por direitos de liberdade de expressão.

Por questões como essa, Melucci (1996a; 1997b) revisa sua teoria e se distancia de Touraine, argumentando que a complexidade das relações que envolvem os movimentos sociais se atrela, sobretudo, aos antagonismos produtores dos constantes conflitos e negociações entre os diferentes atores sociais. Nessa perspectiva, dizer de *novos movimentos sociais*, significa, antes, compreender que tais movimentos não se vinculam, estritamente, a uma única luta social, mas também às novas formas de linguagem, hábitos e culturas, os quais se traduzem nos processos de resistência e de transformação da lógica dominante:

> Os movimentos sociais não são novos ou velhos em si mesmos, mas compreendem um tanto de diferentes orientações com seus componentes pertencendo a diferentes leis históricas de uma dada sociedade. A noção de identidade coletiva pode ajudar a descrever e explicar essa conexão entre a aparente unidade, que é sempre nosso ponto de partida empírica e a sublinhar a multiplicidade, que pode ser detectada somente por uma apropriada ferramenta analítica. (Melucci, 1996a, p. 79)

Em relação a esse contexto, para além da expressão *novos movimentos sociais*, cunhada por Touraine, merece destaque a expressão *novas identidades coletivas*, cunhada por Melucci. Segundo o autor, a compreensão acerca dos movimentos sociais e da ação coletiva supõe uma teoria da identidade coletiva. O conceito de *identidade coletiva*, pensado como as construções coletivas em torno de valores e símbolos de pertencimento grupal, contribui para o avanço das discussões sobre as demandas, os discursos e as práticas coletivas que têm permitido o desenvolvimento de redes de solidariedade que visem a uma mudança social. Nesse âmbito, as noções de *reconhecimento*, *reciprocidade* e *pertencimento* tornam-se importantes para a compreensão dos processos de constituição das identidades coletivas – o "nós" – como via de realização das ações coletivas (Melucci, 1996a; Prado, 2002; Scherer-Warren, 1999).

Melucci localiza sua discussão sobre os novos atores sociais a partir do contexto pós-industrial e informacional, e propõe um novo conceito de *identidade*, entendida como proveniente do resultado de trocas, negociações, decisões e conflitos entre atores. Sua ênfase é sobre o papel da informação na mudança da natureza da ação coletiva no final do século XX. A ênfase no aspecto interativo da concepção de identidade coletiva, compartilhada e permeada por tensões internas e externas, conduz a uma concepção de sujeito como ator da ação social. Sua identidade coletiva asseguraria, portanto, a continuidade da ação coletiva. Diferente das abordagens funcionalistas, a análise realizada por Melucci não se reduz a um mero modelo de cálculos e benefícios, mas engloba os investimentos emocionais e cognitivos no pertencimento do sujeito a um coletivo. Por isto, os conflitos que envolvem tanto a transgressão de papéis quanto os recursos materiais são, prioritariamente, conflitos de identidade (Melucci, 1996a).

Ao contrário de Touraine, para quem a "identidade é simplesmente abordada como um dado fixo" (Melucci, 1996a, p. 67), Melucci interpreta o fenômeno social ancorando-se no conceito de identidade coletiva e ressalta a pluralidade de fatores e dimensões associadas à ação coletiva. Segundo o autor, essa é a contribuição mais importante que o conceito de identidade coletiva pode acarretar para o campo de estudo dos movimentos sociais – o que também é percebido por um dos entrevistados:

> Movimentos sociais que vieram de lugares tão diferentes, com discursos e práticas tão distintos, estavam formando o mesmo campo político. Eles começaram a atuar juntos na organização da Parada em um determinado momento, mas eu podia ver as dinâmicas entre eles, como eles argumentavam quando discordavam entre si, como eles buscavam justificar e sustentar os seus argumentos, onde eles se aproximavam, onde eles se separavam... E isto

criou uma determinada hegemonia em torno dos movimentos LGBT. Criou-se uma hegemonia em torno desses movimentos. (Entrevista 7BH)

Para Touraine, a crise na relação sujeito e sociedade, no mundo atual, representa tanto a separação dualista entre o conhecimento objetivo e o subjetivo, quanto a separação entre a universalidade e a particularidade. Enquanto nas sociedades pré-modernas havia certa confusão entre sujeito e objeto, na modernidade ocorre a "derrubada das convenções, tradições, costumes e crenças; a saída dos particularismos e a entrada no universalismo" (Touraine, 1994, p. 216).

Na modernidade, tanto a racionalização quanto a subjetivação são imprescindíveis para abarcar a complexidade e pluralidade das demandas sociais. Por isso, razão e sujeito, universalidade e particularidade são dois lados opostos e, ao mesmo tempo, complementares. Passou-se muito tempo acreditando naquilo que a elite capitalista, identificada com a racionalidade, tentava impor: a ideia de que, para o triunfo da ciência, seria necessário renunciar ao sujeito, ao sentimento, à imaginação, ou seja, a todas as particularidades relacionadas aos grupos sociais.

> O triunfo exclusivo do pensamento instrumental conduz à opressão, como o triunfo do subjetivismo conduz à falsa consciência. O pensamento só é moderno quando ele renuncia à ideia de uma ordem geral, ao mesmo tempo natural e cultural, do mundo, quando ele combina determinismo e liberdade, inato e adquirido, natureza e sujeito. Isto deve levar a reconhecer a diferença essencial entre ciências da natureza e conhecimento social, mas sob a condição de não esquecer que existem ciências naturais do homem, sendo o ser humano ao mesmo tempo natureza e sujeito. (Touraine, 1994, p. 229)

Para esse autor, a melhor definição de *modernidade* não está no progresso das técnicas, nem no individualismo e no consumismo, mas no imperativo de liberdade do sujeito, que significa a sua transformação de objeto em sujeito da ação. É a interação entre a racionalidade e a subjetividade, entre o universal e o particular, que mantém o caminho da liberdade.

Neste ponto, é pertinente questionar: como articular o reconhecimento das liberdades dos sujeitos com o reconhecimento de suas diferenças sociais, econômicas e culturais, frente às garantias constitucionais que protegem essas liberdades e essas diferenças? Nos autores Melucci, Scherer-Warren e Touraine, pode-se encontrar a discussão de que a liberdade do sujeito está na alteridade, não como submissão, mas como reconhecimento de sua igualdade e diferença. É por isso que os temas voltados para o dilema entre universalidade e particularidade são centrais nesse debate sobre a construção da política de direitos humanos LGBT.

Assim, Touraine e Melucci apresentam uma possível síntese para as antigas contradições entre sujeito e sociedade, particularidade e universalidade, por meio de categorias de mediação, tais como: *ação social*, *ação coletiva*, *ator social*, *historicidade*, *movimento social* e *identidade coletiva*. Pode-se perceber que os paradoxos entre uma perspectiva universalista e particularista, naturalista e culturalista, racionalista e subjetivista, totalitarista e democrática, são enfrentados a partir dos conflitos antagônicos e por uma busca permanente de interpretação desses diálogos e tensões, por meio de suas teorias e categorias de análise.

Não se pode deixar de reconhecer a importância do pensamento contemporâneo desses sociólogos (*i.e.* Touraine e Melucci) e o aprofundamento com que interpretam a realidade social. Suas teorias sobre, respectivamente, a sociologia da ação e a identidade coletiva, propiciam avanços às discussões sobre os diferentes atores sociais envolvidos nas ações políticas, ao levantarem uma perspectiva crítica e referendada sobre a dinâmica intercultural e pluralista da modernidade, da democracia e dos sujeitos (em seus diferentes contextos sociais).

A construção de uma identidade coletiva supõe investimentos constantes, porém, nesse movimento, que é processual, quanto mais se institucionalizarem as ações sociais, mais cristalizadas estarão suas regras. Se a política é feita para a(o) cidadã(o), ela deve propiciar o exercício da cidadania, que, por sua vez, ocorrerá desde que cada cidadã(o) seja um agente social na construção de sua identidade. Dessa maneira, pode-se dizer que a definição de identidade, articulada a uma noção mais ampla de cidadania, é crucial para a relação entre os discursos e as práticas que nos interpelam, ora como sujeitos sociais de discursos particulares, ora como sujeitos que podem falar e ser falados por uma ação coletiva (Hall, 2005; Melucci, 2001; Mendes, 2002). O trecho da entrevista a seguir adverte sobre a importância de alargar o conceito de identidade:

> Como é que nós conseguimos fazer integrar no conceito de 'igualdade' o direito à 'diferença', no sentido de que o reconhecimento da 'diferença' implica

> dignidade? Como mostrar que o fato de termos a identidade diferente não quer dizer que devemos ter direitos desiguais? Devemos ter os mesmos direitos reconhecendo a nossa diferença. É importante defender essa 'identidade', mas também corremos o risco da balcanização. (Entrevista 4L)

Fraser (1997) esclarece que, desde o final do século XX, a luta por reconhecimento instaura-se como um conflito político pós-socialista, no qual a identidade de grupo é o principal meio de mobilização política, em contraponto às questões de classe. Assim, reivindicações por reconhecimento da diferença fortalecem as lutas dos diferentes grupos em torno dos seguintes temas: gênero, raça, sexualidade, nacionalidade e etnicidade. Percebe-se que, em Belo Horizonte e Lisboa, bem como em demais cidades de países em desenvolvimento, essa tem sido uma articulação que, gradativamente, os movimentos LGBT têm proposto.

De acordo com Souza (2000), a teoria de Nancy Fraser, sobre *reconhecimento* e *redistribuição*, tem contribuído para elucidar os conflitos políticos presentes na modernidade tardia. Nesse sentido, elaborar uma teoria crítica do reconhecimento requer que sejam contemplados tanto os aspectos simbólico-culturais quanto os aspectos redistributivos econômicos das reivindicações sociais. Assim, Souza (2000) assinala a inter-relação entre o reconhecimento e a redistribuição, sublinhando, contudo, que, para o enfrentamento de tais injustiças, as intervenções são diferentes. Para a supressão da injustiça econômica, por exemplo, faz-se necessária a luta pela igualdade de oportunidades; já para a remoção das injustiças de cunho simbólico, faz-se necessária a luta pela delimitação e afirmação das diferenças identitárias. O relato de entrevista a seguir permite constatação similar:

> Só vale a pena afirmar essa especificidade para lhe dar existência e para lhe dar reconhecimento. E acho que o domínio do reconhecimento é sempre um domínio que aspira um reconhecimento universal, ainda que 'daquela' especificidade, ainda que daquela identidade específica. (Entrevista 4L)

Desse modo, tanto os movimentos sociais que lutam contra as duas formas de injustiça mencionadas – isto é, as discriminações econômicas e culturais – quanto, especificamente, os movimentos LGBT, apresentam, ao mesmo tempo e de forma necessariamente contraditória, uma afirmação e uma negação de suas especificidades.

Para se constituírem enquanto um movimento social, os indivíduos envolvidos devem compartilhar de objetivos e de motivações resultantes de processos sócio-históricos conflituosos e contraditórios. A ação coletiva se mobiliza, por um lado, em direção à resolução dos conflitos sociais e, por outro lado, em direção ao direito do exercício da cidadania (Melucci, 1996a).

Vale ressaltar que, tanto no Brasil quanto em Portugal, a relação entre os movimentos sociais e o Estado passou por várias mudanças. Durante o período ditatorial que assolou tais países, os grupos sociais, bastante reprimidos pelo Governo e pelas elites dominantes, preferiam atuar de forma autônoma em relação ao Estado. A partir da redemocratização política, contudo, os movimentos sociais e as associações civis passaram a buscar interlocuções com os governos e alguns militantes passaram, gradativamente, a assumir cargos na administração pública. Embora positivo, percebe-se atualmente que esse processo também desencadeou uma desmobilização dos movimentos sociais, devido à cooptação de suas lutas por parte do Governo, o que enfraqueceu a resistência militante (Gohn, 1997). Isso pode ser constatado, também, a partir do trecho da entrevista seguinte:

> Porque na medida em que os movimentos sociais perderam aquela ebulição que tinham – e é natural, iam perder mesmo, porque nenhum movimento social consegue permanecer mobilizado durante tanto tempo; porque eles já estão todos muito amarrados –, poucos movimentos sociais permanecem com o 'poder de tiro', porque o discurso deles não avançou muito, porque eles não souberam se apropriar do discurso acadêmico para construir o deles; pelo contrário, eles vulgarizam o discurso acadêmico quando o usam. Eles fazem um discurso militante, muitas vezes, sem conseguir complexificar o discurso para produzir articulação, para produzir renovação do movimento, para remobilizar setores, pra reimpulsionar ações. [...] Eu acho que o principal que os movimentos sociais têm conseguido fazer hoje, de um modo geral – acho que isso que eu vou falar nem [se] circunscreve ao âmbito LGBT apenas – é explicitar conflitos que já existiam antes. Eles conseguem apontar com mais precisão o conflito, eles politizam mais o debate. (Entrevista 7BH)

Consequentemente, as formas de participação na gestão das políticas sociais mudaram. Por exemplo, no período ditatorial, as organizações da sociedade civil preferiam atuar de forma autônoma em relação ao Estado. A partir da redemocratização, as associações civis buscaram interlocuções com os governos, mas algumas ainda buscaram resguardar suas identidades coletivas. Sobre as ambiguidades dessas parcerias, pode-se, de uma forma geral, ressaltar que elas se situam no campo da cultura política. O poder público ainda tende a se orientar por práticas políticas tradicionais, e a sociedade civil ainda se encontra incipientemente organizada (Scherer-Warren, 1999).

> Com a questão da redemocratização, o Estado não se torna tão inimigo da sociedade civil. [...] Os movimentos sociais começam a entrar no Estado e fazer parceria. Então, o movimento LGBT tem essa característica: ele nasce parceiro do Estado [a partir da questão da AIDS] e se fortalece dentro do Estado. (Entrevista 5BH)

Sobre as dificuldades dessa parceria, por parte do Estado, pode-se apontar: a resistência a democratizar o poder; as rivalidades partidárias; o clientelismo; a política do "jeitinho"; a falta de transparência e atrelamento dos interesses públicos a interesses privados; os entraves no funcionamento da máquina administrativa, burocratizada e centralizada; e o autoritarismo dos agentes públicos, indicando a falta de prática para lidar com a democracia. Por parte da sociedade civil, destacam-se: a incipiente organização da população; a dificuldade de envolvimento do cidadão nos processos participativos; a falta de exercício de participação na gestão pública; e a tradição de delegação do poder, de demandas corporativas e de supervalorização do interesse privado (Scherer-Warren, 1999).

No trecho de entrevista a seguir, tais informações são complementadas pela argumentação de que a institucionalização das parcerias entre movimentos sociais e Estado, por meio do consenso político, somente tem sido possível via assimilação do movimento social aos posicionamentos do poder público:

> Parte do movimento está mais institucionalizada – isto é, exibe alguma assimilação das posições apresentadas pelo Estado. Então, esse era o argumento: 'vejam-nos, aceitem-nos, porque até nos comportamos bem'. Acho que esse é um argumento que funciona e que é amplamente aceito pelo poder político. Até porque, convenhamos, sublinha com um sistema de poder que já existe. Portanto, não põe em questão o sistema de poder. (Entrevista 13L)

Conforme o exemplo que se segue, essa assimilação tem conduzido o Estado a apoiar financiamentos de projetos sociais desenvolvidos pelo movimento LGBT, por grupos LGBT que mantêm um discurso mais similar ao do poder público, ou seja, pelo direito à igualdade, que é o discurso português, ou pelo direito universal, que é o discurso brasileiro. Porém, ambos, nesse caso, estão mais próximos de uma perspectiva de homogeneização do que de uma luta pelo direito à diferença.

> O Estado apoia iniciativas do movimento LGBT e de associações LGBT através de financiamentos de projetos, e isso é uma forma de intervenção também. O Estado contribui para o próprio movimento e para as reivindicações LGBT. Estes projetos são da ILGA Portugal... São associações que têm o discurso da igualdade, e não tanto da diversidade. Mas essa é uma forma do Estado apoiar, sim; mas temos que perceber que é uma política. (Entrevista 13L)

Por isso, hoje, o Estado não é mais reconhecido como inimigo. Contudo, os equívocos dessa parceria entre Estado e movimento social têm, de certa forma, anulado os seus possíveis avanços. Isso mudou a própria dinâmica dos movimentos sociais, que foram amenizando suas lutas, conflitos e reivindicações (Gohn, 1994). No trecho de entrevista a seguir, são apontados alguns dos dilemas decorrentes do fato de se transitar por esses dois lugares (Estado e movimento social), pontuando que isso permite o desenvolvimento de um olhar mais amplo acerca da situação – o que também aponta para a dificuldade de se manter uma postura mais crítica frente ao controle social do Estado, a partir do momento em que se passa a fazer parte deste.

> Eu entendo e respeito a militância raivosa, porque eu também fui da militância raivosa. Só que as coisas vão mudando. O Estado de Minas Gerais realmente assumiu a questão LGBT. O Estado é feito por pessoas, não é? A gente, quando fala, faz parecer que é uma coisa bem diferente. A gente pensa o Estado como se fosse uma estrutura... Mas ela não funciona sozinha. A partir do momento que essas pessoas estão falando em nome do governador ou o próprio governador assume que existe isso, é um bom caminho andado. Então, o que tem de resposta do Estado às demandas apresentadas pelo movimento social, são pautadas em fatos. Fatos propostos, argumentados, discutidos, debatidos exaustivamente na nossa Conferência LGBT. Acho que a Conferência Estadual foi o maior documento confeccionado pra ser apresentado para o Estado. A

> sociedade e o cidadão que paga impostos pleiteam algumas coisas que já estão sendo implementadas pelo Estado ou que virão no ano de 2011/2012. [...] Eu gostaria que as coisas fossem mais rápidas, elas não são... Nós passamos por troca de secretários – você sabe muito bem o que é isso –, troca de prefeitos, depois troca de governadores... A gente fica à mercê de novos atores que entram e então começa o 'bê-á-bá', começa 'tudo do zero'. O movimento LGBT foi educado a ter essa parceria com o Estado, diferente de outros movimentos sociais que ainda têm muita dificuldade com isso. (Entrevista 14BH)

Assim, a participação social a partir das lutas, conflitos e reivindicações, que antes era a maior ênfase dos movimentos para a transformação social, passa a se identificar com atuações de assimilação e, com isso, dissolvem as particularidades no universalismo do Estado. A criação das ONGs, o chamado Terceiro Setor, se fortalece nesse contexto, no qual a relação entre a sociedade civil e o Estado deixa de ser uma relação de oposição e conflito e se estrutura como uma troca de interesses. Tais experiências e vivências do movimento social minimizam as limitações do Estado e a institucionalidade deste, permitindo a aprovação de projetos financiados, o que, por sua vez, complementa as limitações dos movimentos sociais. Daí o dilema: "afasta-se do Estado, perde-se poder, legitimidade e instrumentos de ação; aproxima-se do Estado, perde-se credibilidade, [...] tornando-se legalista, elitista e burocrático" (Fonseca, Nascimento & Machado, 2007, p. 18).

No cotidiano dos movimentos sociais, tanto belo-horizontino quanto lisboeta, percebe-se que esse dilema se encontra presente naquilo que se ganha e se perde, em termos de conquistas políticas e de ascensões pessoais em ambas as situações – tanto nas parcerias já estabelecidas entre alguns grupos LGBT mais institucionalizados e o poder público quanto nas parcerias entre os grupos LGBT que se propõem a assumir uma postura mais contra-hegemônica na relação com o poder público. Se, por um lado, a parceria estreita com o poder público pode viabilizar a captação de recursos e projetos, favorecendo a legitimidade dos grupos no âmbito governamental e, mesmo, a profissionalização de práticas antes voluntárias, por outro lado, a autonomia em relação ao poder público é o que permite maior poder de pressão e independência política.

Todavia, percebe-se, tanto em Belo Horizonte quanto em Lisboa, que um movimento social que seja independente e não institucionalizado encontra maior resistência por parte do governo, e mesmo de determinados grupos, para inserir suas reivindicações na agenda política. Tal constatação leva-nos a questionar se, *a priori*, as parcerias entre sociedade civil organizada e poder público representam massificação ou podem sinalizar tentativas de alargamento da participação de diferentes atores sociais na vida pública.

Dessa maneira, pode-se dizer que a definição de identidade é crucial para a articulação entre os discursos e as práticas que nos interpelam, ora como sujeitos sociais de discursos particulares, ora como sujeitos que podem falar e ser falados (Hall, 2005; Mendes, 2002). Porém, devido à complexidade temática do próprio conceito, a utilização do termo "identidade", como categoria de análise, supõe definir a concepção teórico-metodológica trabalhada. De acordo com B. S. Santos (2006), a utilização do conceito de identidade somente é possível na medida em que esta concepção é abordada de forma não rígida e mutável:

> São resultados sempre transitórios e fugazes de processos de identificação. Mesmo as identidades aparentemente mais sólidas, como a de mulher, homem, país africano, país latino-americano ou país europeu, escondem negociações de sentido, jogos de polissemia, choques de temporalidades em constante processo de transformação [...]. Identidades são, pois, identificações em curso [...]. A questão da identidade é assim semifictícia. Para quem a fórmula apresenta-se sempre como uma ficção necessária. (Santos, B. S., 2006, p. 135)

Hall (2005) busca sintetizar diferentes concepções de identidade, a partir de três paradigmas do sujeito: 1) o sujeito do Iluminismo: um indivíduo totalmente centrado, unificado, dotado de consciência, razão e ação, o que aponta para uma concepção individualista de sua identidade; 2) o sujeito sociológico: um indivíduo não autônomo, mas dependente das outras pessoas e da cultura em que habita, o que demonstra uma concepção interativa da identidade e do eu, e; 3) o sujeito pós-moderno: isto é, um indivíduo fragmentado, sem essência e sem uma identidade física, mas com várias identidades (algumas até contraditórias) frente às mudanças estruturais e institucionais de nossa cultura.

Quer dizer, à medida que os sistemas de significação e representação cultural se multiplicam, as mudanças se tornam rápidas e constantes, o que leva à perda de um referencial único. A sociedade pós-moderna está, constantemente, sendo descentrada. É essa concepção de uma identidade fragmentada e plural que é percebida tanto nas experiências quanto nas falas dos entrevistados, e que está presente nesses atores sociais da política de direitos humanos LGBT.

É importante notar, conforme B. S. Santos (1999), que, além de plurais, as identificações são subjugadas pela hierarquia das distinções. Por isso, é necessário saber quem pergunta pela identidade, em que condições, contra quem, com que propósitos e com que resultados. Hall (2005) adverte que a concepção de mutabilidade da identidade é muito mais inquietante e inconstante que a dos modelos clássicos e modernos mencionados. Em contrapartida, essa concepção abre a possibilidade de novas articulações para a produção de novas identidades, o que leva à seguinte constatação: se a identidade não é fixa, as identificações também se transformam de acordo com o contexto histórico e social de cada época. Por sua vez, este contexto também é transformado pela inserção do sujeito no mundo em que vive.

A fim de complementar essa discussão, Jacques (1998) acrescenta que:

> Compreender identidade [...] implica, necessariamente, articular dimensões aparentemente contraditórias, pois avessas ao pensamento lógico formal com o qual estamos habituados: indivíduo/social, estabilidade/transformação, igualdade/diferença, unicidade/totalidade. Implica compreendê-la como constituída na relação interpessoal (eu, não-eu, eu-grupo) a partir da inserção do indivíduo no mundo social e através da sua atividade que se substancia e se presentifica como atributo do eu: eu sou trabalhador – substantivo – porque exerço a atividade de trabalhar – verbo. (Jacques, 1998, p. 165)

B. S. Santos (1999) utiliza a expressão "descontextualização da identidade na modernidade", porém, procura ir mais adiante, ao dizer que a descontextualização e a recontextualização das identidades coexistem como elementos contraditórios de um mesmo processo histórico, representados por atores individuais e coletivos.

Tanto a identidade social – posição social e desempenho de diferentes papéis no conjunto das relações sociais vividas – quanto a psicossocial – percepção de si no seu desempenho social ao longo de uma biografia – são construídas na relação entre subjetividade e sociedade, comportando uma dimensão consciente e outra inconsciente (Afonso, 2001). Nesta perspectiva, a trajetória social do indivíduo diz respeito à sequência de fatos, relações, interações e papéis que, desde o seu nascimento, engloba a sua posição de classe, definição de gênero, etnia, etc. A experiência do indivíduo, por sua vez, diz respeito à subjetivação dessa trajetória, ou seja, como esta trajetória social foi vivida, percebida, nomeada e elaborada.

O reconhecimento da necessidade de equivalências sociais (Laclau & Mouffe, 1985), percebido frente à injustiça social, ocorre diante da conscientização de que os direitos humanos devem ser garantidos para todos. Apesar dos conflitos sociais no campo LGBT ocorrerem, muitas vezes, devido a disputas personalistas e interesses individuais relacionados à luta por recursos, percebe-se que a cultura política, as crenças políticas e ideológicas e a formação de redes também são importantes para a constituição e manutenção das identidades coletivas. Assim, tem-se como exemplo as primeiras Paradas LGBT de Belo Horizonte, a partir das quais os movimentos LGBT iniciaram articulações com outros movimentos sociais. Já nos últimos eventos, as parcerias foram focadas em órgãos e pessoas ligadas ao poder público da área dos direitos humanos; com isso, a identidade coletiva desses grupos tem migrado para uma assimilação às lógicas institucionais (Machado, 2007).

Talvez seja por isso que a teoria de Melucci (1996a), sobre identidades coletivas, divide-se, por um lado, no desejo de sistematizar e generalizar um conceito e, por outro lado, na preocupação de apontar a diversidade existente dentro dos próprios movimentos sociais. Tal pluralidade pode ser apontada ao movimento LGBT. Apesar de universalmente se tratar de um único movimento, o LGBT, existem nesse movimento diversos níveis de demandas, lutas sociais e conquistas políticas (que atingem as particularidades dos subgrupos desse movimento). Os avanços alcançados pelo movimento gay – bem mais significativos do que aqueles alcançados para a totalidade do público LGBT – demonstram, por exemplo, o quanto o grupo de travestis e transexuais ainda se encontra em um maior nível de vulnerabilidade e ausência de políticas específicas. Por isso, as práticas políticas universais precisam se articular com as práticas voltadas para grupos específicos, buscando, assim, uma política que seja para todos, sem descaracterizar os grupos e sujeitos. No entanto, como garantir que todas as lutas e particularidades sejam incluídas na arena política?

As mobilizações que permitem o debate e a intervenção em questões sociopolíticas – como nas situações de violação de direitos – contribuem para o exercício de ações coletivas para a mudança social. Prado (2003) observa que o caráter político dos direitos humanos não é algo inerente a essa temática. Porém, os direitos humanos podem se incluir nesse debate, desde que sejam capazes de articular questões individuais e coletivas, sem reduzir o coletivo aos interesses individuais e sem reduzir a vida individual à sujeição coletiva. O campo do político, desse modo, pode ser definido como o campo da tensão entre a lógica da posição identitária e a lógica da diferença (Prado, 2003).

Teoricamente, se as políticas públicas constituem respostas construídas pelo Estado às demandas da sociedade, o direito coletivo que as fundamenta elege prioridades de um grupo social em relação a outros. Esse processo apresenta conflitos, os quais devem ser orientados para os interesses públicos, o que requer intersetorialidade das ações, territorialidade dos serviços, descentralização da política, acessibilidade e participação da sociedade civil na gestão local (Cunha & Cunha, 2002). Por isso, é preciso definir que políticas públicas são o "curso de ação baseado na seleção de meios orientados para a realização de certos fins, adotadas por autoridades ou agentes públicos [...] onde estão envolvidos os ocupantes de cargos públicos" (Zauli, 2003, p. 27).

Cabral (1999) propõe um conceito de políticas públicas mais abrangente, ao enfatizar a responsabilidade do Estado na construção de respostas políticas e a responsabilidade da sociedade civil na participação política:

> A política pública é uma atividade de governo que compõe interesses conflitantes (que devem ser orientados) para o bem comum, ou interesse público. Os destinatários de uma política pública são todos os cidadãos, sem exceção. [...] A constituição brasileira determina que as políticas de cunho social sejam feitas com a participação da sociedade, representada por suas entidades, de modo a defender os interesses gerais da população. (Cabral, 1999, p. 131-32)

Assim, a formulação de políticas públicas deve ser compreendida como o processo por meio do qual os governos traduzem as demandas em programas e ações que produzirão resultados frente à mudança desejada, possuindo impactos no curto prazo, mas tendo como horizonte temporal o longo prazo. Por isso, a dificuldade de perceber os impactos das políticas públicas sobre a vida das pessoas, devido à dificuldade de elaborar indicadores de sua efetividade. Isso demanda processos permanentes de avaliação, para reformulação das ações, definição de prazos, atores responsáveis e recursos necessários. No entanto, é preciso destacar que esse cenário burocrático é marcado por correlações de força e poder, conflitos ideológicos e escassez financeira. Assim, uma desarticulação entre os processos de formulação e a implementação pode conduzir à fragmentação, centralização e equívocos nas ações políticas. Nesse caso, o diálogo constante entre formuladores e implementadores de políticas públicas é um grande desafio para sua efetividade (Mello, Avelar & Maroja, 2012a; 2012b).

A complexidade que envolve a formulação, implementação e avaliação das políticas públicas vem da história de sua criação. Muitas vezes, essas políticas são formuladas em contextos autoritários, nos quais os indivíduos representam muito mais objetos de regulação estatal do que sujeitos de direitos. Tais dinâmicas políticas sustentam concepções acríticas sobre dignidade humana, liberdade e solidariedade. Essa dinâmica se manifesta também na história das demandas por direitos sexuais mediados pelos direitos sociais no Brasil (Nardi, Rios & Machado, 2012). Segundo Sposati (2000), a Constituição Federal Brasileira de 1988 expressa a garantia dos direitos em lei nacional, e as políticas públicas, por sua vez, expressam respostas construídas para assegurar sua realização. Entretanto, os diversos governos têm implementado tais políticas de maneira fragmentada. Desse modo, o desafio atual do Brasil é sair das políticas públicas setoriais para o desenvolvimento de ações políticas mais articuladas e transversalizadas.

Programas emergenciais e/ou assistencialistas, portanto, não dão sustentação à consolidação do direito. Partindo do princípio de que os direitos têm uma função normativa e jurídica, desenvolver políticas públicas de direitos humanos implica reconhecer dois aspectos indissociáveis e complementares:

- Direitos humanos são base de todas as políticas públicas, no sentido de que elas vêm para responder à responsabilidade do Estado de garantir acesso e satisfação de direitos;
- Direitos humanos exigem políticas públicas específicas.[18]

A questão subjacente a todo esse processo é saber até que ponto, na prática, essas respostas políticas, ao contrário de públicas, não representam

18. Trecho baseado na carta elaborada pelo Conselho Nacional do Movimento Nacional de Direitos Humanos (MNDH) e enviada ao então presidente Luís Inácio Lula da Silva, em 10 de dezembro de 2003.

o interesse próprio dos governos na tentativa de garantir sua condição de governabilidade e governação.

Essas questões enfatizam a articulação entre subjetividade e cidadania para a efetivação de uma cultura emancipatória. B. S. Santos (1994) ressalta a existência de um processo de transição paradigmática entre os modelos regulatórios e os emancipatórios. Para superar os primeiros, não basta considerar a inter-relação entre cidadania (respeito à igualdade) e subjetividade (respeito às diferenças), mas é preciso trabalhar essa articulação pela emancipação. No princípio da regulação, o mercado e o Estado sobrepõem-se à comunidade, e a relação entre subjetividade e cidadania se dá pela via da tutela e caridade. O equilíbrio entre essas concepções se dá na medida em que os limites impostos por uma concepção à outra propiciem a participação por meio da autonomia do sujeito-cidadão.

Laclau (2011) aborda as relações entre universalismo, particularismo e identidade, e se questiona se as relações entre universalismo e particularismo seriam relações de exclusão mútua. Para responder a essa indagação, ele destaca as formas históricas a partir das quais esse tema tem sido pensado. Primeiro, pela abordagem que aponta uma divisão rígida entre o universal e o particular. Segundo, pela concepção de que o universal representa a razão e o particular representa o subjetivo, e que, por isso, as especificidades corromperiam a universalidade. Terceiro, pela concepção de que o particular realiza em si o universal, sendo uma representação da universalidade. Assim, o autor chega à conclusão de que a fissura entre o "universal e o particular é irreparável, o que equivale a dizer que o universal nada mais é do que um particular que em algum momento se tornou dominante, que não há nenhuma possibilidade de alcançar uma sociedade reconciliada" (Laclau, 2011, p. 54).

Isso pode ser constatado pela multiplicidade de lutas políticas que surgiram a partir da década de 1990, tanto no Brasil quanto em Portugal, no interior das quais as questões particularistas entre movimentos LGBT, feminista, negro e outros, por vezes, disputaram agendas políticas por demandas sociais específicas, e, como decorrência, as agendas universalistas foram sendo deixadas de lado. No entanto, tanto os apelos ao puro particularismo quanto ao puro universalismo se tornaram lutas autodestrutivas, pois não se pode afirmar uma identidade diferencial sem distingui-la de um contexto, e, no processo de fazer essa distinção, afirma-se simultaneamente o contexto (Laclau, 1990).

Dessa forma, constata-se a contradição inerente a todas as formas de oposição rígida, o que aponta para a necessidade de uma análise dialética da relação entre o universal e o particular. Isto porque, conforme afirma Laclau (2011), a rejeição do outro não pode implicar em sua eliminação radical, mas em uma renegociação constante das formas de sua presença.

> Ultrapassar uma ambiguidade implica ir além de seus polos; significa que nenhuma política de simples preservação de uma identidade é possível. Se uma minoria [...] tiver de afirmar sua identidade num novo contexto social, terá de levar em conta novas situações que inevitavelmente a transformarão. (Laclau, 2011, p. 59-60)

> Ora, como seria possível essa coexistência sem alguns valores universais em comum, sem um senso de pertencer a uma comunidade mais ampla do que cada um dos grupos específicos em questão? [...] Uma coisa é dizer que os valores universalistas do ocidente são prerrogativas de seus grupos dominantes tradicionais; outra, muito diferente, é afirmar que o vínculo histórico entre os dois é um fato contingente e inaceitável, que pode ser modificado através de lutas políticas e sociais. (Laclau, 2011, p. 63-64)

Isso retoma a discussão acerca da necessidade das ações de estratégias políticas para a afirmação de identidades LGBT não caminharem isoladas de uma discussão mais ampla sobre a fluidez identitária proposta pela teoria *queer*. Tais discussões servem para se pensar o paradoxo discutido por Laclau (2011), de que o universal não tem um conteúdo concreto próprio, mas é um horizonte sempre móvel e, por isso, incomensurável com qualquer particularidade, e só existe dentro dela.

> O risco é o apagamento das questões. Mas esse é sempre o risco quando se fala em direitos humanos. [...] O que é difícil aqui é sempre garantir que se consiga, simultaneamente, lutar pelos direitos humanos dos mais diversos grupos. Um discurso tão englobante acaba por ser vazio. Vazio de conteúdo. E esse é o risco do discurso em torno dos direitos humanos. (Entrevista 11L)

Enfim, esse paradoxo entre os direitos humanos, ditos universais, e aqueles de ordem particular, não pode ser resolvido, pois sua irresolução é o que garante a democracia, tal como afirma Laclau (2011, p. 66):

> Se a democracia é possível, é porque o universal não tem corpo e conteúdos necessários; antes, diferentes grupos competem entre si para dar temporariamente a seus particularismos uma função de representação universal. A sociedade gera um vocabulário de significantes vazios cujos significados temporários decorrem de uma competição política. É essa incapacidade última da sociedade de se constituir enquanto sociedade [...] que torna incontornável a distância entre o universal e o particular e, consequentemente, encarrega os agentes sociais concretos desta tarefa impossível: o alcance da interação democrática.

Dessa forma, transpondo a análise apresentada por Laclau para a realidade social em questão, é possível afirmar que nos momentos em que os atores sociais LGBT conseguem realizar o universal a partir de suas ações políticas é porque conseguiram superar a própria forma de dominação, mantendo uma permanente assimetria entre o universal e o particular, e garantindo, assim, o alargamento das lutas democráticas.

2.

O CAMPO DE CONSTRUÇÃO DA POLÍTICA DE DIREITOS LGBT: análise de relatos e documentos públicos

Não há ignorância em geral nem saber em geral. Toda a ignorância é ignorante de um certo saber e todo o saber é a superação de uma ignorância particular.

Boaventura de Sousa Santos

Somos diferentes, mas não opostos.

Gilles Deleuze

A partir deste momento, será apresentada a sistematização e análise dos dados coletados nas entrevistas, nas observações participantes e nos documentos públicos acerca da política de direitos humanos LGBT construída nas cidades de Belo Horizonte e Lisboa, entre os anos de 1990 e 2013. Terá destaque especial a relação não linear de formulação de demandas políticas, por parte dos movimentos sociais, e a construção de respostas a tais demandas, por parte do poder público. Tratou-se de pensar de forma propositiva como se dá a prática dos ativistas e agentes públicos envolvidos nessas políticas, sobretudo investigando: quem são as pessoas envolvidas; como se inseriram na área; como se apropriaram do campo; por onde esse campo vem sendo delineado e o que ele tem demonstrado de limites e avanços.

A técnica de entrevista semiestruturada foi utilizada como uma forma de permitir um contato mais direto, sistemático e interativo com os sujeitos da pesquisa. Foram entrevistados ativistas e agentes públicos, formadores ou não do campo, atuantes na área da política de direitos humanos LGBT. Por meio da técnica de *snow-ball*, em que os sujeitos de pesquisa são escolhidos estrategicamente pelo pesquisador, por serem pessoas publicamente reconhecidas como referência para o campo de pesquisa em questão ou por serem pessoas indicadas pelos próprios entrevistados, foram entrevistados informantes estratégicos para a abrangência das múltiplas dimensões do problema investigado. Optou-se por não identificar os entrevistados, garantindo-lhes o sigilo e a privacidade. Assim, os entrevistados são apresentados por meio de números, seguidos das iniciais de suas respectivas cidades de origem – isto é, BH (Belo Horizonte) e L (Lisboa).

Os temas das entrevistas estiveram relacionados à formação pessoal e/ou profissional e a questões de cunho informativo, teórico e político do campo da políticas de direitos LGBT. A partir do material recolhido nas entrevistas e das teorias que embasaram a pesquisa, foram levantadas categorias principais e secundárias para a sistematização analítica do campo, conforme sugere a técnica de análise temática que compõe a metodologia de *análise de conteúdo*. Todas as categorias foram criadas de forma interpretativa. Assim, foram levantados os seguintes temas principais: trajetória na área LGBT; marcos políticos da luta LGBT; conquistas LGBT; concepções de direitos humanos LGBT; interface entre direitos humanos e direitos LGBT; relação entre movimento social e poder público; e institucionalização da política pública LGBT. Estes temas se subdividiram em diversos subtemas. Dessa forma, nos itens a seguir, de 2.1 a 2.7, serão apresentadas análises que se preocupam, sobretudo, com a discussão das categorias apresentadas.

2.1 TRAJETÓRIA NA ÁREA LGBT

Nesse item, busca-se trabalhar a formação e a inserção dos entrevistados na política LGBT, levantando as trajetórias desses atores e diferenciando-as por suas funções, ideologias, teorias e práticas. Dessa forma, procura-se identificar se a inserção na área se deu pelo ativismo/militância ou pela atuação no poder público, ou, além disso, se foi uma inserção mista, na qual o entrevistado transita entre cargos na militância e no poder público – podendo apresentar, também, uma trajetória acadêmica. Esse item foi construído basicamente pela primeira questão do roteiro de entrevista, que perguntava, por exemplo, sobre a trajetória pessoal com relação ao ativismo e/ou a formação profissional (isto é, acerca dos cargos, funções, identificações e vínculos que os direcionaram a essa temática e campo). Essa categoria possibilita, ainda, verificar os caminhos que os entrevistados têm percorrido para sustentar (ou não) a interface entre ativismo/militância e atuação no poder público.

2.1.1 ATIVISMO/MILITÂNCIA

Nesse subtema, englobam-se nove entrevistados(as) que têm desenvolvido suas trajetórias na área da política LGBT por meio de trabalhos que realizam, exclusivamente, em movimentos sociais e ONGs, isto é, sujeitos que estão ligados profissionalmente a instituições não governamentais ou apenas militam em prol dessa causa.

Para Touraine (1984), uma renovação do pensamento social poderá se desenvolver por meio de uma nova representação da vida social, isto é, com a formação de novos atores sociais e com o desenvolvimento de novas formas de organização e resolução dos conflitos que afetam a sociedade contemporânea. A partir do referencial teórico discutido por Touraine (ator social) e Melucci (ator coletivo), é possível perceber que grande parte dos ativistas se apresentam como atores que se posicionam contra uma perspectiva naturalista e evolucionista de sociedade. O relato de três dos nove informantes que compõem esse subitem expõe, de forma clara, que a atuação na área LGBT, pela via da militância, pode demonstrar a existência de um maior engajamento do sujeito para com esse campo, como é possível perceber nos trechos a seguir:

> Eu comecei a fazer política no Movimento Estudantil no início dos anos [19]90. Eu estava a estudar jornalismo. Deixei de ser jornalista por questões éticas e também por ter que escolher entre fazer jornalismo ou fazer activismo LGBT. Politicamente, eu me envolvi no Movimento Estudantil e estive num pequeno Partido que já não existe, que era o Partido Socialista Revolucionário – uma direção de extrema-esquerda de origem trotskista. Havia nesse Partido um grupo que trabalhava a causa homossexual. Foi a primeira organização gay, a qual formou o que viria a ser os activistas de hoje, ou uma boa parte deles. Esse grupo durou 10 anos, até 2001. Como vês, foi uma experiência continuada. A ILGA e o CLUBE SAFO, que são as primeiras associações não partidárias, surgem em 1995/1996; portanto, cinco anos depois do aparecimento do GTH – o GTH ainda dura outros cinco anos. Eu, simultaneamente,

estive na direcção informal da ILGA. Nunca estive em sua direção [formal], propriamente, mas estive bastante envolvido no trabalho político, nomeadamente. (Entrevistado 14L)

Em outra parte da mesma entrevista, o entrevistado argumenta que a inserção via ativismo contribuiu para que ele se tornasse parte da ala mais crítica do movimento LGBT.

> É uma espécie de núcleo duro do activismo mais politizado, se quiseres. Sim, nós estamos sempre um passinho à frente. É engraçado porque eu, por exemplo, não acredito em vanguardas esclarecidas, não se trata disso... O fato de sermos um grupo de pessoas que antes estavam dispersas, e que agora têm um pensamento mais aprofundado e que têm encontrado um sítio onde podemos pensar em conjunto – e isso tem dado frutos importantes, sem dúvida nenhuma –, não faz de nós o grupo mais amado no movimento. Despertamos emoções fortes, digamos assim, para um lado e para o outro... Mas alguém tem que fazer esse papel. Nós intervimos tanto pra fora quanto pra dentro do movimento, e acho que nesse aspecto somos únicos. (Entrevistado 14L)

O relato anterior, de um entrevistado português, pode ser corroborado pelos relatos de duas entrevistadas brasileiras, apresentados a seguir:

> Hoje eu sou assessora da Associação Lésbica de Minas. Hoje temos um quadro renovado, e estou ajudando as novas lideranças nessa nova etapa. A Associação Lésbica de Minas foi fundada em 1997, por um grupo de mulheres trabalhadoras na área da saúde, por bancárias e professoras. Nós não tínhamos um debate nas estâncias em que estávamos. Nós construímos esse espaço. A gente discutia fazer algumas oficinas sobre a questão da visibilidade. [...] É um grande avanço quando você sai de uma sala e vai pra rua dizer: 'nós somos lésbicas e temos orgulho'. E é engraçado que em outros estados sempre eram os gays que puxavam as Paradas, e aqui em Minas, apesar de ser um Estado conservador – da família tradicional mineira – nós, lésbicas, conseguimos levar à frente e realizar a Primeira Parada. Decerto, com pouca gente, com pouca estrutura, mas, enfim, tivemos a ousadia, fomos e fizemos. E depois nós organizamos o Primeiro Encontro de Lésbicas Mineiro, que foi em 2001. (Entrevista 12BH)

> Sinto que em BH muitas pessoas que não fazem parte dos LGBT podiam até ter interesse em ajudar e a compreender a nossa população, mas não existia uma formação, um conhecimento, um eixo de aproximação. Daí entra o meu trabalho, para aproximar essas diferentes pessoas e, assim, poder dar visiblidade à minha população. (Entrevista 4BH)

Os dois últimos relatos apontam para o quanto a inserção na área LGBT, via ativismo, tem servido como estratégia política de ampliação da visibilidade social desse grupo. Contudo, isso não significa afirmar que o ativismo conduz, necessariamente, a uma maior eficácia na efetivação das ações políticas. O que irá definir se essa atuação realmente tem sido emancipatória são os fins a que este ativismo tem se prestado. Nessa direção, tanto em Belo Horizonte quanto em Lisboa, grupos de militantes mais progressistas coexistem com grupos de militantes mais consensuados:

> É importante estar lembrando que a gente vive numa sociedade patriarcal, falocrática... Infelizmente, existe também o machismo no movimento gay. O movimento gay é machista e tem se trabalhado em relação a isto. Nós, enquanto Movimento de Mulheres Lésbicas, temos algumas bandeiras LGBTs. Mas é claro que não deixando aquelas bandeiras específicas e históricas nossas. Nós temos duas bandeiras históricas, que é a parceria entre pessoas do mesmo sexo e, agora, a aprovação da PL 122 [que criminaliza a homofobia]. Mas, para além disso, nós, enquanto lésbicas, também lutamos pela legalização do aborto. Mantemos também a questão da classe, da raça, visto que 80% das mulheres são negras. (Entrevista 12BH)

Esse argumento progressista, de uma entrevistada belo-horizontina, se aproxima do argumento de um dos entrevistados lisboetanos, a seguir:

> Eu considero-me um *radical*, no melhor sentido da palavra. Portanto, o meu trabalho sempre foi de politização, de consciencialização, de aprofundamento do impacto político na comunidade LGBT e de combate à homofobia. [...] Em todo o país, surgimos atrás de casos de discriminação, de violência, de despedimentos injustos, de todo o tipo de situações de discriminação. (Entrevista 14L)

A fala supracitada esclarece sobre o que seja um movimento de vanguarda dentro do próprio movimento LGBT. O mesmo entrevistado reafirma esse ponto de vista, conforme a transcrição a seguir:

> Reagimos à contra-corrente do conjunto do movimento LGBT. Em vários momentos da história deste movimento, houve momentos em que nós tivémos que introduzir léxico no discurso público – que há alguns anos não se dizia 'LGBT', dizia-se 'homossexuais'. Há alguns anos não se dizia 'homofobia', dizia-se 'discriminação das pessoas homossexuais'. Em cada um destes momentos nós tivemos que lutar. Eu digo nós, nós mesmos. Tivemos que lutar no próprio movimento para impor estes termos. Também somos, de alguma forma, um foco de conflito interno dentro do movimento, porque somos uma espécie de 'consciência chata', porque em muitos momentos nós tivémos que intervir contra ideias internas ao movimento e não contra a homofobia lá fora. Mas isso, eu penso, é a atribuição dos grupos que têm um bocadinho mais de discussão política e de aprofundamento. (Entrevista 14L)

Entretanto, dentro do próprio movimento existem falas mais consensuais, no sentido de não se proporem à realização de um movimento de resistência radical ao sistema:

> Eu discordo do argumento de transformar uma opção sexual numa espécie de virtude ou de identidade. Eu não concordo com isso. Tenho grande conflito entorno disso. Eu recuso a ideia contra-cultural de que existe algo intrinsecamente contestatário por ser LGBT. Não há algo revolucionário, alternativo [em ser LGBT]! Há para quem quiser, mas não há para todos. Para mim, uma pessoa LGBT tem exactamente a mesma variabilidade que uma pessoa não-LGBT. Isto é, ela pode ser reacionária, católica, conservadora, progressista, anarquista, pode querer estar casada com uma pessoa ou não. E não tenho nada a ver com isso. (Entrevista 9L)

O entrevistado anterior complementa sua justificativa pela escolha de não ser da ala radical do movimento, acrescentando que:

> Sou um liberal. Há segmentos do movimento que fazem uma narrativa do ser-LGBT como uma coisa, em si mesma, alternativa, revolucionária. Ao contrário, acho que é importante, justamente, apresentar a ideia de que há uma

normalidade absoluta no ser-LGBT, mas que esta normalidade está impedida por um sistema opressivo e homofóbico que sistematicamente vê o LGBT como anormal. E, portanto, o trabalho pedagógico é mostrar que isso não é anormal. Agora, isso não quer dizer que eu vá ter um discurso conservador, dizendo, por exemplo: 'olha, vejam como somos bem-comportados'. Não. Na verdade, o correto seria dizer: 'vejam como somos pessoas como as outras'. Isto é, gente bem-comportada, gente malcomportada – consoante com os valores de cada um. A questão é anterior a isso. Isto é, com relação a pessoas, cidadãos, com sexualidade – seja ela qual for –, com capacidade de relação com outras, com ou sem desejo de constituir família e de reproduzir, etc. E não me interessa o discurso dos modos de vida alternativos. Isso é com cada um. Isso é uma questão cultural também, não é uma questão política. (Entrevista 9L)

A partir dos relatos apresentados, levanta-se o seguinte questionamento: dentro de um modelo de sociedade heteronormativa, qual seria a melhor saída política, sustentar a lógica de que somos iguais e, por isso, de que não haveria nada de revolucionário no "sair do armário",[1] ou sustentar a lógica de que somos diferentes, apontando nisso o conflito inerente às relações de poder sexista e de gênero? Essa discussão terá prosseguimento ao longo das demais categorias analíticas.

2.1.2 PODER PÚBLICO

Nesse subitem, estão incluídos os(as) nove entrevistados(as) que têm desenvolvido suas trajetórias na área das políticas LGBT por meio de trabalhos em órgãos públicos, seja como agentes públicos concursados ou contratados, seja como gestores. Uma entrevistada diz que:

Eu sou formada em Psicologia e desde quando eu formei tive interesse em trabalhar com questões de gênero e sexualidade. Daí eu fui trabalhar numa ONG de apoio e prevenção a AIDS, e lá eu comecei a trabalhar na Referência

1. "Sair do armário" é uma expressão que descreve o anúncio público da orientação sexual ou identidade de gênero de alguém, ou de si próprio. "Estar fora do armário" significa não ocultar a orientação sexual LGBT. A atitude de "sair do armário" torna-se difícil de ser realizada em contextos de maiores índices de preconceito e discriminação.

Técnica do Programa, que é a mesma área em que trabalho aqui, nos Direitos Humanos. (Entrevista 1BH)

Outro entrevistado esclarece que:

Tenho formação acadêmica. Eu sou graduado em Medicina, fiz a residência em infectologia, e a partir do término da residência eu me vinculei ao Sistema Público de Saúde, no Ambulatório de Assistência às pessoas que vivem com HIV/AIDS e hepatites virais. Depois dessa vinculação eu recebi o convite para assumir o cargo de gestão. Eu nunca participei de nenhum movimento social da sociedade civil. Desde muito cedo eu realizo alguns trabalhos voluntários, mas não vinculados a nenhuma OSCIP ou ONG. São trabalhos voltados para a assistência social, mas, na maioria das vezes, ligados às instituições religiosas. (Entrevista 9BH)

Tomando como referência as duas falas anteriores, é possível inferir que o trabalho (isto é, a inserção no campo dos direitos humanos a partir das oportunidades de emprego) foi a estratégia utilizada pela maior parte dos entrevistados para participar desse campo, em âmbito governamental. Entretanto, seria inadequado pensar apenas pelo viés das oportunidades profissionais, porque, de alguma forma, percebe-se que, em muitos casos, existiu uma sensibilidade prévia desses agentes públicos para como a temática LGBT e, mesmo nos casos em que não existia um interesse prévio pelo campo, a inserção nessa área de atuação permitiu uma adesão, sem resistência, ao tema dos direitos LGBT. Isso pode ser corroborado a partir das três argumentações a seguir, de um português e de dois brasileiros, respectivamente.

O entrevistado português, que atualmente ocupa cargo parlamentar, esclarece que desde os 15 anos está inserido em atividades de ativismo da área:

Em 1999, eu era estudante do ensino secundário. Eu tinha 15 anos quando nasceu o Partido Bloco de Esquerda. Então, nessa altura, eu fui com o meu pai assistir uma sessão de apresentação do Bloco. Eu juntei-me ao Bloco e comecei a participar das actividades. Foi nessa altura que eu, por entrar no Bloco, conheci alguns activistas LGBT e comecei a tomar contacto com eles à distância. (Entrevista 4L)

Em contraposição, alguns dos(as) entrevistados(as) brasileiros(as) apontam que o contato com a temática LGBT se deu a partir da ocupação de cargos públicos no campo dos direitos humanos – o que, por sua vez, contribuiu para o início de um ativismo na área. Isso fica claro na fala da entrevistada, abaixo:

> Como membro da equipe técnica da CMDH/SMADC, no período de 1997 a 2010, ocupante do cargo de Analista de Políticas Públicas/Assistente Social, deu-se a minha aproximação com a temática LGBT, especialmente com o advento da Lei nº 9.011/05, por meio da qual a CMDH passou a ter a competência de elaborar e implementar ações, projetos e programas voltados para a defesa e a promoção dos direitos humanos e cidadania LGBT. (Entrevista 2BH)

Em direção semelhante, esse outro entrevistado aponta que a sua participação no campo LGBT seu deu, especificamente, por ocupar espaços de gestão na Prefeitura de Belo Horizonte.

> Eu sou professor do Município, desde longínquos anos. A partir de 1998, depois de duas experiências de mandato como diretor de escola, eu fui assessor da política educacional na Secretaria Municipal de Educação. Então, foi essa experiência muito rica que me levou à Secretaria de Educação, a convite do Secretário da época. Fui assessor de política educacional e, posteriormente, Secretário Municipal Adjunto de Educação, em [19]98, [19]99 e 2000. Em seguida, fui Secretário Municipal de Educação, em 2001, 2002... Essas atividades também são consequências de uma trajetória político-profissional. A experiência de ser Secretário Municipal de Cidadania foi muito rica, devido ao ambiente de conflito – o conflito por direitos, por direitos ainda não constituídos, por direitos que existem proclamados, mas não são efetivados – enfim, pela passagem do exercício da tradução do direito humano, no sentido lato, para um direito que interfira no cotidiano das pessoas, do cidadão, da cidade – aquilo que a gente chama de direito da cidadania. Isso foi um desafio muito rico. Eu digo de uma maneira muito transparente que eu não escolhi ir para o campo da Cidadania... Eu tinha um trabalho a ser concluído na Educação, mas o desafio me foi posto e eu acabei aceitando, e assumi a Secretaria Municipal de Direitos da Cidadania, em abril de 2002. (Entrevista 3BH)

Assim, percebe-se que, de uma forma geral, tais entrevistados, a princípio, não escolheram trabalhar na área dos direitos humanos LGBT, mas que, ao serem convidados ou terem tal oportunidade, acolheram essa luta social. Daí observa-se a passagem de uma prática profissional de tradução dos direitos humanos, na sua vertente de universalidade, para um direito que age diretamente nas particularidades do cotidiano das pessoas LGBT.

2.1.3 TRAJETÓRIA MISTA: ATIVISMO E SERVIÇO PÚBLICO

Com essa classificação ampla, estão aglutinados os(as) onze entrevistados(as) que apresentam mais de uma forma de inserção no campo LGBT. São aquelas pessoas cuja identificação profissional prioritária é trabalhar com as questões sociais e políticas, ou seja, independente da área (movimento social, ONG, política pública) ou da circunstância (militância prévia ou não). Seus maiores vínculos são com a política ligada à área social e/ou aos direitos humanos, à cidadania e/ou aos direitos LGBT.

Assim, demonstram que se envolveram ativamente na área política, instrumentalizando-se como agentes de mudança, além de ocuparem postos em que pudessem dar seguimento a projetos políticos ou a participarem dos processos de (re)formulação de projetos para a delineação das ações das equipes da área social. As constatações levantadas nesse item apontam, também, para uma forte sensibilidade prévia dos entrevistados com o campo dos direitos LGBT, associada a uma prática cuja qualidade e cujo compromisso não dependeram do tipo de vínculo institucional estabelecido – isto é, com organismos não governamentais ou governamentais.

Conforme foi discutido a partir das leituras de Gohn (1994) e Scherer-Warren (2005), começa, no período de redemocratização, uma gradativa reaproximação entre sociedade civil organizada e Estado. Consequentemente, alguns militantes passaram a assumir cargos na administração pública, sem, contudo, abandonarem os seus vínculos com os grupos sociais. Constata-se, nas entrevistas, que alguns ativistas conseguiram realizar esse movimento de resguardar suas identidades coletivas de ativistas, enquanto outros não conseguiram evitar a desmobilização dos movimentos sociais a que pertenciam.

O entrevistado a seguir iniciou sua trajetória política na militância estudantil e, posteriormente, migrou para funções junto ao poder legislativo.

Contudo, essa passagem não prejudicou a sua atuação ativa junto aos movimentos sociais na área dos direitos humanos:

> Minha militância política foi iniciada em 1963, em Teófilo Otoni, no movimento estudantil, na sindicalização rural e na igreja. A partir de 1965, iniciei a militância na Organização Revolucionária Marxista – Política Operária, no movimento estudantil e no movimento operário. Em 1968, iniciei minha militância no Partido Operário Comunista; período em que tive minha primeira prisão política (de 30 de abril de 1968 a 02 de junho), devido a minhas ações no movimento estudantil e no movimento operário. A partir de 13 de dezembro de 1968, comecei a participar da resistência à Ditadura, na clandestinidade. Fui novamente preso em 1º de maio de 1972, em São Paulo. Tive condenações em quatro processos, pela Lei de Segurança Nacional, totalizando 6 anos e 3 meses. Fui libertado em 1º de junho de 1975. Depois comecei a participar no Jornal dos Bairros, de setembro de 1976 a fevereiro de 1982. Reingressei na UFMG, no curso de Comunicação (de 1976 a 1979). Fiz Ciências Políticas na UFMG (de 1980 a 1981). Trabalhei no Sindicato dos Bancários e fui demitido após a greve, em 1979. Trabalhei como jornalista no Sindicato dos Metalúrgicos de Betim (de 1981 a fevereiro de 1983). Participei da fundação do PT em 1980; fui vice-presidente deste partido, em Contagem (de 1981 a 1982), Secretário de Organização do PT/MG (de 1983 a 1985); Secretário Geral (em 1985). Em 1986, fui eleito deputado estadual; e eleito deputado federal em 1990, 1994 e 1998. Fui Presidente da Comissão de Direitos Humanos da Câmara Federal, em 1995 e 1999. Participei da organização e Convocação das Conferências Nacionais de Direitos Humanos e dos Planos Nacionais de Direitos Humanos, PNDH1 e PNDH2. Assim, entrei em contato com a temática LGBT. De 2003 a 2005, fui Ministro da Secretaria Especial de Direitos Humanos da Presidência da República e coordenei a elaboração do Programa Brasil sem Homofobia. (Entrevista 11BH)

Os dois entrevistados a seguir, por sua vez, iniciaram suas trajetórias políticas no movimento social LGBT e, em seguida, assumiram cargos de gestão governamental nessa área. A justificativa de ambos para a sua inserção no governo foi a necessidade de existirem pessoas com experiência e compromisso com a causa ocupando cargos estratégicos na construção da política LGBT.

> Vim do movimento e sou do movimento. E vim trabalhar com o poder público pela necessidade mesmo. Era uma política que estava sendo construída e necessitava de uma pessoa que tivesse essa interlocução com os movimentos e que o refletisse um pouco. A política LGBT precisa de pessoas implicadas, porque ela não é uma política consolidada; não é uma política estruturada. [...] É preciso ter pessoas que banquem isso, senão não acontece. (Entrevista 5BH)

Tal argumentação é corroborada pela fala da entrevistada, a seguir:

> Minha militância é o meu *record* de vida. Eu acho que qualquer pessoa na condição de vivenciar a transexualidade ou a travestilidade já milita. Ou seja, essa pessoa luta todos os dias. Sair de casa vestida ou travestida já é uma luta por sua sobrevivência, pelo menos com relação à sua integridade física. [...] Eu milito pela ASTRAVE, mas não estou mais na Presidência. Eu abdiquei da Presidência da ASTRAVE porque assumi o Cargo de Coordenação no Centro de Referência. A gente não consegue exercer duas, três funções ao mesmo tempo, e já tenho a minha carreira artística – pelo menos de madrugada. (Entrevista 14BH)

Porém, tais espaços mistos de participação não necessariamente conduzem a um trabalho mais crítico, pois as experiências assimilacionistas e de cooptação da sociedade civil organizada, por parte do Estado, podem contribuir para uma desmobilização das ações políticas e, mesmo, para uma ausência de controle social dos ativistas frente aos governos. Contudo, as formas de participação são amplas e, em alguns casos, a passagem pelo poder público ocorre de forma pontual, o que pode permitir certa autonomia, por parte dos ativistas, para a tomada de decisões políticas.

Torna-se importante considerar que os entrevistados com algum tipo de participação em movimentos sociais e ONGs reconhecem tais espaços como potencialmente transformadores, devido ao seu caráter de independência e maior flexibilidade na definição de suas funções e ações. Isso pode ser exemplificado nos relatos que se seguem:

> Há doze anos, quando fiz intercâmbio pelo Programa *Erasmus*, tive o meu primeiro contato com o movimento LGBT, na Espanha. Em 2001, senti a necessidade de, junto a uns amigos meus, construir ações políticas na cidade de Coimbra, na área LGBT. Assim, criamos um grupo pela livre orientação

> sexual e igualdade de gênero, fruto desses doze anos de activismo, por um lado, e fruto do processo de formação acadêmica, por outro lado. Isso faz com que às vezes eu tenha vontade de estar distante das ações políticas "fechadas", e de poder transitar entre vários sítios. (Entrevista 10L)

Assim, é importante ressaltar que, dos entrevistados, aqueles que têm ou já tiveram algum tipo de participação em movimentos sociais e ONGs, reconhecem tais espaços como privilegiados, para a realização de práticas transformadoras. Contudo, entre aqueles que ocupam funções mistas – isto é, que atuam na sociedade civil organizada e no poder público –, tal reconhecimento não os impedem de aceitarem, em alguns contextos específicos, o convite à ocupação de cargos públicos.

2.2 MARCOS POLÍTICOS DA LUTA LGBT

Esse subitem foi construído com o objetivo de levantar os contextos sócio-históricos, datados ou não, que foram identificados pelos entrevistados como inovadores para a política LGBT. Contudo, é importante ressaltar que a noção de "políticas inovadoras" recebe diferentes interpretações por parte dos entrevistados. Isto é, a compreensão acerca dos avanços, retrocessos ou limitações das políticas LGBT não é equivalente para todos os entrevistados. Essa variabilidade de interpretações pode ser justificada pelas escolhas subjetivas, políticas e epistemológicas adotadas por cada entrevistado e, consequentemente, pelas diferentes visões com relação ao contexto sócio-histórico no qual se processa a política.

2.2.1. PRINCIPAIS MARCOS INTERNACIONAIS

A maioria dos(as) entrevistados(as) destacou, como marcos internacionais da luta LGBT, principalmente, as mobilizações dos movimentos sociais contra a epidemia da AIDS, conforme as quatro citações a seguir:

> Na verdade, a pauta dos direitos LGBT começa pela AIDS mesmo, pela questão da epidemia da AIDS. Mas ela também vem num bojo, quando você tem algumas resoluções internacionais de que direitos sexuais são direitos

humanos. [...] A minha luta é uma luta dos direitos humanos, entendeu? E até mesmo com relação à questão da sexualidade. Quando eu sou proibida de manifestar meu afeto, quando eu sou proibida de andar de mão dada, de trocar beijo, quando minha sexualidade é reprimida, eu estou sendo desumanizada. Então, aí começa a ter essa discussão dos direitos humanos. [...] Hoje muitos militantes dizem assim: 'Não interessa o que você está fazendo na sua casa: se você transa com um, dois, três; se você é ativo ou passivo... Isso não interessa. Existe um Estado que te negou um direito e ele precisa garantir esses direitos'. (Entrevista 5BH)

A entrevistada belo-horizontina anterior também destaca o reconhecimento dos direitos LGBT, enquanto direitos humanos, como um dos marcos de relevância nas conquistas LGBT. A citação a seguir, de um entrevistado lisboetano, se aproxima dessa discussão, na qual aparecem também, como marcos da luta LGBT, os momentos históricos de institucionalização desses movimentos sociais, ou seja, a legalização e a legitimação social das mobilizações da sociedade civil organizada, a partir dos processos de redemocratização e rompimento com os regimes totalitários – ocorridos, de uma forma geral, em todo o mundo ocidental:

Eu creio que é a partir da crise da SIDA, portanto, nos anos [19]80, que o movimento se institucionaliza, nos anos [19]90, e começa a se concentrar mais em reivindicações legais, ao invés de, somente, em reivindicações sociais ou culturais. (Entrevista 14L)

Os dois trechos de entrevista a seguir corroboram esta discussão, ao compreenderem os principais marcos internacionais do movimento LGBT como acontecimentos perpassados pela luta contra HIV/AIDS:

Sem dúvida, se existiu uma aproximação entre os movimentos sociais e o Estado anterior a esses equipamentos públicos, ela se deu pela saúde, e não pelos direitos humanos. (Entrevista 7BH)

E, ainda:

> Em âmbito internacional, tenho que dizer, grandes marcos do movimento LGBT são, também, a despsiquiatrização e a aliança com os movimentos sociais contra a SIDA. (Entrevista 1L)

O entrevistado a seguir também cita a luta contra a AIDS como marco principal do movimento LGBT, porém, apresenta uma discussão mais aprofundada sobre a mudança do paradigma em tais lutas sociais. Afirma que, em um primeiro momento, os ativistas estavam mais preocupados com a liberdade sexual, e que, após o enfrentamento da AIDS e com as novas discussões sobre a violência homofóbica, o enfoque reivindicatório se aproxima de questões relativas ao direito humano e à diversidade sexual:

> Em termos históricos, é a partir da crise da SIDA que ocorre uma mudança fundamental. Antes da crise da SIDA, antes de meados dos anos [19]80, o movimento LGBT só existia nos países centrais: Estados Unidos, Inglaterra, França... Era um movimento muito mais preocupado com a liberdade sexual, com a afirmação e a aceitação da homossexualidade; um movimento muito pouco preocupado com os direitos. Não porque não quisessem igualdade, mas porque não a concebiam como possível. Isto é, as pessoas achavam mesmo que pertenciam a uma subcultura marginal que precisava de ser afirmada, mas não lhes passava pela cabeça que a luta fosse possível de ser transformada em igualdade de direitos. As coisas não se punham nesses termos. Punham-se em termos de uma cultura de liberdade sexual que, por exemplo, não pensava na conjugalidade, não pensava na reprodução e na parentalidade, não pensava que pudesse existir uma educação anti-homofóbica. Pensavam mais em 'como é que eu posso viver no meu espaço com liberdade?'. Politizaram-se contra a indústria farmacêutica e contra o Estado que não os apoiava e que perseguia as pessoas com SIDA, por base em preconceitos. Portanto, houve uma repolitização do movimento em torno da questão da SIDA, e houve também uma reconfiguração das comunidades. [...] E, de repente, o que se tem de facto é o surgimento da questão da família, dos direitos em termos familiares. (Entrevista 9L)

No entanto, também aparecem falas que apontam uma dificuldade em apresentar marcos internacionais, ou mesmo um não reconhecimento dos marcos descritos nos relatos anteriores:

> No âmbito internacional, eu tenho alguma dificuldade em dizer. Eu não sou um perito em história do movimento LGBT, e não vivi o suficiente para isso. Então, no âmbito internacional, a pergunta do movimento LGBT – os movimentos LGBT são direitos humanos? – é um questionamento bastante antigo. Eu não tenho a certeza, mas é um discurso que eu penso que vem inclusive da própria ILGA Internacional, portanto, tem a ver com o facto de, por exemplo, a ILGA Portugal ter tentado entrar no Conselho de Direitos Humanos da ONU. Portanto, há sempre uma visão de que os direitos LGBT são direitos humanos – e o discurso como o da ILGA Internacional, por exemplo, é um discurso em torno disso; é um discurso que passa muito pela discriminalização da homossexualidade ou por Informe Nacional de Luta contra a homofobia e transfobia. Há um conjunto de dinâmicas internacionais que são potencializadoras do movimento LGBT, mas não há uma política internacional clara sobre isso. (Entrevista 10L)

Nos argumentos a seguir, percebe-se uma sistematização de marcos diversos da luta por direitos humanos universais. Contudo, é ressaltado, também, a necessidade de críticas a estas próprias lutas, que ainda não conseguiram efetivar conquistas significativas no âmbito dos direitos LGBT:

> Nesse sentido, de maneira explícita, não há menção aos direitos LGBT em instrumentos internacionais significativos, quais sejam: a Carta das Nações Unidas (1945), a Declaração Universal dos Direitos Humanos (1948), o Pacto Internacional dos Direitos Civis e Políticos (1966), o Pacto Internacional dos Direitos Econômicos Sociais e Culturais (1966), a Declaração e Plataforma de Ação da III Conferência Mundial sobre Direitos Humanos – Viena (1993), a Declaração e Plataforma de Ação da Conferência Internacional sobre População e Desenvolvimento – Cairo (1994), a Declaração do Milênio das Nações Unidas – Cúpula do Milênio (2000), a Declaração e o Programa de Ação da III Conferência Mundial contra o Racismo, Discriminação Racial, Xenofobia e Intolerância correlata – Durban (2001). Percebe-se, assim, uma lacuna na elaboração de instrumentos internacionais específicos de proteção aos direitos humanos e cidadania LGBT. (Entrevista 2BH)

Dessa forma, um campo de pressões sociais vindas de diferentes lugares, grupos e segmentos consegue uma construção irregular, em termos de conquistas: ora um grupo alcança benefícios ou privilégios, ora outro – e, no fim, constrói-se um conjunto de normatizações da conduta humana. Contudo, essas normatizações são regidas por regras relativamente compartilhadas, no sentido de que nem sempre as negociações são inteiramente acatadas. E mais, alguns segmentos têm menos recursos no jogo de negociações, de forma que os segmentos dominantes tendem a receber mais benefícios, de um modo geral.

A partir das análises realizadas, fica claro que os tratados internacionais, citados pelos entrevistados, apresentam baixa repercussão nas políticas locais, de cada país, com relação à promoção dos direitos LGBT. Por isso, efetivar os direitos LGBT exige deslocamentos da perspectiva universalista de direitos humanos, presente de forma tão incisiva nos marcos internacionais, principalmente na Declaração Universal dos Direitos Humanos.

2.2.2. PRINCIPAIS MARCOS NACIONAIS

Nesse subitem, analisa-se, de forma separada, os marcos nacionais da luta LGBT. Assim, foram discutidos, primeiramente, os marcos brasileiros e, em seguida, os portugueses.

Os entrevistados apontaram o processo de redemocratização da política como um dos principais marcos brasileiros. Porém, as décadas descritas variam, entre final da década de 1970 à década de 1990, o que pode ser compreendido pelo processo gradativo de abertura política, no Brasil.

O entrevistado que se segue detalhou alguns momentos importantes:

> Diante dos caminhos de afirmação de direitos de cidadania, as primeiras organizações surgem, no Brasil, nos últimos anos da década de 1970, e tinham, como pano de fundo, a luta por significativas transformações sociais e políticas, no país. As primeiras organizações tiveram origem no final do mais longo período ditatorial do país, e tinham como proposta a politização das questões referentes à homossexualidade, principalmente, a masculina. Na década seguinte [1980], surgem grupos especificamente lésbicos, que questionavam, entre outras coisas, a hierarquia de gênero e a inferiorização das mulheres lésbicas. A intensa movimentação desses grupos contribuiu para uma notória visibilidade na busca de direitos. Jornais, folhetins e panfletos foram produzidos e tiveram muita circulação na época. Muitos encontros e

seminários foram propostos, a fim de pensar a atuação do antigo movimento homossexual e do atual movimento LGBT. (Entrevista 13BH)

Nessa mesma linha, temos o seguinte trecho de entrevista:

> No Brasil, acredito que isso está mais localizado a partir dos anos [19]60 e [19]70, quando, a partir da nova estrutura governamental da ditadura, temos um grande crescimento dos movimentos sociais pelo fim da ditadura – e, ao fim da ditadura, pelos direitos políticos, sociais, etc. O Brasil muito se espelhou nos Estados Unidos, onde, nos anos [19]70, acontece um grande movimento pelos direitos LGBT. Depois disso, nós temos, no Brasil, desde os anos [19]70, uma organização do movimento de mulheres. Nos anos [19]80, começa a haver uma crescente reivindicação pelos direitos LGBT, muito mais pela área da saúde do que pelas demais áreas, por estar muito atrelada à questão da AIDS – que também teve um grande crescimento nessa época. (Entrevista 6BH)

Contudo, a entrevistada seguinte destaca, como marco, o período posterior à abertura política, enfatizando que, no período anterior a essa abertura, não havia espaço para questionamentos sociais:

> Para efetivar a política pública de Saúde, nós fomos às Câmaras Municipais, fomos às Assembléias, apresentamos projetos de lei – como, por exemplo, a Lei nº 14.170[2] e a Lei Municipal nº 8.176[3] –, etc. Era preciso discutir, porque as pessoas apanhavam na rua, as pessoas estavam sendo assassinadas por serem rotuladas como LGBT. Nós, a partir disso, começamos a mobilizar, a registrar as nossas ONGs; tanto que é de [19]80 para [19]90 que foram aparecer as primeiras ONGs do nosso país. (Entrevista 14BH)

Esta última entrevistada preferiu não citar datas, fixando-se em ressaltar acontecimentos. Porém, o contexto descrito é o mesmo das entrevistas anteriores:

---

2. A entrevistada se refere à Lei Estadual/MG, de 05 de janeiro de 2002, que "determina a imposição de sanções à pessoa jurídica por ato discriminatório praticado contra pessoa em virtude de sua orientação sexual".

3. A entrevistada se refere à Lei Municipal de Belo Horizonte, de 29 de janeiro de 2001, que "estabelece penalidade para estabelecimento que discriminar pessoa em virtude de sua orientação sexual, e dá outras providências".

Primeiro foi a redemocratização. Com isso, a política dos direitos humanos começa a ser uma política consolidada – não no sentido da sua total implementação, mas começa a ser uma política pela legitimidade. A sociedade civil começa a se organizar novamente e a questão política dos direitos humanos começa a ser implementada por parte do Estado. Assim, surge aqui a Coordenadoria de Direitos Humanos, que é a primeira implementada no país. Posteriormente, em várias outras cidades tivemos coordenadorias ou políticas de direitos humanos. Hoje, temos órgãos do Estado de defesa aos direitos humanos. O Brasil, pós-ditadura, começa a se organizar, e mesmo o Governo Fernando Henrique Cardoso começa a dar os primeiros passos de atuação na política de direitos humanos. Acho que o Movimento se localiza nesse contexto. O movimento não resolve, mas consegue dar uma resposta à questão da AIDS, e após isso ele entra nesse contexto dos direitos. (Entrevista 5BH)

Os entrevistados portugueses localizaram a década de 1990 como o período dos principais marcos das conquistas nacionais naquele país, ou seja, um período posterior ao que foi ressaltado pelos entrevistados belo-horizontinos como tendo sido o início das lutas LGBT no Brasil. O trecho de entrevista seguinte ressalta as orientações recebidas da União Europeia, por parte dos movimentos de direitos humanos:

Portugal está em plenos anos [19]90, em plena União Europeia, a receber directivas sobre orientação sexual e identidade de género – coisas que cá, até então, nem se discutia. O Governo teve que transformar leis – em grande medida, por imposição europeia, não porque quisesse. [...] Acho que tem havido grandes transformações nestes últimos 10, 15 anos. Quando eu digo que não foi uma transformação social decisiva, eu mantenho essa afirmação, mas também não posso dizer que nada mudou... Há 10, 15 anos não se falava de homossexualidade em Portugal, não existia sequer enterros mediáticos. (Entrevista 14L)

Os três entrevistados a seguir destacam o papel dos primeiros grupos e movimentos sociais LGBT para as conquistas sociais iniciais desse campo:

No âmbito nacional tem a criação da associação das Panteras Rosa, que foi, precisamente, a primeira associação LGBT. Depois, houve o nascimento das associações mais institucionais; posteriormente, se deu a visibilização da luta contra a SIDA, com as marchas específicas de solidariedade para com as pessoas infectadas pelo VIH [o HIV]. O grande marco é quando, na Constituição, se coloca a não discriminação. Para mim, esse é o marco fundamental. (Entrevista 1L)

O entrevistado a seguir destaca o surgimento de outros grupos LGBT:

O [Partido] Bloco de Esquerda ainda não existia. Havia um grupo, o GTH, vinculado ao PSR [Partido Socialista Revolucionário], que foi um grupo específico que, mais tarde, constituiu o Bloco de Esquerda. Portanto, era o partido mais parecido ao que é hoje o Bloco de Esquerda. E havia um pequeno grupo, chamado Grupo do Trabalho Homossexual, que era dirigido pelo Sérgio Vitorino. Eu colaborei com eles – isto é, não pertenci, mas colaborei numas conferências, numas sessões, mas de facto o movimento não cresceu. Só houve este grupo e não houve mais nada durante muito tempo. Até que em [19]95 surgiu a ILGA, vinda, em grande parte, daquele movimento. (Entrevista 9L)

E ainda, um dos entrevistados destaca a importância desempenhada pelo Fórum Social Mundial, contribuindo para a articulação do movimento LGBT com outros movimentos sociais:

Eu presumo que se possa dizer com algum acerto que a primeira organização – mais forte e organizada – de luta pelos direitos LGBT, surge nos anos [19]90. E surge ligada ao Partido Socialista Revolucionário (PSR). [...] O associativismo LGBT nasce nos anos [19]90. E, na verdade, ele torna-se importante no final dos anos [19]90 e início dos anos 2000. E ele cresce muito, creio eu, com o processo dos fóruns sociais. [...] O Fórum Social Mundial foi um momento muito importante, porque permitiu articular o direito LGBT com outros direitos e, sobretudo, fez com que a agenda LGBT entrasse no discurso de outros movimentos – como o movimento feminista e o movimento sindical. (Entrevista 4L)

Já nos trechos de entrevista seguintes, percebe-se uma ênfase no momento histórico de realização da primeira Marcha LGBT e da mudança na Constituição Federal, garantindo direitos específicos contra a discriminação LGBT.

> O que eu vejo mais claramente é, em primeiro lugar, uma mudança a nível de visibilidade do tema. Isso começou a mudar em 2000. Se olharmos hoje as reportagens daquela época, veremos que elas não dizem nada sobre o manifesto da marcha LGBT, que é a parte mais importante. [...] Nós temos o Partido dos Verdes, que foi quem começou com a primeira tentativa de aprovar a União de facto, entre pessoas do mesmo sexo. Acho que isso foi em [19]96 ou [19]97, já não me recordo. Depois, de facto, a lei só começou em 2001. A maior conquista foi a mudança na Constituição portuguesa, no 13º artigo, com relação ao princípio de igualdade, que repudia a discriminação. E, obviamente, terem incluído a orientação sexual deu-nos uma base maior para as nossas lutas. (Entrevista 12L)

Segue, nessa mesma argumentação, o destaque com relação à importância das Marchas LGBT:

> Acho que, em âmbito nacional, do ponto de vista de se tornar uma causa nacional com visibilidade, eu destaco, já no ano 2000, as primeiras marchas LGBT - que vêm crescendo, ligeiramente vem crescendo. (Entrevista 3L)

E, também, o excerto de entrevista seguinte:

> É óbvio que a luta dos movimentos sociais é mais antiga do que as ações políticas governamentais. O acolhimento das propostas LGBT, por parte do Governo, acontece, mais amplamente, a partir de 2007, final de 2006. O ano de 2007 é quando surge o Projecto Ano Europeu. (Entrevista 5L)

Neste último trecho de entrevista, há um destaque para o evento intitulado Ano Europeu, o qual, de alguma forma, com maior ou menor intensidade, também apareceu nas falas da maioria dos entrevistados portugueses:

> Percebemos que a primeira coisa que o governo português fez sobre questões de direitos LGBT foi o Ano Europeu. Criou-se um grupo de trabalho de acompanhamento com ONGs, vinculadas ao Ano Europeu, em que estavam ONGs de direitos LGBT. Houve grandes seminários temáticos – entre eles um Seminário sobre Direitos LGBT – para orientação acerca de diversas formas de discriminações. Esse Seminário sobre Direitos LGBT foi a primeira coisa

feita institucionalmente pelo Estado português, com relação à temática LGBT. (Entrevista 10L)

Dessa forma, constata-se que, em âmbito nacional, os entrevistados de Belo Horizonte reconhecem como marcos de início das lutas LGBT no Brasil as mobilizações sociais ocorridas a partir do final da década de 1970. Os entrevistados de Lisboa, por sua vez, localizam esses marcos, em Portugal, mais tardiamente. Consideram a existência de manifestações pontuais ao final da década de 1970, contudo, ressaltam, como grande marco, os acontecimentos políticos da década de 1980. Conforme foi discutido em Green (2000) e Facchini (2005), existiu, no Brasil, tanto um movimento de enfraquecimento das lutas LGBT, no período ditatorial, quanto algumas experiências de resistência política, ocorridas nesse mesmo período. Assim, o fortalecimento dos movimentos sociais, no Brasil, no final dos anos 1970, coincide, historicamente, com o surgimento da ação coletiva organizada em Portugal, dado que os entrevistados de Lisboa reconhecem a década de 1980 como a época de surgimento de um movimento social LGBT mais estruturado e formalizado.

2.2.3. PRINCIPAIS MARCOS MUNICIPAIS

Os marcos municipais de Lisboa coincidem com os marcos nacionais de Portugal, por se tratar de um município que é a capital do país. Nesse aspecto, Belo Horizonte apresenta peculiaridades em relação à capital do Brasil, Brasília. Por um lado, trata-se de uma cidade ainda bastante provinciana em relação aos acontecimentos políticos na área LGBT – sobretudo, com relação ao eixo Rio de Janeiro/São Paulo, no qual se concentram, por exemplo, as Paradas LGBT de maior visibilidade. Por outro lado, Belo Horizonte apresenta momentos pioneiros em relação à política LGBT brasileira, principalmente por seu destaque na criação da primeira Coordenadoria Municipal de Direitos Humanos do país, à qual se vincula a política LGBT.

Essa peculiaridade pode ser percebida na fala dos entrevistados brasileiros, a seguir:

> Em Belo Horizonte, a luta LGBT surge quando entidades que lidam com os direitos humanos começam a ser convocadas a agirem a favor das mulheres

> e, posteriormente, da população LGBT. As questões reprodutivas e relativas à sexualidade feminina começam a transbordar a esfera da saúde, passando a ser entendidas como relativas aos direitos das cidadãs do sexo feminino, de orientação hetero e homossexual. Esta relação ampliou as formas e conteúdos das reivindicações, incluindo novos atores que até então não se sentiam responsabilizados neste debate. O ativismo LGBT tem, nesta forma de compreensão, a possibilidade de afirmar a população LGBT como sujeitos de direitos. Sujeitos com identidades sexuadas, com territórios de origem, com peles pigmentadas e, muitas vezes, desumanizados, em função destas condições. (Entrevista 13BH)

No trecho de entrevista seguinte, há o mesmo destaque, porém, é acrescentado o papel da Coordenação de DST/AIDS no fortalecimento do movimento LGBT:

> Acho que a grande luta das Coordenadorias de Direitos Humanos é conseguir promover o debate, para que as pessoas comecem a refletir um pouco mais sobre o fato de que todos têm direitos. Isso nós discutimos muito aqui, na Coordenação de DST/AIDS. [...] Mudando um pouco para o tema dos direitos sexuais reprodutivos, uma discussão inerente à política DST/AIDS é a necessidade de prevenção. No entanto, não dá para focarmos sempre no viés da doença. Precisamos promover a discussão do sexo como um direito das pessoas a terem uma vida sexual sadia, prazerosa e isenta de riscos. E isso é muito difícil, seja na saúde, seja na educação, porque ainda temos uma sociedade que trata o sexo de forma pecaminosa; este é ainda um assunto considerado tabu pela maioria das instituições e pessoas. Mas temos feito esse esforço, inclusive na mudança do nome da Coordenação, que agora é uma Coordenação de Saúde Sexual – e não mais uma Coordenação de DST/AIDS. Isso implica em dizer que nós também trabalhamos a prevenção de DST/AIDS, porque saúde sexual significa prevenir esses agraves. Mas também queremos garantir o direito ao exercício da sexualidade de forma prazerosa, não discriminatória e saudável. (Entrevista 9BH)

Os três trechos de entrevistas a seguir também destacam a relevância da política municipal de direitos humanos, mas, dessa vez, com foco na criação do Centro de Referência da Diversidade Sexual (CRDS), espaço criado pelo governo para a atuação dos movimentos sociais junto ao poder público. Na primeira, é afirmado que:

> No poder público municipal e no movimento social, a gente tem tido esse acompanhamento. A partir do Centro de Referência, conseguimos realizar a Primeira Conferência Municipal LGBT. Conseguimos aprovar a criação da Coordenadoria de Direitos LGBT, do Conselho Municipal LGBT, e de programas de combate à homofobia. (Entrevista 8BH)

Isso também pode ser observado na fala que se segue:

> É claro que a história faz com que as políticas amadureçam. Então, tudo que se viveu de 2002 – quando da implantação de um Centro de Referência da diversidade sexual, que era um Centro formado apenas por ONGs – até hoje – com o segundo Centro de Referência, que, agora, é governamental – teve uma história. Essa história tem desdobramentos, tem efeitos, e carrega consigo o amadurecimento do próprio Município. Então, o que a gente percebe, hoje, é que as questões LGBT já não causam tanto estranhamento nas demais políticas, nos espaços onde se fala em direitos humanos. (Entrevista 6BH)

Assim, pode-se compreender que, ao longo dessa última década, a construção da política de direitos humanos LGBT, no município de Belo Horizonte, passou de ações totalmente informais e voluntárias – com grandes equívocos entre os papéis sociais dos seus ativistas –, para uma institucionalização dessa política. Porém, apesar de alguns poucos avanços políticos, seus impactos na mudança social ainda foram pequenos. Para quem vivenciou uma época em que os próprios móveis do movimento social se alojavam no espaço governamental, que militantes utilizavam do telefone governamental para organizarem suas ações políticas, e faziam atendimentos voluntários junto à equipe de agentes públicos, é possível perceber, atualmente, certa clareza do movimento social sobre o lugar de cada um de seus atores sociais, na arena política.

2.3 CONQUISTAS LGBT

O conceito de historicidade significa a capacidade que a sociedade civil organizada possui de ação sobre si mesma, isto é, a sua capacidade de transformação. Essa capacidade foi percebida em diversos relatos dos entrevistados, que destacaram as transformações ocorridas a partir das lutas sociais LGBT. Nessa direção, destacam-se, aqui, as principais conquistas do movimento LGBT no âmbito dos três poderes políticos, isto é, o Legislativo, o Judiciário e o Executivo.

2.3.1. PRINCIPAIS CONQUISTAS NO PODER LEGISLATIVO

Os relatos dos entrevistados, tanto os de Belo Horizonte quanto os de Lisboa, oscilam entre a apresentação de críticas ao modelo conservador que rege grande parte das posturas dos representantes legislativos, e entre o reconhecimento de conquistas pontuais, alcançadas de forma lenta e gradativa, originárias da pressão dos movimentos sociais frente ao poder público. Primeiro, serão apresentadas as conquistas legislativas LGBT alcançadas em Belo Horizonte; em seguida, aquelas alcançadas em Lisboa.

O seguinte trecho de entrevista é radical no posicionamento de que, no âmbito nacional, o Poder Legislativo permanece retrógrado:

> A nível nacional, nós temos aqui um Legislativo que não avança. Não temos leis que garantam os direitos LGBT. Em 1985, teve uma lei da Marta Suplicy que nem sequer foi colocada em votação. (Entrevista 12BH)

O relato anterior encontra respaldo na fala de outro entrevistado, o qual destaca o fato de que, no Brasil, do ponto de vista prático-cultural, inexiste um Estado laico, e que, por isso, ainda existe grande interferência das religiões, principalmente em suas vertentes mais fundamentalistas, nas ações do poder público:[4]

> Hoje, no Parlamento, cresce, cada vez mais, o número de evangélicos e católicos carismáticos, e eles não concebem os direitos humanos à luz da Constituição.

4. Como, por exemplo, as ações políticas do deputado brasileiro Marco Antônio Feliciano, eleito pelo Partido Social Cristão (PSC), e pastor da igreja Assembleia de Deus. Em março de 2013, Feliciano foi eleito presidente da Comissão de Direitos Humanos e Minorias (CDHM) da Câmara dos Deputados do Brasil e, mesmo existindo diversas denúncias, por parte da sociedade civil organizada, quanto às falas e posturas racistas, homofóbicas e misóginas adotadas pelo deputado, ele permaneceu na direção do cargo devido à grande influência da chamada "Frente Parlamentar Evangélica" (ou, simplesmente, "bancada evangélica") na Câmara dos Deputados.

> Eles insistem em apresentarem a bíblia como a principal referência para o debate político. (Entrevista 8BH)

É por isso que, em outra entrevista, aparece o argumento:

> Eu acho que, das leis já existentes, muita coisa ainda deve ser transposta, do papel, para a realidade. É claro que é inegável que já avançou, que antes não tinha nada, e que a gente hoje já tem políticas, tem legislação, tem o impacto. Mas eu acho que o impacto ainda é pequeno diante do tamanho das questões homofóbicas, da discriminação e dos direitos – inclusive, os direitos civis – que são cerceados. Acho que já tem um impacto. Hoje já existe o reconhecimento do casamento entre pessoas do mesmo sexo, e acho que isso já é um impacto na sociedade. (Entrevista 1BH)

As duas falas a seguir apresentam uma visão mais otimista sobre o quadro político, seja pela crença no poder das mobilizações sociais no campo dos direitos humanos e dos direitos LGBT, seja pela crença na potencialização das ações políticas, a partir da inserção da militância nos cargos políticos:

> O movimento LGBT cresce a partir das paradas (que se espalharam pelo país). Alguns de seus líderes apresentam candidaturas nas câmaras de vereadores, nas assembleias legislativas, no Congresso; articulam-se com prefeitos, com governadores; disputam espaços na mídia; e, com isso, obtêm seguidas vitórias no judiciário. Eles buscaram alianças no movimento social, participaram das conferências nacionais, e conseguiram convocar e realizar a primeira conferência com a presença de Lula. (Entrevista 11BH)

Ainda em tom otimista, o relato de entrevista a seguir destaca a força alcançada pelo movimento LGBT, a nível nacional:

> Na minha percepção, as recentes alterações na legislação são o melhor exemplo da força que os direitos LGBT adquiriram dentro dos direitos humanos. As mudanças na legislação são o resultado da percepção social das lutas LGBT. De todo modo, ainda há a barreira de cunho cultural/religioso que impõe um ritmo lento às mudanças necessárias na consolidação/incorporação aos

direitos humanos e aos direitos LGBT. Por isso, a criminalização da homofobia tem um caráter tão importante nesse momento. (Entrevista 10BH)

No que se refere ao papel do Poder Legislativo em Portugal, verifica-se que, apesar de sua ampla cultura religiosa, o país tem se demonstrado mais progressista, se comparado com o Brasil, com relação à efetivação dos direitos LGBT. Uma justificativa para tal seria a significativa presença e participação de legisladores militantes ou, no mínimo, simpatizantes para com as lutas LGBT, juntamente com o papel de ativismo dos grupos sociais LGBT naquele país. Esse argumento pode ser encontrado, por exemplo, no discurso de um dos(as) entrevistados(as) acerca do processo de criação da Lei das Uniões de Facto:

> Entre [19]97 e 2001 foi a primeira vez que o conjunto, o movimento, se uniu e disse: 'Agora vamos conseguir isto!'. E conseguiram. Foi um processo que durou anos, com muita discussão pública. Foi uma alteração constitucional que, em termos mundiais, nos coloca um bocado à frente, pois não há muitos países em que se encontre questões acerca da orientação sexual na Constituição. Infelizmente, esqueceu-se a identidade de género. Ainda hoje os políticos não a abordaram... (Entrevista 14L)

O relato a seguir apresenta o mesmo argumento, porém, de forma mais aprofundada. Isto é, aponta que o movimento social LGBT alcançou certa legitimidade e reconhecimento, na sociedade, a partir da efetivação de leis:

> Nós vivemos num país que ainda é conservador, que ainda é homofóbico; mas nós temos tido alguns avanços importantes, do ponto de vista legal. Houve algumas transformações: a inscrição da orientação sexual no artigo 13º da Constituição – um artigo da Constituição que proíbe a discriminação em função de idade, religião, sexo, etc., que inclui também a orientação sexual. Isto foi, creio eu, no início dos anos 2000. Os avanços são importantes não apenas pelos direitos materiais que reconhecem, mas porque mudam a percepção das pessoas, de alguma forma. Espero que os homossexuais se sintam mais protegidos e mais legitimados, a partir do momento em que o Estado os reconhece como homossexuais. O Estado é o poder simbólico da disputa, porque o Estado também é a disputa do poder simbólico das categorias que nós usamos para compreender o mundo, etc. E, portanto, eu acho que

> as conquistas se devem, sobretudo, às transformações culturais e ao papel e acção do movimento social – da visibilidade crescente que este ganhou, das reivindicações que fez, das lutas concretas que travou, etc. (Entrevista 4L)

De modo semelhante, o fragmento de entrevista a seguir destaca algumas das conquistas legislativas alcançadas pelo movimento social LGBT e alguns de seus impactos na cultura:

> A homossexualidade foi descriminalizada em 1982. Mas, a primeira vez que o Estado reconhece, na Legislação, a nossa existência, foi na lei das Uniões de Facto, de 2001. Em 2001, pela primeira vez, o Estado reconhece a necessidade de atribuição de direitos. Depois, em 2003, houve aquela mudança do Código de Trabalho, que decorre da Diretiva Europeia. Mas, 2004 que é, de alguma forma, um marco legislativo, pois foi a mudança da Constituição, e essa mudança teve um impacto muito importante em termos de futuro. Em 2007, houve muitas mudanças, e todas elas foram importantes, desde a igualdade da idade de consentimento, até a penalização agravada de crimes com motivação homofóbica. (Entrevista 11L)

Os relatos dos(as) entrevistados(as) apontam a importância do rompimento com as lutas meramente legalistas, pela necessidade de assumir lutas que visibilizem, também, questões de cunho sociocultural, conforme os argumentos que se seguem:

> Alguns acreditam que mudando as leis se muda tudo. Com isso, as reivindicações foram sempre de cunho legalista, de pressão política, de *lobby* político. A ILGA, por exemplo, tinha como prioridade a transformação social a partir da transformação legal. A Não Te Prives, ao contrário, teve como prioridade, sempre, a mudança cultural das pessoas, do que propriamente das leis. (Entrevista 13L)

Isso pode ser complementado pela fala que se segue:

> Quando foi aprovada, na Constituição Portuguesa, a inclusão da orientação sexual com o motivo de não discriminação, eu achei que já era altura de deixar esse ativismo mais voltado para questões de direitos e tentar passar um ativismo mais social, mais amplo, mais criativo... Quando a Constituição

> começou a reconhecer esse direito à não discriminação eu achei que era uma boa hora para, então, começar a lutar por questões mais vastas do que as legais. A Associação com que eu trabalho atualmente, as Panteras Rosa, é precisamente uma associação que nunca fez esse tipo de ativismo nos Direitos, isto é, sempre fez um ativismo muito mais voltado para a mudança das mentalidades. (Entrevista 1L)

Nessa mesma direção, isto é, pensando, sobretudo, na necessidade da mudança das mentalidades, as entrevistadas a seguir criticam o dito pioneirismo português, apontando as limitações práticas dos avanços legais:

> Essa coisa do 'nós somos pioneiros, e nós somos pioneiras; e isso só acontece em poucos países europeus', essa sensação de que estamos a ser progressistas, que estamos a inovar, que estamos a ir na frente... acho que isso influencia na aprovação das leis – este querer *ir à frente*, este querer *destacar-se* a nível europeu, por estas leis; porém, na prática, os efeitos são, por vezes, pequenos. (Entrevista 13L)

> O trabalho do poder público não pode parar nas leis. Tem-se, depois, que se preocupar com a aplicação dessas leis e com o desenvolvimento de estruturas que assimilem a cultura da diversidade e que estejam preparadas para lidar com ela. (Entrevista 12L)

Por fim, vale ressaltar um novo elemento de crítica que aparece nessa discussão, a saber: a não existência de leis e ações sociais voltadas para as transexualidades e as travestilidades, o que aponta para a marginalização desses segmentos dentro da própria luta LGBT.

> As questões sobre transgéneros são questões importantes para a revolução social também. Possibilitar a transformação social e cultural tem a ver com dar visibilidade, tem a ver com a luta contra a homofobia e a transfobia, no cotidiano. E essa mudança me parece ser a mais difícil delas todas. Mudar uma lei pode ser fácil; acostumar uma sociedade, nem tanto. (Entrevista 10L)

Vale ressaltar que, faz-se urgente, no Brasil, a aprovação do Projeto de Lei 122, de 2006, que criminaliza a homofobia, sobretudo, porque os índices de mortes homofóbicas permanecem altos. Porém, devido à falta de laicidade do Estado, conforme já destacado, ainda existe grande resistência a tal proposta, principalmente por parte da Frente Parlamentar Evangélica. Em Portugal, apesar da recente aprovação da co-adoção por casais homossexuais, esta permanece como uma conquista incompleta, dado que esse critério é válido apenas para casais que comprovem casamento civil ou união estável.[5] Assim, apesar dos avanços com as conquistas legislativas mais recentes, permanece reduzido o alcance das leis na efetivação de uma sociedade mais justa e igualitária.

2.3.2. PRINCIPAIS CONQUISTAS NO PODER JUDICIÁRIO

Belo Horizonte e Lisboa vivem regimes políticos diferentes, de acordo com as respectivas classificações do Brasil e de Portugal. O Brasil é uma República Federativa presidencialista, de regime democrático-representativo. Em nível federal, o Poder Executivo é exercido pelo Presidente. Portugal também é uma República, porque o Chefe de Estado é eleito e possui mandato temporário. Além disso, é também uma República Presidencial porque as funções de Chefe de Estado e Chefe de Governo estão reunidas em um único órgão: a Presidência da República. Contudo, ao contrário do Brasil, o Estado português é uma República Democrática Parlamentarista. Em Portugal existem quatro órgãos de soberania: a Presidência da República, a Assembleia da República (parlamento unicameral), o Governo e os Tribunais.[6] Desse

---

5. Para mais informações, cf. a reportagem "Portugal torna-se o quinto país a aprovar co-adopção por casais homossexuais", no *site*: <https://www.publico.pt/politica/noticia/parlamento-aprova-coadopcao-homossexual-1594705>.

6. O *Presidente da República* é eleito por sufrágio universal para um mandato de cinco anos, e exerce a função de fiscalização sobre a atividade do governo, sendo ele quem nomeia o Primeiro-Ministro e os membros do governo, tendo, da mesma forma, o poder de demitir o governo e exonerar o Primeiro-Ministro. Tem igualmente o poder de dissolver a Assembleia da República. Tem também o poder de promulgar ou vetar leis aprovadas na Assembleia da República ou decretos-lei aprovados pelo Conselho de Ministros, e de pedir a apreciação da sua constitucionalidade. A Assembleia da República funciona em Lisboa, no Palácio de São Bento, e é eleita para um mandato de quatro anos. Conta com 230 deputados, eleitos em 22 círculos plurinominais em listas de partidos. Os círculos correspondem aos 18 distritos de Portugal continental, mais dois círculos das Regiões autônomas (Açores e Madeira) e, por fim, dois círculos para os portugueses emigrados na Europa e fora da Europa. Compete à Assembleia da República suportar o governo, tendo de aprovar o seu programa e o orçamento de Estado, e pode derrubá-lo por meio de uma moção de censura. A Assembleia é também o maior órgão legislador, no qual são discutidos

modo, enquanto no Brasil o maior poder está concentrado no executivo, na figura do Presidente, em Portugal o maior poder está concentrado no parlamento, na figura do Primeiro-Ministro. Tais diferenças contribuem para a compreensão da relevância atribuída ao poder judiciário no Brasil e, também, da pouca autonomia e relevância dessa instância em Portugal.

O Poder Judiciário, a partir de suas jurisprudências, tem sido uma alternativa frente à morosidade no poder legislativo, principalmente no Brasil, conforme aponta os dois relatos a seguir:

> Em alguns lugares já temos algumas vitórias no Judiciário. O Judiciário está muito mais avançado do que o Legislativo. Por exemplo, temos situações em que um membro do casal ganhou direito à herança devido à morte de seu cônjuge. Tem situações em que os casais conseguiram adotar a criança com o nome das duas pessoas, dos dois gays ou de duas lésbicas. Então, ainda, infelizmente, os nossos direitos estão na mão do juiz. Temos que ver qual o juiz que vai cair naquela causa, porque se for um homofóbico nós vamos perder; vamos ter que recorrer e ainda, infelizmente, não teremos os direitos garantidos. (Entrevista 12BH)

---

os projetos de lei. Qualquer revisão à Constituição tem obrigatoriamente de ser aprovada por dois terços dos deputados. O governo é chefiado pelo Primeiro-Ministro, que é, por regra, o líder do partido mais votado em cada eleição legislativa e é convidado, dessa forma, pelo Presidente da República para formar o governo. O Primeiro-Ministro é quem escolhe os ministros e, em conjunto com estes, os Secretários de Estado. As competências do governo estão divididas não só pelo Primeiro-Ministro, mas também pelos diversos Ministérios. O governo pode também apresentar projetos de lei à discussão da Assembleia da República, como pode legislar autonomamente, aprovando decretos-lei no Conselho de Ministros. Os *Tribunais* administram a justiça em nome do povo, defendendo os direitos e interesses dos cidadãos, impedindo a violação da legalidade democrática e dirimindo os conflitos de interesses que ocorram entre diversas entidades. Segundo a Constituição existem as seguintes categorias de tribunais: a) Tribunal Constitucional; b) Supremo Tribunal de Justiça e os tribunais judiciais de primeira instância (Tribunais de Comarca) e de segunda instância (Tribunais da Relação); c) O Supremo Tribunal Administrativo e os tribunais administrativos e fiscais de primeira e segunda instância (Tribunais Centrais Administrativos); d) Tribunal de Contas. O Tribunal Constitucional tem a competência de interpretar a Constituição e fiscalizar a conformidade das leis com a Constituição. Pode fazê-lo preventivamente, por requerimento do Presidente da República, dos Ministros da República, do Primeiro-Ministro ou de 1/5 dos deputados à Assembleia da República, ou posteriormente no âmbito de um processo judicial, ou a requerimento dos mesmos órgãos descritos anteriormente e, também, do Presidente da Assembleia da República, do Provedor de Justiça e do Procurador-Geral da República (Arcary, 1980; Serrão, 1980).

No trecho de entrevista seguinte fica claro que tais avanços são principalmente de iniciativa do Supremo Tribunal Federal:

> O que há no Brasil de avanço é a discussão do Supremo [Tribunal Federal], que é a estância mais forte e mais importante hoje. Eu acho que esse Tribunal ainda vai continuar sendo a âncora desses direitos difusos, esses direitos humanos mais complexos. A vitória da união estável, ocorrida no Supremo, de algum modo fortalece essas bandeiras dentro do campo de direitos humanos, porque a própria argumentação do Supremo foi fantástica, dando visibilidade de nossa causa na sociedade. Ela aponta que a união estável é necessária e oportuna. É óbvio que hoje o Jean Wyllys já deu um passo muito maior, que é o casamento civil – eu acho fantástico o casamento civil igualitário. É um passo além da união estável, mas o Supremo dá um recado: 'olha, não dá para continuar invisível, esse segmento existe e nós temos que tratar com a seriedade que deve ser tratada'. (Entrevista 8BH)

Em Lisboa, por sua vez, não se credita o Judiciário português pelas conquistas na área LGBT, devido à sua pouca autonomia nas decisões políticas:

> Nós não temos jurisprudência em Portugal. Ou seja, ao contrário de outros países – se calhar, até da maioria dos países, não sei –, os casos em tribunal não fazem jurisprudência. Ou tu mudas a lei, ou não mudas a lei. Mas o Poder Legislativo está totalmente concentrado no Parlamento, e os Tribunais não têm nenhuma hipótese através de decisões sob casos concretos. Portanto, um juiz pode decidir totalmente diferente de outro juiz: ele olha para a lei que existe e decide. Mas os tribunais não contribuem para dizer qual é a interpretação da lei. Quer dizer, cada juiz faz a interpretação que entende. Mas não há essa lógica de jurisprudência, como nos Estados Unidos ou Brasil. Portanto, a luta política em Portugal é muito concentrada no Parlamento, e não nos Tribunais. Por exemplo, a luta sobre a parentalidade: um pai homossexual que teve negado o direito de ficar com o filho, por ser homossexual. Era um homem casado com uma mulher, tiveram um filho, separaram-se, o pai lutou pela custódia, mas o tribunal disse 'não, porque ele é homossexual e está a viver com um homem'. Ele recorreu para o tribunal europeu, que lhe deu razão. Isso é muito importante. Eu acho que isso pode acontecer no domínio da parentalidade em Portugal. Mas não acho que o Poder Judiciário – como

estava a dizer – ou que o poder judicial seja muito importante nessa fase da luta LGBT. Eu não vejo muito assim. Não há, de facto, grandes casos de discriminação. A maior parte das vítimas de discriminação não chega a apresentar queixa e, portanto, não acho que seja uma via de atalho. Não estou a dizer que seja desimportante: acho que ela hoje não é muito utilizada porque as pessoas não têm um acesso fácil à justiça, porque as pessoas que são vítimas de discriminação dificilmente apresentam queixa; porque Portugal não tem essa tradição – existente em outros países – do poder judicial ter uma componente de criar as interpretações das leis. (Entrevista 4L)

Entretanto, no trecho de entrevista seguinte aparece uma tentativa de valorização do papel da Justiça portuguesa:

Uma questão da jurisprudência seria a questão da proteção legal da identidade de género. Não está em nenhum tratado, em nenhuma constituição. Em termos de jurisprudência – e isto já aconteceu no Tribunal de Direitos Humanos e no Tribunal Europeu de Justiça – há casos em que os Estados já foram condenados. E demanda-se aos Estados, ou seja, pede-se aos Estados que as questões de identidade de género sejam cobertas em termos de proteção contra a discriminação por toda a Legislação, que permite discriminação em favor do sexo. Mas, às vezes, é mais fácil fazer essa jurisprudência do que mudar um tratado e pôr a identidade de género num tratado. O Conselho da Europa tem uma Comissão dos Direitos Humanos que está com uma agenda fortíssima sobre as questões LGBT: uma preocupação específica nas questões *Trans*. (Entrevista 5L)

Dessa forma, entende-se que as lutas sociais em Lisboa se concentram no Parlamento, dado que o poder do Judiciário é pequeno, e, com isso, não há legitimidade para realização de jurisprudências. Em Belo Horizonte, esse tem sido um recurso utilizado nas situações em que há margem para uma reinterpretação das leis já existentes. As primeiras uniões estáveis registradas em cartório ocorrem, por exemplo, nessa condição.

2.3.3. PRINCIPAIS CONQUISTAS NO PODER EXECUTIVO

Com relação a esse tema, também é possível encontrar distanciamentos entre Lisboa e Belo Horizonte, tanto devido às particularidades dos respectivos regimes políticos, quanto ao fato de o Brasil ser o país com o maior número de casos de assassinatos homofóbicos.[7] Isso demanda um maior investimento em políticas públicas de combate à homofobia no país. Nessa direção, foi criado, em 2004, o *Programa Brasil sem Homofobia*, coordenado pelo Governo Federal, com o objetivo principal de descentralizar políticas estaduais e municipais de atendimento e pesquisa nessa área.

Em Belo Horizonte, no âmbito executivo, se destaca a criação da primeira política pública de direitos humanos do país, conforme o relato a seguir:

> Creio que instituições ligadas à prefeitura de Belo Horizonte, na área dos direitos humanos surgiram pela primeira vez em 1993, no mandato do Patrus [Ananias], com a criação da Coordenadoria Municipal de Direitos Humanos. (Entrevista 11BH)

O resgate histórico realizado no trecho de entrevista a seguir consegue detalhar como foi a construção dessa política no âmbito da Prefeitura de Belo Horizonte, bem como destacar quais foram as correlações de força e poder presentes dentro do próprio Governo:

> Havia um projeto de um Centro de Referência – nós estamos falando de 2002, segundo semestre. *Centro de Referência do Homossexual*, era assim a primeira designação. A gente avaliava que essa designação nem de longe respondia à necessidade. Então houve a proposta de mudança para um *Centro de Referência da Diversidade Sexual*, que surgiu desse alargamento da questão do homossexual. Posteriormente, também compreendemos que essa designação não abrangia a totalidade das demandas LGBT no âmbito das políticas públicas. [...] A nosso juízo, havia um caminho natural de institucionalidade e fortalecimento da política LGBT pela via da Coordenadoria de Direitos Humanos,

7. As estatísticas compiladas pelo Grupo Gay da Bahia (GGB) sugerem que o Brasil é o país com a maior quantidade de registros de crimes homofóbicos do mundo, seguido pelo México e pelos Estados Unidos. De acordo com o GGB, um homossexual é morto a cada 36 horas no país; e cerca de 70% dos casos de assassinatos de pessoas LGBT ficam impunes.

> embora ainda em construção. A questão, contudo, é que essa discussão era tímida inclusive no próprio interior da Secretaria Municipal de Direitos de Cidadania, à qual se vinculavam a Coordenadoria de Direitos Humanos e o Centro de Referência, além de ser inexistente em outras áreas de políticas públicas. Com isso, a discussão nesses espaços pouco repercutiam para a construção de uma política LGBT como uma política pública do município de Belo Horizonte. (Entrevista 3BH)

A seguir, uma narrativa sobre um segundo momento da construção dessa política, com foco na Coordenadoria Municipal de Direitos Humanos, à qual o Centro de Referência se vinculou institucionalmente:

> No ano de 2005, a Coordenadoria passa a ter a atribuição de implementar políticas de direitos humanos e cidadania LGBT, e no ano de 2007, por meio de um convênio firmado com o Governo Federal, a Coordenadoria passa a coordenar o *Centro de Referência em Direitos Humanos e Cidadania LGBT*. Foi um convênio de 12 meses apenas, que não foi renovado. Assim, a Coordenadoria continua fazendo o atendimento ao público LGBT por meio do *Serviço Integrado ao Cidadão*, porém, sem verba específica do Governo Federal para essa política. A partir de 2008, é incluído nos programas de Governo a implementação e fortalecimento de um programa voltado ao público LGBT. Em junho de 2010 o Centro de Referência é reaberto e o atendimento passa a ser efetivo. (Entrevista 6BH)

Nas duas falas que se seguem aparecem o reconhecimento da conquista histórica de criação dessa política no âmbito do governo municipal. Porém, nota-se, também, críticas às suas limitações políticas e, consequentemente, de relevância social:

> A criação desse serviço é um avanço, por ter sido criado algo que não existia. Mas, ainda, vejo como um progresso frágil, pois o Centro de Referência foi criado, depois ficou desativado e, por fim, retomou o funcionamento. [...] É inegável a importância de termos na Secretaria uma Coordenadoria de Direitos Humanos, mas penso que é um desafio também a criação de uma Coordenadoria dos Direitos Humanos LGBT. É um desafio, ainda, construir uma política pública LGBT articulada com outros setores e atores, isto é: com Assistência Social, com a Educação, com o Esporte, o Lazer, a Cultura, etc.

> Também é um desafio discutir a questão dos direitos humanos, da violação dos direitos humanos, dentro de cada uma dessas esferas políticas. (Entrevista 1BH)

Além disso, é destacada a importância dessa política ser efetivada como uma política pública a ser efetivada no nosso cotidiano:

> Nós temos as maiores Paradas LGBT, temos a Coordenadoria dos Direitos Humanos, mas isso não reflete nos nossos direitos. A gente continua a depender de um juiz, por exemplo, para decidir a nossa vida. Ainda dependemos de um juiz para dizer se ficamos ou não com a herança de uma pessoa com a qual moramos durante trinta ou quarenta anos, por exemplo. Então, tais políticas não estão refletidas no nosso cotidiano. As Paradas, a Coordenadoria, as Conferências ainda não estão refletidas no nosso dia a dia. Isso tudo é importante, claro, mas eu quero ver o meu direito garantido – o que não está acontecendo. (Entrevista 12BH)

> Em Lisboa, há uma incipiente construção de políticas vinculadas ao poder executivo para o atendimento de vítimas de homofobia. Mesmo sendo a capital do país, tal discussão e inserção de uma política LGBT no âmbito do poder público executivo aparece mais tarde do que em Belo Horizonte: "Do ponto de vista social, eu diria que foi precisamente em meados dos anos [19]90; do ponto de vista do Executivo, apenas em 2007". (Entrevista 11L).

No trecho de entrevista a seguir aparece, com mais detalhes, o surgimento dessa política e seu gradativo processo de institucionalização, incentivado pelo Ano Europeu:

> Até 2007 o movimento LGBT não tinha nenhum organismo público de diálogo institucional estabelecido, como tinha todas as outras áreas de discriminação. No dito Ano Europeu, foi reivindicado que cada país europeu organizasse um plano nacional de ação em direitos humanos. Obviamente, Portugal participou, e optou por trabalhar numa lógica de cruzamento entre todas as áreas de discriminação. Em 17 de maio de 2007 fizemos um Seminário só sobre questões LGBT, foi o primeiro em Portugal. Foi o primeiro Seminário em Portugal organizado ou co-organizado com financiamento público. Pela primeira vez as Organizações que representam pessoas LGBT – no caso, a ILGA Portugal e a Opus Gay – passaram a ter acento no Governo e a se constituírem

como um organismo institucional de diálogo, no caso, a CIG. Ou seja, a CIG passou a atuar para além das questões de género, passou a se preocupar em ter na sua esfera de trabalho as questões de orientação sexual e de identidade de género. Na Conferência do Encerramento do Ano Europeu, a Elza Paes – na altura, Presidente da CIG – anunciou formalmente que as Organizações LGBT, a partir daquele momento, tinham um organismo público institucional de diálogo, que era a CIG. Pela primeira vez é atribuído financiamento público a dois projetos LGBT: um projeto da ILGA Portugal e um projeto da Rede Ex Aequo. Aqui, parece-me, é o início do estabelecimento de um desenho de políticas públicas na área LGBT. (Entrevista 4L)

A entrevista seguinte complementa a discussão, trazendo outros elementos que têm fortalecido a institucionalização dessa política, por meio das ações de atendimento ao público LGBT realizadas por movimentos sociais:

Nessa altura, não existia a Secretaria de Estado da Igualdade. Esse nosso projecto é bastante recente, tem uma duração limitada e tem objetivos específicos. Não é uma política pública; é um projeto politizado. Nós temos uma equipe grande de psicólogas e psicólogos a trabalhar no Serviço de Aconselhamento Psicológico, mas é uma equipe de voluntários. Isso é uma das faltas que nós sentimos, a outra tem a ver com o pouco apoio jurídico. Temos que garantir uma estrutura mais alargada e governamental, que permita dar respostas às demandas públicas. Agora, já existe a Comissão para a Cidadania e Igualdade de Género (a CIG) que, neste momento, assim como nós, também recebe queixas. O edifício em que trabalhamos é da Câmara Municipal de Lisboa e, portanto, esse espaço é-nos cedido como uma tenda, que é obviamente controlada pelo Governo. (Entrevista 11L)

Os dois entrevistados, a seguir, apontam a insuficiência dos serviços de atendimento ao público LGBT e enfatizam a necessidade de avançar na construção de políticas públicas para este segmento:

Acho que o passo que nos falta dar é exatamente o passo de nos inserirmos nas políticas públicas. Acho que esse é o passo que falta. Já tivemos alguns avanços legislativos e vamos ter mais em breve, não é? No campo da população LGBT, faltará a questão da parentalidade. Mas penso que isso também virá, mais dia, menos dia. Até porque, toda a formação da CIG já está mais adaptada e mais alargada. (Entrevista 5L)

Em Portugal, as políticas públicas sobre as questões LGBT são muito recentes. Estamos a falar de menos de três anos, estamos a falar de quase nada. Ou seja, ainda estamos a conquistar algum espaço institucional. Até meados de 2007 nós não tínhamos formalmente uma instituição do governo português com quem dialogar. A única coisa que eu vejo que é inovadora é, por exemplo, este ano, uma campanha, e um conjunto de coisas que a CIG tem feito e que são inovadoras. (Entrevista 10L)

Assim, pode-se constatar que, tanto em Belo Horizonte quanto em Lisboa, não existem políticas públicas de direitos humanos voltadas às pessoas LGBT. O que existem são ações políticas, programas e projetos sociais. São ações políticas dos governos atuais, o que não garante a sua continuidade após uma mudança de gestão, de partidos e/ou de ideologias políticas. Existe uma pressão significativa, por parte dos grupos sociais, para a transformação dessas ações em políticas públicas, o que poderia garantir orçamentos públicos permanentes e a formalização da responsabilidade do Estado, repercutindo, assim, em um maior compromisso do poder executivo.

Desenvolver políticas públicas de direitos humanos implica reconhecer tanto a universalidade dos direitos humanos, como base para todas as políticas públicas, quanto a responsabilidade do Estado em responder as demandas específicas da sociedade civil organizada. Para isso, é necessário que tais políticas públicas universais construam outras políticas públicas particulares para responder as demandas específicas. No entanto, pode ser percebido nos argumentos dos entrevistados a existência de uma questão subjacente a todo esse processo teórico-político, a saber: como diferenciar, na prática, se tais respostas políticas não representam, apenas, o interesse próprio dos governos de garantir a sua governabilidade? A partir desse questionamento e reflexão, a sociedade poderá construir estratégias mais específicas de pressão e controle social.

2.4 CONCEPÇÕES DE DIREITOS HUMANOS

Existem diferentes concepções e perspectivas de atuação no campo dos direitos humanos. A partir dos teóricos trabalhados, foram definidas três concepções de direitos humanos, já discutidas, a saber: a *concepção naturalista*, a *concepção legislativa* e a *concepção sócio-histórica*. A concepção naturalista enfatiza uma definição naturalizante e/ou religiosa dos direitos humanos, apresentando uma concepção dos direitos humanos como algo natural, ou seja, inerente ao ser humano, imutável, atemporal e por vezes justificada pela lei divina. A concepção legislativa nomeia os direitos humanos como normas positivadas nas leis, institucionalizadas pelos documentos legislativos. A concepção sócio-histórica compreende os direitos humanos como construções sociais e/ou históricas, ou seja, como um processo marcado pela correlação de forças frente às necessidades humanas já garantidas em lei ou frente às novas demandas que possam garantir a dignidade humana nos diferentes contextos.

2.4.1 CONCEPÇÃO NATURALISTA

Não foi encontrado nenhum relato nas entrevistas que pudesse contemplar esse tópico. Embora essa perspectiva de atuação seja, ainda, bastante presente em outras áreas, ela é muito criticada na política LGBT, talvez pelo caráter contestatório dos ativistas desse campo sobre as visões abstratas, universalistas e religiosas acerca dos direitos humanos, as quais têm dificultado o avanço das conquistas pelo respeito à diversidade sexual.

2.4.2 CONCEPÇÃO LEGISLATIVA

Essa categoria contempla, sobretudo, as entrevistas ocorridas em Lisboa, o que pode ser compreendido pelas características do sistema político vigente em Portugal. Porém, vale ressaltar que os entrevistados que compõem a ala mais radical do movimento LGBT, ou seja, a grande maioria dos entrevistados, fizeram várias críticas às limitações dessa forma de entendimento dos direitos humanos, devido ao fato de ela contemplar apenas aquilo que se encontra positivado na Legislação. Isso quer dizer que, se, por um lado, garantir a inclusão dos direitos LGBT na legislação contribui para um maior reconhecimento social desses direitos e, consequentemente, uma maior legitimidade nas reivindicações por igualdade, por outro lado, nada impede que leis sejam criadas apenas por interesses da elite dominante e/ou que se tornem obsoletas frente às novas demandas e aos novos contextos de lutas sociais. Além disso, se as leis não forem internalizadas por todos, gerando uma verdadeira mudança cultural, elas se tornarão apenas palavras no papel. Por esse motivo, a seguir, serão analisadas algumas das entrevistas que sinalizam o modo como a concepção sócio-histórica dos direitos humanos aparece nos discursos dos ativistas.

2.4.3 CONCEPÇÃO SÓCIO-HISTÓRICA-CRÍTICA

A seguinte fala, de uma das ativistas entrevistadas, retrata a contradição existente entre as ações políticas já garantidas e o fato de o Brasil continuar sendo o país com maior número de casos de homofobia:[8]

> Muitas pessoas acham que estamos num mar de rosas, porque quando se fala da parada LGBT, dizem: 'a parada vai trazer milhões de pessoas para essas cidades'. Mas eu pergunto: 'E os nossos direitos?'. Acho que o Brasil é o país que hoje tem mais paradas LGBT. Mas não existe uma política pública efetiva para a população LGBT. Estamos na mesma situação. Ainda não temos os direitos garantidos. [...] Ainda precisamos de uma lei para termos o direito de expressar afetividade em público. Isso é triste, né? Precisamos dessa lei, mas, ao mesmo tempo, é triste precisarmos. (Entrevista 12BH)

A seguir, encontra-se uma crítica a uma concepção de direitos humanos imposta "de cima para baixo" e que não reconhece as reivindicações das próprias pessoas envolvidas na situação de violação de direitos:[9]

> Direitos humanos parecem-me caixinhas já feitas, porque apresenta um conceito de humano e de direitos [humanos] já estruturados. A ideia, portanto,

8. Para mais informações sobre os casos de violência homofóbica no Brasil, ver as pesquisas realizadas pelo professor e ativista Luís Mott (2007).
9. Ver discussão sobre nova cidadania, na qual Dagnino (2004) faz um paralelo entre a concepção clássica e a nova concepção de cidadania.

> é propor coisas novas que ainda não foram pensadas ou que ainda não foram bem pensadas. (Entrevista 1L)

O trecho de entrevista anterior, ao dizer sobre a necessidade de que os direitos humanos sejam constantemente (re)construídos, pode ser complementada com a discussão seguinte, que aponta como caminho para transformação o processo de conscientização e sensibilização da população, em geral, sobre os direitos e deveres de todos:

> Acho que essa agenda de direitos é uma agenda que, independentemente da formalização dos direitos, necessita de uma consciencialização social. [...] Isso significa que há uma necessidade da consciencialização social depois da conquista dos direitos, a qual passa pela educação sexual e, também, pela sensibilização das forças sociais. (Entrevista 3L)

Conforme Corrêa e Parker (2004), é necessário a adoção de uma perspectiva que defina a universalidade dos direitos humanos pelo processo de sua construção, por meio de diálogos e tensões permanentes, para que, assim, haja espaço de reconhecimento das diferenças e das reciprocidades. De forma geral, os discursos dos(as) entrevistados(as) caminham nessa direção, podendo ser classificados dentro de uma concepção sócio-histórica e crítica dos direitos humanos. Pois, além de salientarem a necessidade da indivisibilidade dos direitos humanos, enfatizam, também, a necessidade da adoção de uma perspectiva de direitos que abarque mais amplamente a pluralidade das lutas LGBT.

2.5 INTERFACE ENTRE DIREITOS HUMANOS E DIREITOS LGBT

A emergência de programas e políticas de direitos humanos LGBT, nas duas últimas décadas, pode ser percebida como consequência de uma crítica a uma política sexual restritiva que, até então, norteava as concepções sobre os sujeitos LGBT no Estado (Corrêa & Petchesky, 1996). Sabe-se que, entre os direitos humanos, estão presentes os direitos sexuais, os quais, por sua vez, incluem os direitos LGBT; entretanto, na prática cotidiana, essas interfaces ocorrem de forma contraditória, permanecendo uma linha tênue entre a regulação e a emancipação.

Nessa seção, o conteúdo autodeclarado nas entrevistas é utilizado para exemplificar a interface entre Direitos Humanos e Direitos LGBT. Os dados aqui analisados foram levantados a partir de questões genéricas do roteiro de entrevistas, a saber: existe algo de novo nas práticas oriundas da relação entre direitos LGBT e direitos humanos? Se não, justifique. Se sim, quais as características potencialmente inovadoras das práticas decorrentes dessa relação, ou na inserção dos direitos LGBT no campo dos direitos humanos? Quais são os avanços e limites dessa interface? Como resultado, ocorreram desde repostas que se preocuparam em demarcar as especificidades da área dos direitos LGBT até aquelas que procuravam diluí-la no campo dos direitos humanos. Ao realizar essa leitura do material coletado, buscou-se construir categorias a partir dos temas que mais apareceram nas entrevistas, separando os discursos semelhantes dos divergentes.

2.5.1 REGULAÇÃO

O conceito de regulação situa-se a partir de diálogos com B. S. Santos (2008) e Foucault (2007a; 2007b; 2007c). Esse exercício de diálogo exige, portanto, a compreensão das tensões dialéticas que perpassam nossa sociedade atual, entre a regulação e a emancipação social. Assim, nesse subtema, estão englobadas as entrevistas nas quais apareceram críticas à interface entre direitos humanos e direitos LGBT. Tais críticas, de forma geral, referem-se à relação de controle, homogeneização e normatização, que, muitas vezes, são produzidas pelas políticas de direitos humanos em relação às políticas LGBT. Isso pode ser compreendido tanto pelo caráter histórico das lutas por direitos terem caminhado por um viés universalista, quanto pelo fato de essas lutas terem sido coordenadas, na maioria das vezes, por gestores que burocratizavam as mobilizações sociais.

Como foi discutido, a sexualidade deve ser compreendida como um fator político. Por ser um dispositivo histórico de poder e saber, ela regula, disciplina e classifica os corpos, sendo, também, regulada a partir dos saberes e das práticas vivenciadas nas leis, nas políticas públicas, nas crenças e nos valores sociais. É por isso que as entrevistas aqui incluídas argumentam que inserir a discussão pelos direitos LGBT nas discussões mais amplas pelos direitos humanos é uma estratégia útil, muito mais no seu aspecto regulatório do que no aspecto emancipatório. No trecho de entrevista a seguir, essa discussão aparece, ressaltando a importância dos movimentos sociais não se deixarem ser cooptados e controlados por um discurso massificador das lutas:

> Se a gente deixar, tudo vai ser formatado. Não podem tirar o foco da sexualidade. A nossa luta é por orientação sexual. Eu sou lésbica, então eu vou ser discriminada por que eu desejo uma outra mulher na minha cama? Os direitos humanos podem formatar isso do jeito que quiser, mas não vai mudar a nossa luta. Eu luto para que eu tenha uma parceria civil registrada. É papel do Movimento usar do olhar dos direitos humanos para fortalecer a nossa causa, e não o contrário. Porém, é muito mais fácil os direitos humanos falarem de uma luta mais geral do que falar da questão da homossexualidade. [...] Querem heterossexualizar nossa luta, e isso não podemos deixar. (Entrevista 12BH)

Nos dois trechos de entrevistas a seguir, são apresentados alguns dilemas dessa interface entre direitos humanos e direitos LGBT e, ainda, são discutidos os riscos de que o alargamento das reivindicações implique, também, na armadilha de assimilação das lutas sem uma ênfase no respeito às diversidades e às diferenças:

> Falamos sempre em 'direitos humanos', não é? Em Portugal, por exemplo, eu acho que a *Rede Ex Aequo* tentou trabalhar muito nessa óptica. Quando as pessoas falam em projecto de educação LGBT, dizendo: 'Vão dar educação sexual é isso?'. Eu respondo: Não, não, não. Nós vamos dar educação para a cidadania e para os direitos humanos; para as pessoas perceberem o que é ser LGBT e que não devem discriminar. Porque temos, todos, o direito a sermos quem somos. Somos diversos, etc., e a diversidade é uma coisa boa. Com isso, acho que as pessoas deixam de pensar só na parte da sexualidade. Obviamente que a educação sexual também é educação para os afectos. Contudo, a orientação sexual deve se orientar também para as práticas seguras, para a vivência das relações com respeito, etc., e não podemos estar a focar mais uma vez só na questão sexual e esquecermos do que é ser LGBT. As pessoas devem ter o direito de ser como são. (Entrevista 12L)

> Existe a vantagem de, como essa articulação entre direitos humanos e direitos LGBT, alcançarmos um público mais 'alargado' e, assim, dar uma certa credibilidade – com muitas aspas – às comunicações dos direitos sexuais. Mas, ao

> mesmo tempo, acho que pode abafar a especificidade dos direitos sexuais e entrarmos numa lógica de assimilação em vez de numa lógica da diversidade. (Entrevista 13L)

Em síntese, a relação entre os direitos humanos e os direitos LGBT, em uma vertente emancipatória, pode equivaler a uma maior pressão social dos ativistas frente ao poder público, e em uma vertente regulatória, pode resultar em padrões comportamentais estritos (Santos, A. C., 2004). Nas entrevistas aqui incluídas, é argumentado que a inserção das discussões pelos direitos LGBT em discussões mais amplas pelos direitos humanos é uma estratégia reivindicatória útil, mas que, muitas vezes, ganham um caráter mais regulatório do que emancipatório, dado que, na prática política, percebem uma grande pressão das perspectivas universalistas de direitos humanos para homogeneizar as lutas sociais específicas.

2.5.2 EMANCIPAÇÃO

A palavra "emancipação" possui, historicamente, vários sentidos. Contudo, quando se fala em *emancipação social*, é impossível não se remeter à figura e à teoria de Karl Marx, como uma das principais referências teóricas no pensamento referente à transformação social.

Na maioria de suas obras, Boaventura de Sousa Santos se utilizou do referencial marxista para dizer a respeito da emancipação social. Especificamente, no livro *Renovar a teoria crítica e reinventar a emancipação social*, B. S. Santos (2007) comenta sobre a importância de pensar a teoria sem ter medo de enfrentar a realidade. Desse modo, tendo como ponto de partida a noção de emancipação social, o autor repensa a realidade social das minorias e da periferia. Nesse processo, B. S. Santos reconhece os saberes de fora da universidade e dialoga com eles. Nessa perspectiva, também é pensada, aqui, a experiência dos atores sociais envolvidos na construção da política de direitos humanos LGBT. Isto é, têm-se uma concepção de emancipação refletida na luta dos grupos LGBT pelos seus direitos de igualdade ou pelos seus direitos enquanto cidadãos.

Nessa ótica, alguns dos(as) entrevistados(as) apontaram a relação entre direitos humanos e direitos LGBT como emancipatórias e/ou perceberam avanços e conquistas na área após essa aproximação. Essa visão pode ser exemplificada pelo relato a seguir:

> Discutir essa especificidade dentro dos direitos humanos é um ganho não só para o movimento, pois também facilita, internamente, dentro do governo, a lidarem com essa temática. Acho que estar dentro do bloco de direitos humanos é um grande ganho. Acho que a questão de discutir a temática LGBT, que é tão espinhosa, tão difícil e cheia de melindres, dentro do campo de direitos humanos, vai facilitar para todo mundo. Acho que direitos humanos e cidadania é o chavão ou o eixo que temos que seguir para conseguirmos implementar alguma política. Realmente, é um desafio. (Entrevista 8BH)

No seguinte trecho de entrevista, esse debate é localizado na possibilidade de o alargamento das lutas LGBT permitir, também, a ampliação das reivindicações por saúde e por direitos mais amplos:

> O fato de se pensar direitos LGBT dentro da perspectiva dos direitos humanos já se caracteriza como algo novo. O Estado brasileiro durante muitas décadas tratou essas questões no âmbito da saúde, sempre as relacionando a possíveis riscos à saúde, como desvios ou em busca de causas e curas. Transpor essas questões para o âmbito dos direitos humanos é mais do que considerar essas pessoas como seres de direitos, é possibilitar a luta por algo muito maior do que o acesso à saúde, é reivindicar que essas experiências sejam consideradas formas legítimas de vida. (Entrevista 13BH)

O excerto de entrevista a seguir também apresenta esse argumento. Contudo, problematiza os limites e possibilidades desse alargamento das lutas LGBT no referencial dos direitos humanos:

> Acho que o Programa Brasil sem Homofobia veio propor o seguinte: retirar a questão LGBT do campo da doença e colocá-la no campo dos direitos humanos. O Brasil sem Homofobia já se inicia no campo dos direitos humanos, da cultura, abrindo essa possibilidade de diálogo. Hoje temos o exemplo do Educação sem Homofobia, que entra nessa mesma perspectiva do Brasil sem Homofobia. Houve algum avanço? Houve sim, mas é pequeno ainda, sobretudo quando observamos o alto índice de assassinatos do público LGBT. Acho importante o vínculo da questão LGBT com a questão dos direitos humanos,

porque o debate avança em diversos aspectos. Antes desse entrelaçamento, a questão LGBT era vista, somente, como uma questão de doença. Houve avanços quando começamos a reivindicar que a questão LGBT fosse tratada como uma questão de direitos humanos. (Entrevista 12BH)

Essa discussão, a ideia de que falar sobre direitos LGBT como direitos humanos legitima as reivindicações e lutas sociais, também apareceu entre os relatos portugueses:

> As pessoas ainda não têm a consciência de que esta é uma questão de direitos humanos. A sociedade ainda acha que as pessoas LGBT são pessoas doentes, que fazem coisas feias, e que todo o seu universo está cercado pela questão do sexo. É como se fosse uma obsessão sexual, etc. E, obviamente, falar em direitos humanos significa mudar o paradigma, significa afirmar corretamente que todos nós temos direito ao afeto, à sexualidade, e que tudo isso é parte integrante da nossa personalidade, parte essencial da nossa felicidade. (Entrevista 12L)

No trecho de entrevista a seguir, é argumentado que a luta não é unicamente por direitos sexuais, mas por direitos de igualdade para todos:

> Direitos LGBT são direitos humanos. O que eu acho é que nós não devemos lutar por direitos a que possamos chamar LGBT, nós devemos lutar por direitos ou por práticas que sejam do interesse de todos. (Entrevista 1L)

Essas questões instigam a articulação entre subjetividade e cidadania para a efetivação de uma cultura emancipatória. B. S. Santos (1994) ressalta a existência de um processo de transição paradigmática entre modelos regulatórios e emancipatórios. Para superar os primeiros, não basta considerar a inter-relação entre cidadania (respeito à igualdade) e subjetividade (respeito às diferenças), mas é preciso, também, trabalhar essa articulação pela emancipação. No princípio da regulação, o mercado e o Estado sobrepõem-se à comunidade, e a relação entre subjetividade e cidadania se realiza, sobretudo, pela via da tutela e caridade. O equilíbrio entre essas concepções será efetivado na medida em que os limites impostos por uma concepção à outra propiciarem a participação social, por meio da autonomia do sujeito-cidadão.

2.5.3 UNIVERSALIDADE, IGUALDADE E GENERALIDADE

Grande parte dos(as) entrevistados(as) ressaltaram a importância de uma perspectiva de universalidade dos direitos humanos para a discussão dos direitos LGBT. Estão inseridos, nesse debate, a defesa de um conceito geral e/ou de igualdade no campo dos direitos humanos que possa se concretizar como um referencial para a defesa da diversidade sexual. Alguns problematizaram os riscos e limites dessa perspectiva universalista, porém, defenderam que esta é a melhor opção para a discussão dos direitos LGBT, uma vez que há uma lógica da opressão que perpassa as diferentes minorias sociais, pelo fato destas não estarem identificadas ao modelo da elite dominante.

Os dados apresentados a seguir servem para, como nos dizeres de Laclau (2011), pensar o paradoxo de que o universal não tem um conteúdo concreto próprio, sendo um horizonte sempre móvel. Por esse motivo, a universalidade é incomensurável com qualquer particularidade e só existe dentro dela, isto é, qualquer ideal de universalidade é proposto a partir de algum referencial particular – na maioria das vezes, o referencial dominante. Foi percebido que cada entrevistado partiu de suas próprias referências e realidades particulares para justificar a importância da universalidade. A entrevista a seguir, apresenta esse paradoxo da aposta em uma política universal:

> O Centro de Referência aposta numa política universal, isto é, pretende cada vez mais discursar para fora. É isto que está resultando nessas conquistas, porque o nosso segmento sempre falou para dentro, por exemplo: nossos Seminários eram para nós mesmos; nossos Fóruns eram para nós mesmos; discutimos entre a gente. Mas a lógica deve ser universal. Deve ser uma política universal pensada nos direitos humanos. (Entrevista 14BH)

A próxima entrevistada defende que a pauta de enfrentamento da violência deve ser universal, isto é, deve ser capaz de unificar a discussão acerca dos direitos de forma geral:

> A pauta universal unifica a discussão. Acho que a questão da violência, por exemplo, unifica as lutas das minorias sociais. Os direitos humanos, principalmente no Brasil, tiveram esse histórico de trabalhar contra a violência, contra a ditadura, contra os massacres, etc. Então, essa pauta especifica o direito à vida, ela é bastante universal. (Entrevista 1BH)

A entrevistada problematiza este debate complementando a contradição inerente à toda possibilidade de universalização, utilizando como exemplo a contradição existente dentro do próprio movimento de direitos humanos sobre a criminalização ou não da homofobia:

> Com relação às bandeiras específicas, existe uma forte contradição. Dizemos, por exemplo, que queremos criminalizar a homofobia enquanto o movimento de direitos humanos é contra a criminalização. Isso é um diálogo tensionado. Precisamos do apoio dos direitos humanos, mas o movimento não defende a criminalização. Então, não é fácil. Existe um elemento religioso muito forte nos movimentos sociais de direitos humanos. Por exemplo, existem candidatos políticos muito bacanas, do ponto de vista das lutas sociais, mas que não defendem as nossas bandeiras, por que eles têm uma base religiosa muito forte. A questão específica LGBT, portanto, esses candidatos não irão defender. Mas, ao mesmo tempo, precisamos do movimento de direitos humanos. Precisamos, sobretudo, por causa da luta contra a violência, da luta pela vida. Mas, às vezes, quando começamos a colocar as nossas reivindicações específicas, elas não são incorporadas no conjunto das lutas sociais. O aborto, por exemplo. Tirando alguns setores, ninguém apoia. Então, acredito que exista mesmo uma tensão. (Entrevista 5BH)

O trecho de entrevista que se segue também menciona a importância da universalidade, porém, apresenta uma discussão consistente sobre os equívocos de como essa perspectiva tem ocorrido na prática. Assim, ao defender uma política universal de igualdade, o que tem sido reproduzido, muitas vezes, é a construção de políticas públicas individualizantes e burocratizantes, que localizam a discussão na pessoa vítima de discriminação e não no fenômeno sociopolítico mais amplo:

> Centro de Referência virou a individualização do fenômeno, a particularização. Muitas vezes, com os direitos humanos, caímos na perspectiva da vítima, sem nos voltarmos para o problema dos vários fatores envolvidos no fenômeno. Claro que mesmo assim existe algum impacto, mas, no cotidiano das políticas públicas, a leitura que faço hoje é de uma burocratização e de uma individualização crescente dos direitos humanos e nas próprias políticas públicas. O discurso dos direitos humanos tem essa coisa da especificidade: ele atomiza os problemas, ele dificulta a politização dos temas. Existe uma

> determinada sedução pelos lugares de poder e de pertencimento por parte de muitas pessoas que são militantes profissionais e, agora, dependem daqueles lugares para continuar existindo e sobrevivendo. Acho que essas dinâmicas produzem esse engessamento das políticas de direitos humanos, o que reflete na dificuldade de efetivar a universalidade dos direitos humanos. [...] Não estou desqualificando o discurso dos direitos humanos. Apenas estou mostrando que essa é uma crítica presente no campo dos direitos universais, ou seja, como que, na prática, a resposta do Estado visa o particular. No entanto, precisamos conseguir criar uma matriz de compreensão do discurso dos direitos humanos para além dessa fragmentação. (Entrevista 7BH)

No trecho de entrevista seguinte, é discutida a dialética universal-particular com relação à questão da comunidade LGBT. Isso porque tal questão não pode estar dissociada de uma perspectiva de universalidade dos direitos, ou seja, dos direitos que são devidos a todos, por serem seres humanos:

> O que é ação específica, precípua, da área de direitos humanos? Numa qualificação melhor do debate acerca da universalidade dos direitos humanos e da especificidade dos direitos LGBT, surge uma oportunidade de retomarmos uma caminhada, de vincular essa área, essa temática, à questão dos direitos humanos de uma maneira mais sólida. A comunidade LGBT não pode estar dissociada dos direitos que são devidos a todos, como humanos que somos. Acho que é tênue, mas, também, acho que é estratégico, porque aproveitamos a experiência e a credibilidade que a área dos direitos humanos constituiu com muita dificuldade ao longo do tempo. (Entrevista 3BH)

No argumento a seguir, a entrevistada utiliza a experiência da política municipal de direitos humanos de Belo Horizonte para tecer suas críticas a perspectivas muito particularistas, discutindo o fato de que são as políticas particularistas que têm alcançado maior relevância na sociedade. A entrevistada ressalta que essas políticas, as quais reivindicam direitos específicos, se fortalecem no bojo dos movimentos sociais mais amplos e das políticas universalistas. Contudo, quando ganham força, deixam de articular suas lutas com as lutas mais universais. Com isso, as políticas universais perdem apoio e as lutas se tornam individualizadas, descontextualizadas das questões sociais mais amplas:

> Os direitos específicos, e não necessariamente LGBT, têm ganhado um campo muito maior do que o próprio campo dos direitos humanos – o qual é muito maior do que qualquer campo de direito específico. Vejo que os direitos humanos procuram absorver a reivindicação dos movimentos sociais. [...] Dentro da estrutura da Prefeitura, por exemplo, vemos claramente isso, pelo fato de existirem Coordenadorias de direitos específicos. Todas essas Coordenadorias estão no mesmo status da Coordenadoria de Direitos Humanos. [...] O que eu vejo de positivo é, principalmente, que a luta pelos direitos do grupo LGBT é crescente, então ela tem sido cada vez mais fortalecida pelo campo dos direitos humanos. A gente tinha uma diretoria na política nacional, junto com uma Coordenadoria nacional, e isso é muito bom. A política de direitos humanos dá um *status* e um mistério, mas cada vez mais ainda existe uma indagação que cabe hoje na política de direitos humanos, já que as políticas de direitos específicos sabem muito bem a que elas vieram. (Entrevista 6BH)

As entrevistas posteriores, realizadas em Lisboa, se aproximam, em maior ou menor medida, das entrevistas realizadas em Belo Horizonte. Elas chegam a ressaltar que as lutas identitárias, quando utilizadas de forma restrita, se tornam uma armadilha para o próprio fortalecimento das lutas LGBT:

> Cada vez mais acho que as lutas identitárias são uma armadilha, que reforçam as discriminações e os modismos existentes na sociedade e que a nossa luta ou é universalista ou não é. Na luta pelos direitos humanos, sempre defendi que os movimentos emancipatórios têm que ser para todos: não podem ser movimentos emancipatórios, só para alguns. Portanto, os nossos movimentos só serão ganhadores se realmente trouxerem propostas de convivialidade para todos, se forem interessantes para todos: isto é, nunca apenas os nossos direitos, as nossas especificidades. (Entrevista 1L)

O argumento a seguir defende que a perspectiva que visa a universalidade e igualdade dos direitos é o caminho a ser trilhado nas lutas sociais. Porém, também, esclarece que o discurso pelos direitos humanos é mais aceito que o discurso pelos direitos sexuais, devido ao alto índice de moralismo sexual. Assim, se, por um lado, o discurso pelos direitos humanos soa com mais firmeza na sociedade, por outro lado, este pode conduzir a uma postura conservadora, por impedir que o tema da sexualidade seja discutido de forma mais crítica e emancipatória:

> Eu tenho sempre alguma suspeita com relação a tudo o que é dito pelo poder público. Eu acho que há de facto pessoas para quem essa questão da igualdade se coloca verdadeiramente, embora eu desconfie. Eu acho que, em termos gerais, é mais fácil aceitar um discurso pelos direitos humanos do que pelos direitos sexuais. Direitos sexuais parece capricho. Reivindicar direitos sexuais parece um capricho. Há um olhar muito desmoralizante às manifestações pelos direitos sexuais. Então, associar esse discurso ao discurso dos direitos humanos serve para dar um ar de que os direitos sexuais, como direitos humanos, é uma coisa que todos compreendem como necessária e urgente. [...] Às vezes eu tenho a sensação de que o discurso dos direitos humanos é um discurso paternalista, um discurso feito, decorado. É um discurso que as pessoas podem montar com facilidade e, portanto, impedir que se pense de facto. (Entrevista 13L)

É nessa lógica que o próximo trecho de entrevista defende a universalidade como uma possibilidade de fazer traduções de experiências similares, entre o que elas se aproximam e se distanciam, podendo, assim, abarcar melhor tais complexidades e intervir de forma mais eficaz sobre elas:

> As lutas que têm sido bem-sucedidas nos últimos anos devem-se à capacidade de estabelecer analogias e fazer traduções entre aquilo que as pessoas já compreendem como fundamental, aceitável, e aquilo que ainda não compreendiam. Isto é, a capacidade de dizer que os direitos LGBT são da mesma ordem dos direitos das mulheres, por exemplo. Para isso, é preciso oferecer uma narrativa sobre a pessoa humana, sobre o cidadão, que inclui a ideia da sexualidade como uma das variáveis em que o Estado não pode intervir. Por isso, quando fizemos a luta pelo casamento, aquilo que nós exigíamos sempre era que não fosse uma instituição específica para nós. Eu acho que, quando nós exigimos a igualdade, temos por baixo uma narrativa, que é uma narrativa no fundo dos direitos humanos. A questão LGBT é da mesma ordem da questão da raça, a questão do género – aliás, é uma subclasse da questão do género, não é? –, e deve ser traduzida e transformada numa analogia para as pessoas perceberem nesses termos. Grande parte do nosso trabalho pedagógico e político foi nesse sentido. Foi dizer 'somos todos membros da mesma

> sociedade: crescemos com os mesmos tipos de coisas; somos pessoas, sejamos homens ou mulheres; isso significa que podemos ter relações amorosas com pessoas do mesmo sexo ou de sexo diferente'. Isso é da ordem da liberdade pessoal e todos temos as mesmas possibilidades. (Entrevista 9L)

No próximo excerto de entrevista, pode-se perceber uma discussão que faz a defesa da universalidade, por reconhecer que os direitos LGBT fazem parte do conjunto dos direitos humanos, e que afirma sua contribuição para o reconhecimento social dos próprios direitos humanos. Assim, fortalece a articulação entre diferentes movimentos sociais e a percepção de que todos fazem parte de uma mesma luta social. No entanto, é necessário o equilíbrio em articular a afirmação pela diferença e a luta pela igualdade:

> Eu acho que, em particular, por volta dos anos 2000 é que se começou a usar a temática dos direitos humanos. Eu acho estrategicamente inteligente e importante de usá-la, por várias razões. Os direitos LGBT são, de facto, uma parte dos direitos humanos. Os direitos sexuais são direitos humanos. Os direitos humanos são, por natureza, universais. Quando falamos em direitos humanos, associamo-los a uma noção de universalidade. Quando estás a reivindicar direitos que são, de certa forma, específicos, acho que, do ponto de vista político, do ponto de vista do discurso político, seja dos partidos, seja dos movimentos, tu ganhas sempre em tentar. O fato de falares de direitos humanos gera, ao menos, dois ganhos: primeiro, fazes integrar ao movimento LGBT uma noção universal dos direitos humanos, ou seja, uma noção de que isso é uma parte dos direitos de todos; e, segundo, consegues algum impacto, porque os direitos humanos é uma coisa que já está dentro das cabeças das pessoas, uma coisa com a qual as pessoas têm uma comunicação positiva. Ninguém é contra os direitos humanos. Há muita gente que tem práticas atentatórias aos direitos humanos, mas ninguém se diz contra os direitos humanos. [...] Acho que hoje há uma incorporação muito forte dos direitos LGBT com os direitos humanos no discurso do movimento, e acho que isso é bom e é positivo. Acho que isso permitiu que o movimento LGBT também tivesse planos com outros movimentos. Não é por acaso que a UMAR, uma associação feminista, e o SOS Racismo, uma associação antirracismo, o partido humanista e as suas associações dos direitos humanos participam, atualmente, da marcha LGBT. [...] Não vejo uma resistência, em particular, da defesa dos direitos LGBT como direitos humanos. Contudo, acho que é preciso encontrar

> o equilíbrio certo, o qual, penso, entra na afirmação pela diferença e na luta pela igualdade. Ou seja, eu acho importante definir um movimento LGBT, e não que se diga simplesmente 'direitos humanos'. No contexto atual de luta, ainda é importante definir identidades. Mas, em um mundo ideal, na minha opinião, não há homossexuais ou heterossexuais porque estas categorias são dispensáveis. (Entrevista 4L)

Enfim, o trecho de entrevista a seguir destaca a lógica portuguesa de pensar os direitos LGBT muito mais pelo discurso da igualdade do que pelo discurso dos direitos humanos:

> [...] que as pessoas percebam que não estamos a falar do direito de uma minoria, mas o direito de todos. Mas esse discurso não é dito como os direitos humanos; é dito como o direito à igualdade por parte de um grupo específico: a igualdade de acesso. (Entrevista 10L)

Assim, constata-se que, mesmo que alguns entrevistados sejam adeptos da perspectiva universalista, muitos reconhecem que a universalidade dos direitos humanos não existe na prática, e que, além disso, os direitos humanos acabam sendo uma agenda pronta, restrita, aplicada às especificidades. Desse modo, é preciso perceber os direitos humanos como um campo de disputas políticas, isto é, de quem consegue nomear, a partir da sua particularidade, uma âncora para reconhecer e ser reconhecido nos direitos humanos ditos universais. Porém, a utilização de estratégias mais particularistas pode conduzir a riscos, tais como:

> [...] reificar identidades, apontar para um reforço do gueto e incrementar reações repressivas (basta verificar o contra discurso conversador dos 'direitos especiais' e a ressurgência de legislação medicalizadora 'curativa' de homossexuais). Isto, sem se falar dos perigos de limitar a liberdade individual na potencialmente fluida esfera da sexualidade (preocupação expressa pela chamada 'teoria queer') e de requerer, quando acionados os mecanismos de participação política e de proteção estatal, definições identitárias mais rígidas acerca de quem é considerado sujeito da proteção jurídica específica. (Nadi, Rios & Machado, 2012, p. 255-256)

Frente a esse modelo rígido de particularismo, tornam-se importantes as estratégias mais universalistas, desde que tais estratégias estejam atentas às especificidades, isto é, que reconheçam as diferenças e identidades sem se fecharem nelas. Assim, é possível superar uma concepção abstrata de igualdade, uma concepção que não apreenda as formas concretas dos dilemas sociais. A partir disso, percebe-se que existe um fator positivo nessa tensão, quando ela produz ampliações, deslocamentos e mudanças nos discursos e práticas no campo das conquistas pelos direitos humanos LGBT. Dessa forma, conforme argumenta Corrêa (2006), a partir da noção de universalidade situada, é possível pensar em uma perspectiva universal aberta, passível de ser reorientada por demandas específicas.

2.5.4 PARTICULARIDADE, DIFERENÇA E ESPECIFICIDADE

Essa categoria inclui algumas das entrevistas que defendem a perspectiva da particularidade e da diferença dos direitos LGBT em relação ao conjunto dos direitos humanos. Estes atores reconhecem que há uma relativa importância na utilização da perspectiva da universalidade dos direitos humanos como eixo aglutinador das reivindicações sociais, desde que, nesse universal, sejam reconhecidas as especificidades das demandas de cada segmento de minorias sociais.

O entrevistado a seguir buscou esclarecer que não se trata de uma luta por igualdade, pois esta suporia que todas as pessoas são iguais. Ressalta que, inclusive, somos diferentes nas atitudes e costumes culturais, e isso pode conduzir a preconceitos e discriminações, devido ao não respeito às diferenças. Essa discussão foi exemplificada pelas diferenças e especificidades existentes dentro da própria diversidade das lutas LGBT e da necessidade de sua visibilidade para que os próprios atores sociais ocupem espaços de poder decisório nas ações políticas:

> A gente não está lutando por igualdade, porque direitos iguais se pressupõe que eu sou igual a todas as pessoas; e nós não somos iguais. Nós somos diferentes. E o motivo da nossa luta é por causa da nossa sexualidade. (Entrevista 5BH)

Ainda nesse raciocínio, no fragmento seguinte de entrevista, há uma discussão sobre a dinâmica diversa dos movimentos sociais LGBT: seus lugares e formas de inserção social, suas práticas e lutas sociais. Tais dinâmicas apontam aproximações e distanciamentos quanto às reivindicações.

> Movimentos sociais que vêm de lugares tão diferentes com discursos e práticas tão distintos estavam formando o mesmo campo político; eles começaram a atuar juntos na organização da Parada em um determinado momento. Mas, eu podia ver as dinâmicas entre eles: como argumentavam na hora que discordavam; como buscavam justificar e sustentar os seus argumentos; onde se aproximavam, onde se separavam. (Entrevista 7BH)

Além disso, a universalidade do discurso pode implicar em uma homogeneização dos movimentos:

> Acredito que a inserção dos direitos LGBT no campo dos direitos humanos subtrai, em grande medida, a especificidade dos primeiros e contribui, em muitas circunstâncias, para dificultar a implementação de políticas governamentais específicas, mais intersetoriais, para o segmento LGBT. (Entrevista 2BH)

Em Lisboa, os(as) entrevistados(as) também se utilizaram de um argumento parecido: de que as pessoas são constituídas por vários papéis sociais e, por isso, possuem diversas identidades. No trecho de entrevista a seguir, é argumentado que não há resposta para o dilema entre o universal e o particular e que isso só pode ser resolvido em cada contexto e momento histórico específico. Fala-se da importância do reconhecimento das especificidades, como questões da individualidade, que devem ser pensadas de uma forma dinâmica, isto é, não por fatores de sexo, gênero, cor, etc., mas por aquilo que é próprio de cada um e a cada contexto:

> Não acho que haja uma resposta absoluta para isso. [...] Tem que ser de momento a momento, de acordo com uma relação específica, com um contexto político e social específico. [...] Contudo, me atrai mais a ideia da especificidade. Mas é uma especificidade que não é pela diferença. É uma especificidade de todas as pessoas, não só das LGBTs. É uma questão de individualidade específica, não de individualidade identitária; não é individualidade de orientação sexual. Especificidades não só de LGBTs, não só de pessoas negras, não

só de mulheres. Penso que cada pessoa, com as suas especificidades, deve ser universalmente reconhecida e valorizada. Assim, acho que um discurso universal muitas vezes silencia as especificidades. (Entrevista 13L)

Nessa mesma direção, a próxima entrevistada utilizou uma famosa frase do Boaventura de Sousa Santos para sustentar sua defesa pela especificidade:

> Foi no bojo dos movimentos sociais e também da nova esquerda que se começou a lutar pela igualdade e pela diferença. A ideia, para usar uma expressão do Boaventura, é que nós "devemos reivindicar a diferença quando a igualdade nos anula – anula a nossa identidade – e temos o direito de reivindicar a igualdade quando a diferença nos inferioriza". Só há plena igualdade com o reconhecimento das diferenças. E o reconhecimento das diferenças não deve significar a aceitação da desigualdade. Como é que nós conseguimos fazer integrar no conceito de 'igualdade' o direito à 'diferença', no sentido de que o reconhecimento da 'diferença' implica dignidade? Como mostrar que o fato de termos a identidade diferente não quer dizer que devemos ter direitos desiguais? Devemos ter os mesmos direitos reconhecendo a nossa diferença. É importante defender essa "identidade", mas também corremos o risco da balcanização. Só vale a pena afirmar essa especificidade para lhe dar existência e para lhe dar reconhecimento. [...] E, desse ponto de vista, ganhamos sempre em afirmar os direitos específicos tendo como referência os direitos universais. Ou seja, as pessoas transexuais têm direito à identidade como todas as pessoas têm direito a identidade. Os homossexuais existem, são vítimas de discriminações específicas, e têm direito a serem respeitados por aquilo que são, assim como todas as pessoas têm direito a ser respeitadas por aquilo que são. [...] Para combater a discriminação, acho interessante dar visibilidade a identidades minoritárias e nomeá-las, porque se nós não as nomearmos, elas não existem e o seu reconhecimento é impossível. Mas não vejo nenhuma desvantagem que os movimentos façam referência aos direitos universais, porque, assim, estão a comunicar com grupos de pessoas que acham que esses direitos têm um valor para todos. Acho que isso é positivo. (Entrevista 4L)

No trecho de entrevista seguinte, é ressaltado que o discurso muito global corre o risco de ser vazio e infértil:

> O risco é o apagamento das questões. Mas, esse é sempre o risco quando se fala em direitos humanos. Por um lado, é por serem abrangentes, por outro lado, é que é difícil garantir que se consiga lutar simultaneamente por direitos humanos e pelos direitos mais específicos dos mais diversos grupos. [...] É evidente que há elementos comuns às diferentes formas de discriminação. No entanto, a única forma de lutar eficazmente contra a discriminação como um todo é atender às especificidades. De outra forma, o discurso tão englobante acaba por ser vazio. Vazio de conteúdo. Esse é o risco do discurso em torno dos direitos humanos. (Entrevista 11L)

É possível visualizar em Touraine (1997) uma resposta inicial para os dilemas apresentados nos trechos de entrevista anteriores, ao afirmar que a liberdade do sujeito se encontra na alteridade, não como submissão, mas como reconhecimento de sua igualdade e diferença, de sua universalidade na particularidade. Por isso, o debate acerca do dilema entre universalidade e particularidade é central para a construção da política de direitos humanos LGBT.

2.6 RELAÇÃO DO MOVIMENTO SOCIAL COM O PODER PÚBLICO

Nesse item, discutem-se as reivindicações dos movimentos sociais e as respostas construídas pelo poder público na arena política, pensando essa lógica de forma não linear, dado que, por vezes, o Estado também demanda, e quem responde é o movimento social, e, em outras, um mesmo ator social reivindica transformações políticas e apresenta suas respostas. Nessa relação dialética, serão analisados, também, os diálogos, as parcerias, os consensos, bem como as tensões, conflitos e divergências entre o poder público e os movimentos sociais.

Analisar a relação movimento social e poder público, a partir das contribuições de Mellucci (2001) e Touraine (1994), é reconhecer que a vida social não pode ser compreendida em uma visão essencialista e funcionalista, mas que pode e deve ser pensada como uma invenção permanente, produzida e transformada por nosso trabalho, por nossos conflitos sociais, por nossas criações culturais e pelos debates políticos que permeiam as negociações sobre a vida coletiva.

2.6.1. PRINCIPAIS DEMANDAS/REIVINDICAÇÕES DO MOVIMENTO SOCIAL

Touraine (1994) coloca a categoria de sujeito cada vez mais central para a análise dos movimentos sociais atuais. A sua concepção, segundo a qual o sujeito existe apenas como movimento social aponta para a importância dos sujeitos LGBT na história de alargamento da política de direitos humanos, como atores da transformação social. Na sociedade programada, o indivíduo é reduzido a um mero consumidor, e, para que consiga se opor à lógica dominante do sistema, deve reafirmar-se como sujeito. Desse modo, o sujeito se define por sua oposição ao sistema, o qual objetiva suas necessidades em demandas mercantis.

Assim, é possível tomar as ideias de razão e de sujeito – a princípio, opostas – de maneira integrada, quando mediadas pelo movimento social. Um movimento social é racionalidade e subjetivação ao mesmo tempo. Na perspectiva touraineana, a concepção de sujeito e a concepção de democracia são indissociáveis. O sujeito, ele entende, é a expressão política da democracia. Portanto, nos momentos em que os diferentes atores sociais envolvidos na construção da política de direitos humanos LGBT se colocam como produtores dessa história, eles são capazes de aproximar a perspectiva universalista da razão da perspectiva particularista da identidade pessoal e coletiva, isto é, da subjetivação.

Dentre as principais reivindicações do movimento social LGBT de Belo Horizonte, que, aliás, coincidem com as demandas gerais do país, estão: equidade nos direitos, direito ao casamento,[10] a parentalidade com a definição jurídica e social de família, a criminalização da homofobia, o nome social, geração de emprego e renda para o segmento *trans*, a criação de centros de referência LGBT que funcionem 24 horas/dia e de políticas públicas no formato de coordenadorias LGBT. Dentre as principais demandas do movimento social LGBT de Lisboa, capital do país, estão: casamento civil,[11] despatologização das pessoas *trans*, homoparentalidade e adoção.

Vale ressaltar que as reivindicações de ambas as cidades são similares, porém, no Brasil, há uma ênfase nas demandas pela criminalização da

---

10. Na época da coleta de dados, a união civil estável ainda não havia sido aprovada pelo Supremo Tribunal Federal. Ela ocorreu em maio de 2011, mas permanece, ainda, uma demanda pelo casamento civil propriamente dito, para que os direitos possam ser alargados.
11. Na época da coleta de dados, ainda não havia sido promulgada a lei do casamento civil entre pessoas do mesmo sexo pelo Presidente de Portugal, a qual ocorreu em maio de 2010.

homofobia devido ao alto índice de assassinatos homofóbicos. Em Portugal, ao contrário, o fato da violência homofóbica ocorrer em menor grau, pode, talvez, explicar o fato dessa demanda surgir apenas referente ao segmento transgênero. A fala a seguir expressa as reivindicações brasileiras de uma maneira mais ampla:

> A busca atual do movimento é pelo que chamamos de luta pela equidade. A busca pelo direito ao casamento, a parentalidade, a união estável e a mudança na definição jurídica e social de família que considera apenas relações afetivas entre homens e mulheres. A criminalização da homofobia é uma questão importante que tem sido tema de marchas, paradas e caminhadas. Por fim, é importante ressaltar que os movimentos se organizaram em movimentos sociais para lutarem pela efetivação da plena cidadania. (Entrevista 13BH)

De modo sintetizado, os seguintes trechos de entrevista descrevem as mesmas demandas:

> Hoje nós temos três eixos centrais de luta na ABGLT, três projetos: a união civil, a penalização e o nome social. (Entrevista 5BH)

> A gente luta também para criar um Centro de Referência 24 horas, para acolher o público LGBT excluído da sociedade. (Entrevista 8BH)

O próximo trecho de entrevista aponta a percepção do governo sobre a demanda do movimento social pela efetivação de políticas públicas LGBT, além de demonstrar a confusão entre os papéis do poder público e do movimento social na construção dessa política no município, que reflete o contexto nacional:

> Talvez eu não saberia dizer ou delinear todas as reivindicações do movimento. A Coordenadoria viveu uma situação particular nesse sentido. [...] O município não contava com uma política específica, e isso tomou um formato de uma ONG que trabalhava dentro do município e, de certa forma, para o município. Com a reforma político-administrativa, existiu uma exigência para que o governo implementasse uma política pública – isso era uma reivindicação do próprio movimento, mas o próprio movimento não sabia qual que seria a cara desse lugar. [...] Contudo, o nosso Centro ainda não é institucionalizado.

> Ele não é uma política pública formal, não tem nenhum decreto que o institucionaliza, não está inserido no governo, nem na secretaria – é um programa sob coordenação da Coordenadoria de Direitos Humanos. Então, acho que temos que caminhar para isso, para buscar a institucionalização. Na verdade, a reivindicação do movimento vem do primeiro fórum LBGT, que aconteceu em 2008, é que se crie uma Coordenadoria LGBT. (Entrevista 6BH)

As duas entrevistas a seguir apontam demandas específicas do segmento *trans*. Além da acessibilidade aos serviços públicos, as travestis e as/os transexuais demandam o nome social nos documentos e estabelecimentos públicos. Reivindicam, também, alternativas para geração de emprego e renda, como forma de saírem do subemprego e das condições socioeconômicas precárias, as quais resultam em uma maior violação dos direitos humanos:

> Para minha população, queremos o respeito pelo ser humano; queremos ser tratadas como qualquer outro ser humano. Na saúde, termos o mínimo, que é o respeito pelo nome social e dignidade na segurança pública. Ter o direito de entrar em qualquer órgão público sem ser questionada por ter um corpo marcado. (Entrevista 4BH)

E, ainda:

> De buscar acesso a emprego, de buscar alternativas de qualificação profissional. Enfim, buscar condições objetivas para gerar emprego e renda, e, para isso, a qualificação é fundamental. O setor mais vulnerável nesse sentido são as travestis e as pessoas transexuais. (Entrevista 3BH)

Para Mellucci (1996), o conceito de identidade coletiva, compreendida como proveniente de trocas, negociações, decisões e conflitos entre atores, elucida os pontos de aproximação e distanciamento nas reivindicações dos movimentos LGBT. Assim, as novas formas de identidade política apontam recentes formas de ações coletivas voltadas para o movimento LGBT, ao enfatizarem, por exemplo, o caráter interativo da identidade coletiva, compartilhada e permeada por tensões internas e externas. Essa dinâmica conduz ao imperativo de pensar o sujeito como dotado de identidade e como ator da ação. Por essa ótica, a identidade coletiva é o que assegura, ao sujeito, a continuidade da ação coletiva.

Os próximos trechos de entrevista apontam as principais demandas do movimento social LGBT de Lisboa. No trecho de entrevista seguinte, é destacado que o nível de relevância de cada demanda e suas concordâncias são diferentes para cada movimento social, tendo a ver com a trajetória e especificidade de suas próprias lutas sociais.

> Estivemos muito envolvidos nesse processo do casamento, por uma necessidade estratégica óbvia. [...] Sempre defendemos a igualdade legal e sempre soubemos que o momento de discussão dessa legislação seria um momento crítico de confronto homofóbico. Portanto, estivemos implicados e tínhamos que estar. Não tivemos uma posição de não nos envolvermos ou de não fazer dessa questão uma prioridade para o nosso grupo. No momento certo, tornou-se uma prioridade. Mas, na verdade, desde 2006 priorizamos o tema transexual e somos provavelmente a associação que mais o tem feito. Temos trabalhado, sobretudo, a questão da discriminação, a ideia da despatologização *trans* e as questões da homoparentalidade. Mas, sem dúvida, o centro de nossa atividade tem sido a questão transexual, porque é a comunidade mais discriminada dentro da população LGBT. (Entrevista 14L)

Dessa forma, em maior ou menor grau, todos se mobilizaram pela aprovação do casamento civil. Contudo, existem discordâncias entre os movimentos com relação às formas de reivindicar a aprovação da homoparentalidade. Alguns a reconhecem como algo imprescindível, e, outros, como um complemento ao casamento civil. É destacado que as reivindicações de determinados grupos que estão mais pactuados com o governo têm maior legitimidade e acabam sendo reconhecidas como demandas gerais de todo o movimento; consequentemente, são aprovadas mais rápido do que aquelas dos grupos mais de esquerda política, que fazem oposição ao Governo português.

> O casamento é o consenso, a homoparentalidade é a discórdia. Contudo, há algo exclusivo dessa relação do poder público com o movimento por parte de uma determinada associação, que é a ILGA. As reivindicações da ILGA são, muitas vezes, reconhecidas, em termos gerais, pelo próprio Governo, como as reivindicações que representam todo o movimento. (Entrevista 13L)

A fala do entrevistado governamental a seguir destaca que a responsabilização do governo pela criação de ações políticas da área LGBT se realizou não apenas a partir das exigências do Ano Europeu, mas, também, devido às reivindicações dos movimentos sociais LGBT. O entrevistado aponta ainda, a necessidade da articulação das diferentes demandas das minorias sociais para uma maior integração entre as políticas:

> Acho que esta Secretaria de Estado existe também devido a alguma força do movimento LGBT em Portugal. Não só, mas também. Porque, na verdade, no governo anterior, não havia uma Secretaria de Estado da Igualdade e neste, existe. (Entrevista 5L)

De acordo com Melucci (1996a), a dimensão social dos conflitos antagônicos não pode explicar tudo. Por isso, o conceito de identidade coletiva adverte sobre a constante necessidade de reconhecimento de uma pluralidade de níveis na ação coletiva. Assim, como reivindicações mais recentes dos grupos LGBT portugueses foram apontadas a parentalidade e a adoção. Devido à complexidade dos aspectos que envolvem tais direitos, ainda há um preconceito e um desconhecimento muito grande sobre os efeitos da união homoafetiva no desenvolvimento do filho. Entretanto, pesquisas recentes apontam a qualidade de vida e o desenvolvimento saudável dessas crianças adotadas:[12]

> A questão da parentalidade e adopção são reivindicações recentes com alguma complexidade, porque envolvem direitos da criança. A sociedade portuguesa está se abrindo para a sua aceitação. A informação e a divulgação de casos específicos é fundamental para a abertura de uma agenda de reivindicações LGBT cujo próximo passo será a parentalidade e identidade de género. (Entrevista 18L)

A partir de Touraine (1984) e Mellucci (1996), é possível sustentar que os movimentos sociais e identidades coletivas são comprometidos no conflito pela gestão da historicidade, apenas, se o ator de fato possuir a capacidade de ir além das meras reivindicações e negociações políticas, se

12. Ver pesquisa sobre adoção homoafetiva nas publicações da advogada e ativista Maria Berenice Dias. Por exemplo, as obras *Homoafetividade e os Direitos LGBTI* (2014) e *Diversidade Sexual e Direito Homoafetivo* (2011).

reconhecendo e se afirmando mais como produtor do que como consumidor da situação social, ou seja, como um ator capaz de questionar o sistema em vez de, apenas, responder a este. Isto é, sua ação coletiva "comporta solidariedade, manifesta um conflito e implica a ruptura dos limites de compatibilidade do sistema ao qual a ação se refere" (Melucci, 2001, p. 35). Por isso, nas demandas apresentadas anteriormente, percebe-se que há momentos em que os grupos LGBT se posicionam como movimento social efetivo, e que, em outros, acabam se entregando a ações conformistas e/ou pontuais. Dessa forma, para ser reconhecido como um movimento social, é preciso que haja um sistema de ação que expressa um conflito e não apenas respostas a uma dada crise.

2.6.2 PRINCIPAIS RESPOSTAS DO PODER PÚBLICO

Nesse item, o foco será levantar e analisar as respostas governamentais frente às reivindicações dos movimentos sociais LGBT. Compreende-se que, tanto em Belo Horizonte quanto em Lisboa, o governo não apresenta, geralmente, respostas formalizadas para as demandas do movimento LGBT. Quando se chega a uma mesa de negociações, percebe-se que várias questões políticas estão postas ali, desde interesses públicos até privados, e que, nesse jogo de poder, algumas respostas são construídas, informalmente, apenas para mediar as divergências entre os diversos atores sociais. Isso, na prática política, gera ainda mais equívocos, e não efetivação da política.

O entrevistado a seguir respondia, à época da entrevista, como gestor principal da Política Municipal LGBT da Prefeitura de Belo Horizonte. Tal política conseguiu melhorar as condições estruturais do Centro de Referência LGBT, mas não conseguiu responder às demandas políticas e financeiras para seu fortalecimento – por exemplo, não conseguiu implementar a Coordenadoria Municipal LGBT e o Conselho Municipal LGBT. Portanto, essas reivindicações permanecem como necessárias à efetivação da política pública municipal LGBT:

> Nós conseguimos melhorar o espaço do Centro de Referência LGBT, que era a principal reivindicação. Conseguimos equipá-lo com alguns recursos humanos, como advogado, psicólogo e assistente social. O que ficou pendente foi a questão do Conselho, que ainda não conseguimos operacionalizar.

> Nem a criação da Coordenadoria, o que, para mim, seria um grande avanço também. (Entrevista 8BH)

A gestora que fornece o trecho de entrevista a seguir, de um nível hierárquico menor em relação ao gestor anteriormente apresentado, aponta críticas sobre as correlações de força e jogos de interesse presentes na mesa de negociações para a institucionalização dessa política no município de Belo Horizonte. Ela sugere, implicitamente, que não consegue captar qual seria a moeda de troca quando as demandas dos movimentos sociais são atendidas pelo governo:

> Muitas vezes o poder público responde a demandas, atende reivindicações, mesmo discordando; mesmo achando que a questão pode ser pensada de outra forma. Mas, eu não posso te dizer o que está sendo negociado ou o que está vindo em troca, para o governo, quando ele atende a essas reivindicações. (Entrevista 6BH)

A gestora a seguir descreve alguns limites que permeiam as respostas do poder público frente às demandas da área da saúde:

> Com relação a algumas coisas, temos demorado muito para avançar. Por exemplo, o prontuário eletrônico ainda não garante o espaço para o nome social da travesti – mas essa é uma questão pela qual militamos aqui dentro da Secretaria de Saúde. Tudo que é reivindicado e for possível de ser executado, procuramos realizar; e quando é alguma coisa que está fora do nosso alcance, sempre conversamos. (Entrevista 1BH)

A seguir, nas entrevistas portuguesas, aparece também uma crítica à insuficiência das respostas governamentais, que, como no Brasil, quando ocorrem, estão direcionadas muito mais ao âmbito de demandas pontuais do que ao âmbito de reivindicações estratégicas e estruturais para a transformação social. A diferença entre Belo Horizonte e Lisboa, nesse aspecto, se refere ao fato de, na primeira, as respostas políticas dadas pelo poder executivo estarem mais avançadas do que na segunda, que, por sua vez, está mais avançada nas respostas do poder legislativo.

A Câmara já criou um Centro Comunitário Gay e Lésbico e apoia o Arraial há dez anos. Contudo, a marcha recebeu o apoio financeiro pela primeira vez este ano – apesar de há dez anos estarmos reivindicando audiência. Isso serve para veres como as coisas funcionam: é mais fácil para o poder político financiar uma festa do que financiar um acontecimento político. Isso, pelo medo do debate político. O governo foi muito oportunista com relação ao Arraial, porque era muito populista a esta altura; mas, quando foi necessário apoiar o movimento de facto, ele não o fez. Nunca o fez. (Entrevista 14L)

Essa mesma crítica está presenta na entrevista seguinte:

Em Lisboa, há dez anos que ouço falar de um escritório contra a discriminação; um escritório que foi aprovado várias vezes, por vários presidentes da Câmara, e nunca avançou. [...] O Opus Gay, em Évora, conseguiu um financiamento para um projeto de atendimento aos homossexuais, um projeto ligado à Câmara, que é o primeiro que eu conheço no país – e, isto, agora, há um ou dois meses. Como veres, o poder público não assume como sua responsabilidade dar respostas a nada disso. (Entrevista 1L)

No caso específico de Lisboa – e de Portugal, de uma forma mais ampla –, a resposta frente à demanda pelo casamento civil foi a menos tensionada nos últimos tempos, tanto internamente ao movimento social quanto entre eles e o poder público em geral. Diferentemente, em Belo Horizonte – e no Brasil, em geral –, a aprovação do casamento civil apenas se deu via intervenção do Supremo Tribunal Federal, dado que a bancada evangélica da Câmara dos Deputados tem uma grande influência nas decisões governamentais:

A voz que mais se ouve é uma voz que reivindica o casamento. Assim, o casamento foi de facto uma reivindicação apropriada pelo governo. Claro que outras reivindicações foram tidas em conta, mas esta teve um papel hegemónico na relação entre políticas públicas e movimentos sociais. (Entrevista 13L)

O seguinte entrevistado argumenta, pela sua função de deputado e membro do partido do governo, sobre os limites e possibilidades para a construção de respostas aos movimentos sociais LGBT, devido a conflitos internos ao seu próprio partido político:

> Quando és deputado, não estás do lado de quem responde às demandas, porque teoricamente os deputados representam os eleitores e, portanto, não é um governante. É um legislador que, quando participa da legislação, representa aqueles que o elegeram. O problema é quando és um deputado do partido do governo. Pronto. E este problema eu tenho. Porque aí tu tens um problema que é o governo, e o grupo parlamentar do próprio governo desalinha. (Entrevista 9L)

Nas entrevistas, tanto de Belo Horizonte quanto de Lisboa, ficaram claras as insatisfações dos movimentos sociais quanto às respostas construídas pelo poder público. Porém, nas entrevistas dos representantes governamentais, ficou clara a concordância entre eles de que se tem feito o melhor possível para responder as reivindicações políticas. Isso mostra um dos motivos dos desencontros e conflitos na percepção de cada ator social sobre sua atuação e sobre atuação dos demais. Com isso, o problema é sempre o outro e do outro, o que dificulta um maior compromisso nas ações coletivas.

2.6.3 DIÁLOGOS E CONSENSOS

Nesse item, encontram-se as análises das entrevistas que ressaltaram a existência ou, ainda, a necessidade e a relevância do diálogo entre movimentos sociais e poder público, por meio de parcerias nas ações políticas.

O entrevistado a seguir faz um resgate histórico para justificar a construção e a necessidade desse diálogo. Ele localiza o início desse diálogo no momento histórico de redemocratização política brasileira, no qual as configurações entre os diferentes atores sociais foram gradativamente modificadas até chegarem às parcerias entre movimentos sociais e poder público na área da saúde, especificamente, nas ações de enfrentamento à AIDS. O entrevistado alerta que, apesar de ser uma parceria importante, o movimento se inseriu nessa parceria para responder a uma política que é de responsabilidade do Estado. O que aponta, novamente, para a confusão de papéis e funções, entre os atores sociais, na construção desse novo contexto sociopolítico. Tais experiências, que, de certa forma, foram êxitosas, serviram de exemplos para os diálogos com outros setores do poder público, principalmente no campo dos direitos humanos:

> Com a redemocratização, o Estado deixa de ser inimigo da sociedade civil. [...] Movimentos sociais começam a entrar no Estado e fazer parceria. Então, o movimento LGBT tem essa característica: ele nasce parceiro do Estado e se fortalece dentro do Estado. Estabelecemos uma parceria com a saúde para responder uma política que é do Estado. (Entrevista 5BH)

Contudo, a luta por direitos humanos LGBT surge, propriamente, a partir da década de 1990 ou, mais precisamente, em 2000. Por isso, não parece tão legítimo afirmar que o movimento LGBT nasce parceiro do Estado, dado que, em meados da década de 1970, movimentos como o SOMOS não estabeleciam tais parcerias. Somente na década de 1980, com os trabalhos voltados para o enfrentamento à AIDS/HIV, que a parceria com o Estado se estabelece.

Em uma das entrevistas, o gestor da área da saúde afirma que a crescente organização dos movimentos sociais LGBT contribuiu para que eles se configurassem como atores sociais de grande parceria com o poder público, sobretudo na área da saúde:

> A gente considera como fundamental a nossa interface com o movimento social LGBT. [...] A Parada gay é o protótipo dessa parceria [...]. As conferências municipais e estaduais sempre contam com essa parceria entre o movimento social e o Estado. Mais até do que as parcerias, a gente tem encontrado, com o movimento especificamente ligado à prevenção da AIDS, a garantia da assistência em saúde. No primeiro momento, essa militância garantia o diagnóstico, a assistência, medicamentos, etc. Então, cada vez mais, nós, Estado, temos nos aproximado do movimento social LGBT. (Entrevista 9BH)

O gestor seguinte salienta que foi pela via da apropriação dos espaços políticos que ocorreu uma gradativa parceria do poder público, na área da educação e na área dos direitos humanos e da cidadania, com os movimentos sociais LGBT:

> Acho que esse casamento foi se dando a partir de uma apropriação do espaço político. [...] Até então, esse assunto era trancado no cofre da escola. Em um cofre, uma gaveta dentro de um cofre, para não mexer, porque era uma temática difícil; e era uma temática que esbarrava com vários interesses – inclusive, nos interesses da formação cultural e religiosa da diretoria de grande parte

> das escolas. Esbarra com o despreparo da escola para lidar com a sexualidade. (Entrevista 8BH)

No argumento posterior, as justificativas são similares às do anterior, porém, existe uma análise complementar sobre os riscos que rondam essa parceria, sobretudo, perante a frágil separação, do ponto de vista prático-discursivo, entre religião e Estado no Brasil:

> A partir do momento em que os movimentos e grupos LGBT se organizam e assumem um sentido mais coletivo e político com relação às suas questões, começa um diálogo com o poder público. À medida que procuram, juntos, os espaços de representação política – a defesa do direito de existirem –, estabelecem uma relação direta com os direitos humanos. A partir desse patamar, fica evidenciado que é fundamental trabalhar com a garantia e o acesso aos direitos por essa comunidade, e, dessa forma, faz-se fundamental que o Estado assuma a responsabilidade de estabelecer compromissos no sentido de colocar a máquina pública a serviço desses cidadãos. Quando se percebe que, para que as mudanças e alterações cobradas pelos cidadãos LGBT vigorem, é preciso alterar paradigmas e quebrar barreiras culturais e sociais, o diálogo torna-se muito difícil. No Brasil, a tênue separação entre religião e Estado torna-se um complicador a mais nesse processo. (Entrevista 10BH)

A fala de uma representante do poder legislativo apresentou outros aspectos, também de suma importância, para a compreensão dos interesses desses atores sociais em construírem diálogos e parcerias:

> O movimento LGBT cresce nas paradas (que se espalharam pelo país): apresentam candidaturas; articulam nas câmaras de vereadores, assembleias, congresso, com prefeitos, governadores; disputam espaços de mídias; obtém seguidas vitórias no judiciário; buscam alianças com outros movimentos sociais, etc. Além disso, participaram das conferências nacionais e conseguiram convocar e realizar a própria conferência LGBT com a presença de Lula. Assim, como se percebe, o limite de alcance do movimento é a dificuldade de mudança cultural. Daí a importância da educação. (Entrevista 11BH)

A ativista e atual gestora direta do órgão público estadual LGBT destaca alguns dos dilemas de transitar por esses dois lugares, isto é, ativismo e gestão. Ela argumenta que esse trânsito a conduziu a ter um olhar mais amplo da situação, mas, ao mesmo tempo, dificultou o seu exercício de controle social das ações do Estado:

> Ataquei muito o Estado pelo desconhecimento de como é o mecanismo do Estado; por exemplo, de como se demora para criar uma política pública. Essa dificuldade de entendimento acaba gerando esse atrito entre o poder público e a sociedade civil. [...] Eu gostaria que as coisas fossem mais rápidas, mas elas não são. Em nossa gestão, passamos por troca de secretários, troca de prefeitos, troca de governadores; e, com isso, ficamos sempre à mercê de novos atores sociais que passam a integrar o governo. Assim, tudo sempre começa do zero, repetidamente. (Entrevista 14BH)

As discussões sobre o diálogo entre movimento social e poder público travadas pelos entrevistados portugueses se distanciam daquelas abordadas pelos entrevistados belo-horizontinos. Isso ocorre pelo fato de os(as) entrevistados(as) portugueses localizarem a legitimidade desse diálogo com o governo local em apenas um grupo social – no caso, a ILGA. Embora esse grupo seja reconhecido nos diferentes espaços como representante legítimo de todo movimento, os demais grupos discordam dessa primazia representativa, por acreditarem que existem posições bastante diferentes entre aquelas defendidas pela ILGA e pelo restante dos grupos LGBT:

> Quando a ILGA faz uma reivindicação, a maior parte das pessoas que compõem o governo entendem que aquela reivindicação é a reivindicação de todo o movimento. Por isso, a relação entre movimento e poder público está formalizada nas mãos desta associação. (Entrevista 13L)

Esse dado é complementado no trecho de entrevista a seguir, o qual enfoca que a institucionalização das parcerias somente tem sido possível via consenso político, isto é, via assimilação do movimento social aos posicionamentos do poder público:

> Parte do movimento está mais institucionalizada – isto é, exibe alguma assimilação das posições apresentadas pelo Estado. [...] Portanto, não põe em questão o sistema de poder. (Entrevista 13L)

Conforme ilustra o exemplo a seguir, essa assimilação tem conduzido o Estado a apoiar financiamentos de projetos sociais desenvolvidos pelos grupos LGBT que mantêm um discurso mais harmônico com o poder público, ou seja, um discurso mais pelo direito à igualdade – em uma perspectiva de homogeneização – do que pelo direito à diferença, isto é, que ilustre uma possibilidade de emancipação:

> O Estado apoia iniciativas do movimento LGBT e de associações LGBT através de financiamentos de projectos, e isso também é uma forma de intervenção. O Estado contribui para o próprio movimento e para as reivindicações LGBT. Mas estes projectos são da ILGA Portugal e da Rede Ex Aequo, são de associações que têm o discurso da 'igualdade' e não da 'diversidade'. Esta é uma forma do Estado apoiar, sim; mas é uma política. De facto, esse apoio marca uma mudança do governo, que passa a exibir uma posição de maior abertura às questões LGBT – sendo que são as questões LGBT colocadas por estas duas associações que têm mais peso institucional e, portanto, as suas reivindicações são mais ouvidas. Cada vez que o Estado faz alguma coisa com relação à questão LGBT, consulta essas associações. Atualmente, a AMPLOS, que é uma associação de mães e pais, também começa a entrar nesta lógica, e então o governo acha que as reivindicações destas três associações são representativas de todo o movimento. Então, quando fazem alguma coisa, convidam estas pessoas, financiam estas pessoas achando que estão a financiar todo o movimento. Essa é a minha preocupação. (Entrevista 13L)

O gestor a seguir utiliza um discurso mais formal para localizar os momentos de diálogos e, dessa forma, não entra nas correlações de forças e disputas políticas:

> Eu acho que o diálogo estruturado, que começou desde 2007, tem se mantido e essa é uma das coisas boas que eu vejo, quer na CIG – e eu venho da CIG – quer na Secretaria de Estado – onde me encontro. De uma forma geral, é a Secretária de Estado da Igualdade que fala com todas as organizações do

movimento social; a Secretária de Estado fala ao telefone com os presidentes de algumas organizações LGBT. (Entrevista 5L)

Esse discurso é complementado pela fala que se segue:

Outra coisa importante que vale a pena falar em termos de intervenção política tem a ver precisamente com a relação com o Estado. Não só pela relação com os partidos políticos e com o Parlamento – porque essa é uma relação com longa história, e que passa por vários momentos de diálogo sistemáticos – mas, também, a nível do Executivo, coisa que não acontecia em Portugal, de facto. Até muito tarde não teve qualquer tipo de possibilidade de ter interlocutores a nível do Poder Executivo, e isso mudou em 2007, porque 2007 foi o ano europeu da Igualdade e Oportunidades para Todas e Todos, e uma das áreas cobertas pelo ano europeu foi a orientação sexual. Portanto, na altura, a estrutura de admissão para este Ano Europeu, que era basicamente liderada pela CIG, chamou ONGs para participar desse processo e contribuírem com atividades e com sugestões para a realização do Ano Europeu. No final do ano, uma das consequências dessas ações do Ano Europeu foi a integração da ILGA ao Conselho Consultivo da Comissão para Cidadania e Igualdade de Género. (Entrevista 11L)

A ativista a seguir acrescenta que, além da parceria do governo com determinados grupos LGBT, existe, também, um deputado específico que realiza a mediação entre movimentos sociais e poder público:

As parcerias têm sido feitas sobretudo com a ILGA-Portugal, mas é também realizada através do deputado independente da bancada do PS [Partido Socialista], Miguel Vale de Almeida. Com relação a essas parcerias, têm havido consensos negociados caso a caso. Contudo, desconheço, especificamente, os argumentos de cada parte. (Entrevista 8L)

O trecho de entrevista seguinte, de um representante do poder legislativo português, aponta de forma crítica que, apesar de alguns consensos terem sido possíveis junto aos partidos mais progressistas, é preciso, ainda, reconhecer que tais consensos ocorrem em momentos e por razões estratégicas, como, por exemplo, em época de eleições, quando se torna extremamente oportuno apoiar algumas reivindicações dos grupos LGBT:

> Os movimentos sociais vão sempre à frente nas exigências que fazem, obrigando o poder político, em geral conservador ou até homofóbico, a avançar. Contudo, alguns partidos políticos progressistas têm tido posições muito importantes; têm tido discursos proactivos que ajudam os movimentos a avançarem com suas exigências. Isso mostra que alguns consensos são possíveis, sobretudo em momentos eleitoralistas. Normalmente, a primeira consideração dos partidos é da discussão sobre os benefícios ou prejuízos eleitorais trazidos pela defesa dos interesses LGBT. (Entrevista 15L)

O militante seguinte defende que o movimento LGBT deve se responsabilizar pelo papel de mediador entre poder público e sociedade civil para a construção de uma consciência coletiva crítica e aberta aos direitos LGBT. Isso aponta, novamente, para uma certa confusão presente, tanto em Lisboa quanto em Belo Horizonte, em relação aos papéis do Estado e dos grupos sociais na construção dessa política:

> Há uma forma de haver uma conjugação de interesses, os movimentos sociais devem perceber que têm um papel fundamental: mais do que consciencializar o poder político, é preciso trabalhar a consciencialização da sociedade para facilitar a decisão do poder político – da mesma forma que trabalha o poder político quanto à necessidade da sociedade estar mais consciencializada com a problemática LGBT. Os movimentos sociais são importantes na formação das consciências do poder político, mas também é muito importante no enraizamento dos direitos do ponto de vista social, da efetivação dos direitos e, portanto, da consciencialização perante a denúncia da discriminação. Ou seja, os movimentos sociais são importantes para a criação de um ambiente no qual o poder político sinta que não será penalizado, pela sociedade, no caso de assumir uma posição em prol dos direitos LGBT. (Entrevista 3L)

O seguinte trecho de entrevista localiza o início de um diálogo político com relação aos direitos das pessoas transexuais, embora critique que este tenha ocorrido tardiamente:

> Hoje em dia, reconheço, existe um movimento institucional pela luta dos direitos das pessoas trans, que defende um discurso coerente e que começa a ser útil, sobretudo na negociação com o poder político e na tentativa de conquistas na legislação. Miguel Vale de Almeida e José Soeiro, por exemplo,

> recentemente apresentaram projectos de leis nessa área. Tudo isso não era possível há muito pouco tempo, embora o discurso que existe atualmente, no meio institucional, seja muito parecido com aquele que as Panteras tinham há quatro anos. (Entrevista 14L)

Assim, tais diálogos e consensos têm conduzido o Estado a conceder financiamentos a projetos sociais desenvolvidos pelo movimento LGBT, tanto em Belo Horizonte quanto em Lisboa, principalmente àqueles cujos diálogos sejam mais próximos e mais homogêneos com o poder público: um discurso pelo direito à igualdade, no caso português, ou pelo direito universal, no caso brasileiro. Ambos, nesse caso, em uma perspectiva de homogeneização dos discursos - embora, em algumas poucas vezes, em uma perspectiva de emancipação.

2.6.4 TENSÕES E CONFLITOS

Há algumas décadas o movimento LGBT reivindica a devida atenção à cidadania LGBT e tenta selar o compromisso do Estado com os direitos deste segmento. Contudo, a relação do movimento LGBT com o Estado não é linear. Por vezes, o Estado é solicitado a se posicionar quanto aos processos de discriminação e negação de direitos ao segmento LGBT. Tal processo apresenta tensionamentos frente aos conflitos e divergências de posições e valores que sustentam as posturas de cada um dos atores sociais presentes nessa realidade cotidiana.

Os militantes LGBT argumentam que o nível dos conflitos é tão intenso que chega a dificultar o diálogo com o poder público. Ainda assim, essas tensões não têm impedido o processo de visibilidade das reivindicações:

> Os conflitos, na maior parte das vezes, não têm possibilitado o diálogo entre a sociedade civil organizada e o Estado. Mesmo assim, as reivindicações/ações do movimento têm se visibilizado a ponto de suscitarem projetos de lei no poder legislativo, a formação de frentes parlamentares, centros de referência, secretarias de âmbito nacional e estadual, entre outros. (Entrevista 13BH)

No trecho de entrevista a seguir, o militante justifica a presença desse conflito pelo descaso do governo com o fortalecimento do Centro de Referência LGBT:

> Eu avalio o seguinte: há um descaso muito grande. Existiu, durante algum tempo, um Centro de Referência. Depois, simplesmente, fechou-se sem dar um motivo para a Comunidade. [...] O então prefeito, Márcio Lacerda, tinha assinado um acordo com o Movimento de não deixar acabar o Centro de Referência, mas não fez mais nada em relação a isso. Então, se não fosse o Movimento, o Centro de Referência hoje não estaria funcionando. De tudo que acontece, tanto a nível Municipal, quanto a nível Estadual e Nacional – por exemplo, o [programa] *Brasil sem Homofobia* – não aconteceu por boa vontade do governo. Aqui, temos um Centro de Referência que ainda está capengando. Não houve seriedade para a continuidade do trabalho. (Entrevista 12BH)

O fragmento de entrevista a seguir ratifica que as negociações para a realização da Parada servem de exemplo de que as dificuldades para sua realização não são apenas financeiras, mas, principalmente, políticas:

> Quando a gente vê a Parada, a gente encontra milhões de dificuldades, não só financeiras, mas políticas também. [...] A polícia, por exemplo, tem resistência a fazer a segurança de homossexual se beijando. Mas tem que fazer. Com os Bombeiros, a mesma coisa: eles ficam putos (sic). Em Belo Horizonte, a gente tem muita dificuldade para realizar a Parada. (Entrevista 5BH)

A agente pública a seguir destaca um conflito citado por outros entrevistados: o fato de grande parte do movimento social LGBT defender que apenas profissionais vinculados aos grupos LGBT, com identidades similares a eles, podem trabalhar nas equipes técnicas e nos cargos de gestão dos Centros de Referência LGBT – ao contrário daquilo que defende o poder público. Entretanto, tal conflito é muito mais teórico-político do que algo presente no cotidiano das relações:

> Setores do movimento LGBT (não saberia dizer se expressivos ou não) argumentam que o Estado, por meio dos seus agentes – ou seja, profissionais concursados e/ou contratados para a atuação no campo das políticas sociais – não estão aptos para desenvolver políticas específicas para Lésbicas, Gays,

> Travestis, Transexuais, por diversos motivos. Fala-se da necessidade de profissionais vinculados aos grupos LGBT assumirem as equipes técnicas e cargos de direção por serem eles legitimamente os artífices desta política na cidade, pelo trato muito próximo com o tema e pela orientação sexual idêntica aos potenciais usuários desta política. Por sua vez, até o presente momento, representantes estratégicos do poder público vêm correspondendo a tais demandas. Deste modo, sem conflitos aparentes, ambos, de alguma maneira, parecem confortáveis. (Entrevista 2BH)

O trecho de entrevista seguinte complementa essa discussão, afirmando que esse conflito ainda se arrasta frente às mudanças eleitorais e aos jogos de interesses partidários:

> O primeiro tensionamento aconteceu com a implementação do Centro de Referência, em 2008, por que o próprio movimento não entendia qual era a principal reivindicação para o formato desse Centro: em qual local esse Centro deveria estar e como ele deveria funcionar. Então, a primeira preocupação que o movimento teve foi com relação às pessoas que iriam compor a equipe técnica e a relação destas com o movimento LGBT. Tudo bem, é uma reivindicação legítima. Mas para além disso, o que cabia, naquele momento, ao Centro de Referência, era o que se entende por um serviço integrado a qualquer cidadão. O movimento social específico LGBT entendeu que não: que, ainda hoje, o público LGBT só pode ser atendido por iguais. Isso é uma discussão muito complicada. Esse é meu entendimento, mas o movimento não pensa assim: o movimento acha que o centro específico tem que ser composto de uma equipe de pessoas do próprio segmento. Esse grande tensionamento se arrastou até o ano de 2010 – e, no meu entendimento, não houve uma resolução acordada entre o movimento social e governo. (Entrevista 6BH)

Como salientado, a vivência de tal conflito é perpassada por uma questão de cunho teórico. Nessa direção, o gestor a seguir argumenta que, em uma sociedade democrática, é legitima a existência desses tensionamentos, sobretudo, no contexto de reivindicação por direitos de cidadania:

> Enfim, a passagem do exercício da tradução do direito humano, no sentido lato, para um direito que interfira no cotidiano das pessoas, do cidadão, da cidade – o que a gente chama de direito da cidadania – tem que ser tensionado.

> Caso contrário, o direito não se desenvolve. [...] Lidar com conflitos é algo rigorosamente constitutivo da democracia – aliás, é tão constitutivo que pode ser dito como o gene da própria democracia: ela existe por causa do conflito, se alimenta do conflito. (Entrevista 3BH)

Em uma abordagem também teórica, o agente público a seguir elucida esse conflito entre os movimentos sociais e o Estado, argumentando que é mais importante saber como cada um dos atores sociais se utilizam de suas posições, no governo ou na militância, do que saber simplesmente onde, nesses dois polos, tais atores se localizam:

> Hoje, não existe uma diferença ontológica entre estar no Estado ou estar nos movimentos sociais. Acho que, hoje, a diferença é como você utiliza e se apropria do lugar no qual você está. Nesse sentido, acho que está todo mundo muito perdido. (Entrevista 7BH)

As análises a seguir têm por base as entrevistas realizadas em Lisboa. A primeira fala que se segue destaca o fato de que, em Portugal, os conflitos existentes entre poder público e movimento social são menos expressivos quando a negociação com o governo se desenvolve a partir de grupos mais institucionalizados. Porém, os conflitos ainda existem, principalmente pelo fato de os grupos LGBT não perceberem a espontaneidade política, por parte do poder público, no tratamento de questões relativas à sexualidade e gênero.

> Em Portugal, os movimentos LGBT não têm, da parte do poder político, o mesmo tipo de naturalidade que tiveram outros movimentos sociais – por exemplo, na maneira como são ouvidos. O movimento LGBT ser recebido pelo governo é uma grande notícia, não é uma coisa normal. Portanto, essa naturalização do político com o movimento não aconteceu, ainda. Essa ponte não está instituída: não se faz regularmente, não há naturalidade nessa troca. E, quando ela acontece, é com as associações mais institucionalizadas. (Entrevista 1L)

O gestor a seguir argumenta que os conflitos existem porque o poder público ainda não conseguiu responder as principais demandas dos grupos LGBT. Porém, ressalta a existência de um canal de comunicação aberto, continuamente, por parte dos gestores e agentes públicos:

> Quando eu te falo em tensão, é tensão pelo facto de nós ainda não estarmos a conseguir acolher aquelas reivindicações. Mas, até acho que em relação ao nível ideal o contato está interessante, está com boa qualidade. (Entrevista 5L).

As entrevistas seguintes levantam a demanda pela aprovação da homoparentalidade como exemplos concretos dos conflitos atuais:

> A divergência é claramente a homoparentalidade. Parte do movimento reivindica os direitos à homoparentalidade, e o poder político diz que as coisas têm que ser feitas passo-a-passo: primeiro vem o casamento, depois vem a homoparentalidade. Esse é um tema de discórdia, porque o governo e o poder público não o incorporam ao seu discurso. (Entrevista 13L)

E, ainda, é acrescida a ideia de que o conflito é mantido pelo jogo político e, por isso, é tão difícil de ser contornado.

> Eu creio que o maior *frisson* foi a questão da parentalidade, nitidamente; ela não foi incluída. Em Portugal, a lei do casamento é apenas sobre o casamento, e a parentalidade é considerada outra categoria. [...] Quer dizer, uma discriminação ainda existe. Mantém-se uma discriminação, explicitamente. Esta é a minha posição pragmática enquanto activista. Entendo que isto é um jogo político, no qual existem regras que não conseguimos tornear. (Entrevista 12L)

No próximo fragmento de entrevista, nota-se claramente que os debates públicos são os principais motivadores dos conflitos. Sendo assim, os debates públicos são evitados pelo poder público português, pelo receio de discutir temas considerados marginais pela sociedade:

> Os momentos de tensão têm sido os debates públicos. Nas discussões públicas em que se debatem temas específicos, este conflito está mais presente; isto é, sempre que há um organismo público que tem uma posição contrária àquela que a organização social defende, que o Movimento defende. Tende a não haver tanta abertura para o diálogo. Por isso que não temos visto muitos debates, na sociedade portuguesa, sobre Movimentos, sobre questões LGBT. Não ouvimos falar em debates sobre adoção: é muito raro. Então, pergunto: será que o debate público tem sido suficiente? Será que tem havido abertura

para o diálogo quando a posição do governo é contrária àquela que a organização social defende? Se calhar, não. (Entrevista 6L)

O entrevistado a seguir esclarece que sempre que não há respostas do poder público aos movimentos sociais, o conflito se instala. Isso acontece, principalmente, quando o movimento acha que algo já pode ser aprovado e aceito pela sociedade, mas o Estado, ao contrário, tem uma posição diferente:

> O conflito por vezes existe quando o poder político não dá resposta ao movimento social. O poder político geralmente toma decisões em função de consensos que são criados; consensos ou perspectivas maioritárias do ponto de vista de opinião, e esta agenda não é uma agenda que possa esperar por consensos ou por maiorias de consciência. O casamento entre pessoas do mesmo sexo não esperou por isso e não pode esperar, porque, se formos pensar bem, o preconceito pode, por exemplo, não diminuir. [...] O poder político, neste caso, não dá resposta às reivindicações dos movimentos sociais, e o conflito existe quando os movimentos sociais acham – às vezes bem, outras vezes nem tanto – que já existe a consciencialização social, e o poder político acha que não. É o caso do casamento, da adoção por casais homossexuais: os movimentos sociais encararam como sinal de fraqueza o casamento ter excluído a adoção, enquanto o poder político entendia que a sociedade não estava preparada para esse passo. Portanto, houve aqui um confronto, uma diferença de perspectivas. (Entrevista 3L)

Dessa forma, é possível analisar que os conflitos e as tensões levantadas pelos entrevistados perpassam desde questões ligadas às divergências mais pontuais, tais como as prioridades das demandas, as funções de cada ator social, os personalismos e partidarismos, até questões mais estruturais, como a não institucionalização das políticas públicas de direitos LGBT e os processos de preconceitos e discriminações cotidianas vivenciadas de forma significativa pelos grupos LGBT frente à heteronormatividade compulsória. Para que as ações políticas se tornem instrumentos efetivos de promoção de cidadania e direitos humanos, é imprescindível o estabelecimento de uma maior articulação entre formuladores, executores e público alvo das políticas. Assim, algumas tensões poderiam ser evitadas, sobretudo, entre o que se propõe executar e o que, de fato, é executado. Nessa lógica, se abriria espaço para que tensões mais politizadas, em torno de questões estruturantes na luta pela igualdade social, pudessem se tornar foco das agendas políticas.

2.6.5 RESISTÊNCIA VERSUS PARCERIA

Todos os entrevistados, tanto do movimento social quanto do poder público, reconheceram, em maior ou menor grau, que certa parceria entre eles existe e é necessária.[13] Por isso, foram incluídas, aqui, as falas que se posicionaram frente a tais parcerias com uma postura de resistência diante das possíveis ações políticas de homogeneização e/ou opressão.

No trecho seguinte de entrevista, uma militante brasileira expressa de forma crítica e com clareza como essa situação de parceria conduz a uma linha tênue entre atitudes de resistência e de cooptação. Por vezes, os movimentos sociais não percebem que, quando o Estado acolhe as reivindicações dos movimentos, ele está, na verdade, garantindo direitos e, simplesmente, exercendo o seu dever. Por esse motivo, os direitos reconhecidos acabam sendo confundidos com privilégios e, como consequência, os movimentos sociais tornam-se reféns do Estado, diante do direito conquistado. O trecho ressalta, também, o fato de alguns militantes transitarem entre cargos do governo e cargos do movimento, e como isso contribui para as confusões sobre papéis e funções de cada ator social:

> Movimento social é movimento social. Muitos grupos LGBT acham que o fato do Estado executar uma determinada política implica em dever algum favor ao Estado. [...] Na verdade, o Estado e o governo nos devem, e nos devem muito; são séculos e séculos de opressão que a gente vive, de homofobia, de lesbofobia. (Entrevista 12BH)

O trecho de entrevista a seguir, de um gestor português, corrobora essa discussão, ao afirmar uma maior dificuldade do Estado em estabelecer

13. Vale ressaltar que, no caso de Belo Horizonte, essa parceria ocorre de maneira tensa, porém de forma sistemática. Na época das atividades da Parada LGBT, o movimento social realiza um evento para premiação de seus principais parceiros, tanto pessoas quanto instituições. Neste evento, a PBH, por meio da CMDH e de seus gestores, tem recebido, anualmente, o prêmio de Direitos Humanos e Cidadania LGBT.

parcerias com os grupos sociais que impõem maior resistência às suas ideologias:

> Talvez o Estado tenha maior dificuldade, eventualmente, em falar com as Panteras Rosa. Pode ser um motivo alicerçado no preconceito de ambos os lados: no nosso lado [do Estado] e no lado das Panteras. [...] Alguns diálogos não se encaixam tão bem. Mas, mesmo com as Panteras Rosa nós temos um diálogo, de forma geral, simples e estruturado. Contudo, na questão da parentalidade temos uma divergência. (Entrevista 5L)

Tais relatos apontam que uma cultura clientelista e assistencialista sobre direitos ainda insiste em se manter viva na postura de determinados atores sociais, uma vez que, frente às resistências sociais, alguns confundem direitos com privilégios, passando a utilizá-los como objetos de apaziguamento dos conflitos e resistências a parcerias. Nesse sentido, tais atores desmobilizam ações coletivas e minimizam o possível grau emancipatório de suas parcerias.

2.6.6 COOPTAÇÃO VERSUS PARCERIA

Há um grande número de instituições que nascem e se mantêm por financiamentos de projetos e ações oriundas do Estado. Este movimento tem gerado uma proximidade, em alguns momentos, e um distanciamento, em outros. É sabido, também, que militantes de muita expressão social constantemente são convidados a ocupar cargos públicos, e deixam de fazer parte do movimento, passando a fazer parte do Estado. Em alguma medida, esse fato retira o potencial reivindicativo do militante, ao mesmo tempo que o deixa próximo de instâncias que podem possibilitar transformações sociais.

Apesar do reconhecimento da existência de movimentos sociais de caráter institucional, Melucci (2001) adverte que a construção de uma identidade coletiva e política supõe investimentos constantes; porém, nesse movimento, que é um processo, quanto mais se institucionalizarem as ações sociais, mais cristalizadas estarão suas regras.

Como proposta de investigação, essa pesquisa apresenta pelo menos dois caminhos para pensar a atuação do movimento LGBT no Brasil: 1) a ruptura completa da compatibilidade dos movimentos sociais com o Estado; e 2) a construção de parcerias. Porém, a atuação do movimento não é linear;

ela tem variações de acordo com as bandeiras políticas do momento, com a conjuntura política, a estrutura de oportunidades e as lideranças – algumas vezes mais conservadoras, outras, mais revolucionárias.

Há posicionamentos que, por vezes, sugerem certa cooptação dos grupos sociais pelo poder público. Na fala da agente pública a seguir, é discutido que, apesar de existirem alguns avanços nas políticas governamentais voltadas para o público LGBT, a confusão de papéis entre poder público e movimentos sociais tem contribuído para diminuir a radicalidade do movimento e, consequentemente, para desresponsabilizar o Estado da institucionalização dessas políticas em políticas públicas:

> Na execução atual dessa política, a função de gestores, servidores públicos, líderes e representantes dos movimentos sociais ainda se confunde. Tal situação parece contribuir para diminuir a radicalidade do movimento e, consequentemente, para desresponsabilizar o Estado da proposição de políticas eficazes, eficientes e efetivas na seara LGBT. Não obstante, a existência de uma política de atendimento às vítimas de violação aos direitos fundamentais do segmento LGBT e o fomento de iniciativas de formação de agentes públicos e outros setores sobre esse tema, entre outras ações, tem sido possível nos últimos anos, com alguns períodos de interrupção de tais serviços. (Entrevista 2BH)

De forma mais aprofundada, o entrevistado a seguir correlaciona tal realidade com alguns conceitos teóricos que servem para elucidar o contexto político. Argumenta que, a partir do momento que o movimento social decidiu migrar de parcerias com o mercado para parcerias estatais, houve um contexto totalmente propício a tais interlocuções, como, por exemplo: realização de conferências, criação de conselhos, presença significativa de governos da esquerda, financiamento de grandes projetos sociais, etc. Por um lado, essa democratização do acesso à participação política não significa, necessariamente, a democratização das relações de poder. Por outro lado, o entrevistado ressalta que evita utilizar a palavra cooptação, pois esta sugere, erroneamente, uma atitude passiva dos grupos sociais. Na verdade, ele defende haver um jogo de sedução, afinal, há *status*, benefícios e até salários envolvidos nesse processo de "sair da militância" para ocupar um cargo formal ou, mesmo, informal no governo:

> Eles foram para o Estado buscar dinheiro público para militar. Não diria que foi uma escolha racional, estratégica, ideológica e etc., porque eu acho que tem muito a ver com a época: o Lula assume o governo em 2003 e passa a capitalizar diversas militâncias. Ao mesmo tempo, a participação se torna uma característica da gestão, ela atribui um certo status para a formação de identidades coletivas. Mas, essa democratização desses espaços não implica necessariamente uma democratização das relações políticas. [...] O Poder Estatal é muito sedutor, ele cria determinados discursos, determinados jargões técnicos, cria determinados rituais institucionais: como falar ao lado de um alto cargo, de ganhar passagens para viajar para Brasília para representar sei lá quem [...] Há autores que analisam os movimentos sociais como variáveis independentes, isto é, eles dizem que os movimentos sociais podem não determinar a política, porque muitas vezes quem está em cima determina mais, mas sem os movimentos sociais a política não aconteceria, porque essa pouca importância que eles tem é determinante na transformação social. (Entrevista 7BH)

O trecho da fala do entrevistado a seguir ilustra com precisão os dilemas desse contexto, qual seja, o de ocupar o espaço misto de participação: ser militante e, ao mesmo tempo, assumir um cargo de gestão no governo. O entrevistado reconhece que esse fenômeno tem levado a certa normatização das pessoas que conciliam essas funções e, consequentemente, a uma normatização do próprio movimento social LGBT:

> Do movimento, fui para técnico na Política de Direitos Humanos, na Coordenadoria, e foi a primeira vez que eu trabalhei com o poder público. Depois, teve uma seleção para coordenador do Centro de Referência GLBT. Na época, era GLBT, depois virou LGBT. Foi aí onde eu comecei a trabalhar no governo. (Entrevista 5BH)

Em Lisboa, tal fenômeno se apresenta relativamente dentro das mesmas configurações. Tal como os entrevistados brasileiros destacaram a linha tênue entre a parceria e a cooptação, os entrevistados portugueses apontaram a existência de um modelo de gestão normatizado entre os movimentos sociais mais institucionalizadas, conforme o trecho a seguir:

> Não existe nenhuma associação que seja reconhecida efectivamente pelo governo sem que este estigmatize suas ações. O governo sempre estigmatiza o movimento. (Entrevista 2L)

O entrevistado a seguir aponta que este não é um contexto específico de Portugal, mas, na verdade, um contexto generalizado, em maior ou menor proporção, entre os países que possuem políticas LGBT instituídas. Como uma das consequências, o financiamento do governo, ao contrário de ser visto como um direito, passa a ser considerado como um amortecedor das pressões do movimento, que, por sua vez, se deixa confundir com as lógicas do poder público e, assim, se silencia:

> Estou a criticar uma prática que é na verdade uma prática de compra de activistas. [...] O dinheiro para o Poder Político funciona como uma espécie de almofada, um abafamento da contestação social. [...] Os movimentos começam a confundir a sua lógica com a lógica do Partido que se encontra no poder. Começam a fazer acordos com o Partido, o qual, por sua vez, tenta silenciar setores do próprio Movimento. (Entrevista 14L)

A fala da entrevistada seguinte, que ocupa um espaço misto de militante e agente pública, ilustra bem a forma a partir da qual o poder público canaliza as experiências da militância para os seus próprios interesses. Isso pode tanto conduzir a um fortalecimento das ações para o bem público como servir apenas como atenuador de conflitos com os grupos sociais. Para ter clareza dessas consequências, é preciso perceber os trâmites dessa ação:

> Eu continuo presidente na associação, mas, como consultora, sem remuneração. Nestas mudanças, tiveram pessoas com experiência que saíram. [...] Se eu estivesse num cargo público com mais poder, eu poderia avançar muito mais em certas coisas. Mas, actualmente, acho que tenho me dedicado o suficiente, e, se não achasse, não teria aceitado essa oportunidade. Eu sempre quis trabalhar no governo porque gosto das questões de género e de discriminação. Acabou por ser, para mim, a nível pessoal, uma oportunidade perfeita. Realmente eu gosto do que faço. Eu sei que há muitas coisas que são, às vezes, só política. Só que, neste momento, eu tenho até uma boa perspectiva: nós temos conseguido realizar mudanças muito boas. (Entrevista 12L)

Vale ressaltar, a partir das falas anteriores, que o termo "cooptação" talvez seja insuficiente para representar a complexidades das parcerias estabelecidas entre movimento social e poder público. Machado (2013), por exemplo, discute as fronteiras reticulares do discurso diferencialista como um dos mecanismos de mobilização de identidades que se conectam ao monopólio de narrativas e de oportunidades. Machado argumenta que muito do que chamamos de cooptação seria, na verdade, um guichê de serviços que os movimentos sociais "fazem fila" para receber. Portanto, é algo que faz parte de toda uma gramática da política. Desse modo, a ideia de mera cooptação simplifica tal análise, por reduzir a capacidade de identificação das dinâmicas interacionais que se atrelam à emergência da política.

Concorda-se com o potencial crítico desta discussão. Porém, optou-se por manter o termo "cooptação", fundamentado nos referenciais teóricos desta pesquisa (ver Touraine, 1984, 1994; Melucci, 1996a, 1997a; Scherer-Warren, 1999), isto é, contextualizado com a realidade estudada, sem implicar em uma posição linear e reducionista acerca da complexidade das correlações de força, poder e jogos de interesses públicos e privados.

2.7 A (NÃO) INSTITUCIONALIZAÇÃO DA POLÍTICA LGBT

Essa categoria foi construída para discutir os principais impactos do processo de criação da política LGBT sob o movimento social, o poder público e a sociedade civil, ou seja, os efeitos apontados como limites e possibilidades no processo de visibilidade, de garantia de direitos, bem como frente às novas reivindicações por direitos que cada novo contexto tem suscitado.

2.7.1 IMPACTOS NO MOVIMENTO SOCIAL

A construção da política LGBT no âmbito do poder público tem, de forma geral causado certo apaziguamento dos conflitos do poder público com os grupos sociais. Isso é percebido, principalmente, em Belo Horizonte, onde há um serviço específico de atendimento dentro do governo, com orçamento vindo do Governo Federal e com contrapartida orçamentária do governo municipal. Porém, estes ativistas não podem esquecer que esse orçamento garantido pelo poder público à política LGBT não é benesse, mas dever do poder público.

Nessa primeira fala, encontra-se a justificativa de um agente público sobre o tema. Embora sua fala argumente sobre a necessidade da política LGBT em Belo Horizonte ser melhor consolidada, ele também compreende que a criação dessa política tem ocorrido com certa transparência, o que tem gerado uma diminuição do tensionamento dos movimentos sociais com o poder público, uma vez que o movimento social acredita que as ações políticas governamentais têm aliviado o trabalho das ONGs:

> O que precisa mesmo é a gente ter uma política mais consolidada, porque o Movimento continua muito autônomo. [...] Eu acho que quando você abre o espaço de transparência e de participação, você diminui os tensionamentos, porque eles, o Movimento, nos veem como parceiros. (Entrevista 5BH)

O agente público a seguir aponta que o grande impacto da institucionalização da política LGBT é o fato de os movimentos sociais terem perdido sua grande característica de mobilização, por estarem muitos dependentes do poder público. Ao contrário de Portugal, os movimentos sociais no Brasil não conseguiram se apropriar devidamente do discurso acadêmico – além disso, o discurso acadêmico é visto de forma pejorativa por alguns militantes. Esse distanciamento entre movimento social e saber acadêmico tem gerado dificuldades para uma maior articulação de diferentes discursos e atores sociais para impulsionar as mobilizações sociais.

Na mesma direção, a entrevistada a seguir avalia que os impactos positivos da institucionalização da política LGBT no movimento social têm sido muito pequenos, sobretudo, pelo fato de ser uma política recente e com pouca infraestrutura e visibilidade política, que fora construída a partir de uma demanda do movimento, mas que, progressivamente, adquiriu outras nuances a depender das diretrizes partidárias de cada gestão. Como efeito, o próprio movimento social ainda não se articula de forma efetiva com esse espaço público, a não ser alguns militantes específicos que tenham relações pessoais com a equipe do serviço:

> As atribuições do Centro de Referência LGBT vieram, num primeiro momento, construídas a partir da necessidade das demandas do movimento social, mas, num segundo momento, elas tiveram que passar por uma readequação

> da nova gestão. Hoje, o Centro está voltado para o atendimento ao público LGBT, para diversas demandas de violação de direitos, principalmente, no que diz respeito à orientação sexual. [...] Não vejo que existe uma articulação do Movimento com o Centro de Referência e não vejo que existe um apoio do Movimento ao Centro de Referência: uma coisa é o Movimento organizado, outra coisa é o público que acessa o Centro de Referência. (Entrevista 6BH)

Diante dos argumentos utilizados pelos próprios ativistas, de que os impactos ainda são pequenos e pulverizados, vale ressaltar que o campo do político não pode ser visto como o lugar da verdade, mas como o lugar do conflito, conforme aponta Mouffe (1996). Nesse sentido, os impactos alcançados devem servir de incentivo a novas lutas sociais e não como desmobilizadores das ações coletivas.

2.7.2 IMPACTOS NO PODER PÚBLICO

De forma geral, a construção da política LGBT no âmbito do poder público tem causado impactos positivos. Os entrevistados, tanto os de Belo Horizonte quanto os de Lisboa, destacaram a existência, mesmo que de forma incipiente, de uma sensibilidade política entre determinados representantes do poder público com relação à pauta LGBT. O fato do poder executivo, mais especificamente no Brasil, e do poder legislativo, mais especificamente em Portugal, estarem se comprometendo com algumas causas LGBT, aponta para certo reconhecimento e compromisso político, bem como para um convívio mais sistematizado e legitimado com atores sociais diversos vindos do ativismo e da academia, o que amplia os discursos e possibilidades de atuação. Contudo, por mais que haja ações para minimizar a homofobia na sociedade, os entrevistados argumentam que a homofobia institucional ainda existe.

O entrevistado a seguir ressalta que, ao comparar o momento atual com épocas passadas, é possível perceber o impacto da construção da política LGBT no governo, o qual tem reconhecido a relevância dessa política:

> Eu acho que a política tem um impacto bastante importante. O Estado reconhece essa luta quando ele começa a criar uma ação política ou quando ele destina recursos para essa ação. Ele reconhece que existe homofobia, que

> existe uma carência de ações, e que ele precisa fazer algo. Eu sou da época que a gente não era recebida nem por vereador... Atualmente, o Prefeito já veio aqui no Centro de Referência. Há uma visibilidade política, e acho que o impacto cultural contribuiu para isso. (Entrevista 5BH)

O entrevistado a seguir se refere de forma mais cética aos impactos no poder público. Ele argumenta que a fragmentação das políticas e, consequentemente, das lutas sociais, é muito mais perceptível do que qualquer forma de articulação para o fortalecimento das causas políticas. Essa fragmentação é apontada tanto pela partidarização dos movimentos sociais e das ações políticas quanto pelas disputas entre os grupos de ativistas e de agentes públicos, o que acaba por gerar confusão entre o que é realmente prioritário ou não em termos de ações políticas:

> Um grande problema que a gente tem hoje é essa indiferenciação entre os partidos. Não estou falando que não tem diferença, mas essas diferenças estão muito mais no âmbito pessoal do que no âmbito partidário, ideológico. Então, a minha crença é que esses partidos levaram para o movimento social grande parte do seu personalismo e da sua indiferenciação ideológica. (Entrevista 7BH)

O gestor a seguir aponta uma visão mais positiva sobre os impactos, destacando que Belo Horizonte foi a primeira capital a desenvolver algumas ações políticas específicas na área de direitos humanos e LGBT, em outras palavras, criou a primeira coordenadoria de direitos humanos do país, o que possibilitou abarcar diferentes lutas por direitos específicos, inclusive, de forma pioneira, na área LGBT. Destaca-se o pioneirismo da elaboração do Parecer 52, que instituiu o nome social de travestis e transexuais nas escolas da rede municipal de Belo Horizonte. É ressaltado, também, o impacto da passagem do Centro de Referência LGBT para o status de Coordenadoria, hierarquicamente posto no mesmo nível de decisão das demais coordenadorias de direitos específicos que compõem a Secretaria Adjunta de Direitos de Cidadania.

> Tivemos a possibilidade de estar articulando, junto ao Conselho Municipal de Educação, uma formação para os Conselheiros na temática da diversidade sexual e gênero. Além disso, tivemos a possibilidade da elaboração do Parecer 52, que instituiu o nome social de travestis e transexuais nas escolas

da rede municipal. Foi de autoria minha, mas, eu tive contribuições de vários parceiros que me ajudaram em sua elaboração. A questão do nome social da travesti foi muito interessante: nós conseguimos um advogado, ampliamos o espaço do Centro de Referência e agora estamos lançando uma cartilha. Desde que nós chegamos aqui nós procuramos dar ao Centro de Referência um *status* de Coordenadoria LGBT. Essa mudança tem peso político, pois facilita na implementação de políticas públicas voltadas para a temática LGBT. (Entrevista 8BH)

Sabe-se que a transformação do Centro de Referência LGBT em uma Coordenadoria de Direitos LGBT facilitaria a implementação de políticas públicas voltadas para esse público e temática, bem como a efetivação de um orçamento próprio para o atendimento a essa política. Porém, com as mudanças de gestão ocorridas com as eleições de 2012, constata-se mais uma vez um retrocesso nos avanços alcançados, e o Centro retorna às mesmas dificuldades anteriores.

A entrevistada a seguir argumenta de forma crítica que, por mais que a Política LGBT, no âmbito do poder público, desde a sua origem, venha sendo executada por setores do movimento social LGBT, esta ainda não conseguiu alcançar um impacto social significativo, por inúmeros e diversos fatores políticos, tais como os detalhados a seguir:

> Trata-se, a nosso ver, de uma política cada vez mais distanciada das esferas centrais de poder e decisão e com parcos recursos humanos, financeiros e materiais. Além disso, trata-se de uma política com pouquíssima capilaridade intra e intergovernamental. Especialmente, a política LGBT é a mais nova e incipiente, uma política incrustada na política de direitos humanos que, por sua vez, encontra-se esvaecida e sub-alojada em uma política de direitos de cidadania. Ademais, a primeira, desde a sua origem vem sendo executada por setores do movimento social LGBT. (Entrevista 2BH)

Conforme argumenta o entrevistado a seguir, certo impacto existe, uma vez que, até pouco tempo, não existia a formalização de nenhuma conquista. Embora uma ação intersetorial efetiva ainda não seja algo concreto, a Coordenadoria Municipal de Direitos Humanos tem amadurecido nessa discussão de implementação de políticas específicas e com isso, mesmo que de forma precária, tem sido uma espécie de incubadora de projetos e programas. Além disso, as parcerias com a academia têm sido construídas para qualificar o trabalho técnico:

> Temos priorizado a formação de redes de atendimento para que este público seja atendido nas demais políticas públicas, tendo os seus direitos específicos respeitados. Então, se, por exemplo, existe uma travesti que necessita de um atendimento clínico, de um atendimento na área da saúde ou de uma vaga na rede de educação, lutamos para que ela possa usar seu nome social. [...] Além disso, buscamos na academia um saber mais construído, para garantir a implementação da política de forma mais qualificada, a partir de uma maior reflexão. (Entrevista 6BH)

Nas entrevistas de Lisboa, percebe-se, também, certo reconhecimento do impacto no poder público com a construção de ações políticas em parceria com os grupos sociais. Mas, comparado a Belo Horizonte, esse impacto é menos significativo, precisamente, pelo fato de não existir um serviço público formalizado e específico na área LGBT dentro dos órgãos do governo. Assim, o entrevistado a seguir destaca que, diante desse incipiente cenário, os diversos agentes públicos, quando discutem o tema, demonstram grande desconhecimento:

> Tu vais te surpreender com a coordenadora da Secretaria da Igualdade de Gênero. Ela não sabe falar sobre isto, não sabe mesmo, diz um conjunto de disparates. Este ano, ela fez dois discursos a falar de *opção sexual* em vez de *orientação sexual*. Ela não sabe o que diz porque é tudo muito recente. Eles [o poder público] não tiveram tempo de aprender e, sobretudo, por que durante muitos anos eles não se informaram. Isto, eu posso dizer, é generalizado, não é só no Poder Político: é o Poder Político e o conjunto dos Partidos, inclusive o Partido em que eu estava. (Entrevista 14L)

O entrevistado seguinte argumenta que o maior impacto no poder público tem sido a aproximação com os movimentos sociais e com as demais câmaras municipais, o que tem propiciado uma maior visibilidade política sobre a temática, em todo o país:

> Muito do que não acolhemos se refere às questões da parentalidade, que eu acho que é o passo que há de vir a seguir para trabalharmos do ponto de vista

> legal, ou seja, em termos de legislação e não apenas na questão das políticas públicas. Temos muito trabalho por fazer do ponto de vista local e dos poderes locais. Em alguns sítios, as ONGs nem sequer chegam, assim, estamos tentando desempenhar algum papel junto dos presidentes das câmaras municipais, dos pequenos municípios. Além disso, as nossas ilhas têm a gestão autónoma: a Madeira e os Açores têm dois governos específicos autónomos. (Entrevista 5L)

De forma mais sistemática, o ativista a seguir destaca a conscientização dos Poderes Legislativo e Executivo sobre a necessidade de efetivarem políticas LGBT como um dos principais impactos da aproximação dos movimentos sociais com o poder público. Com essa aproximação, ele destaca, houve uma melhora nos canais de participação e diálogo com o poder público:

> Os principais impactos? É claro que não é geral, mas, nas partes Legislativa e Executiva têm havido mudanças muito positivas. Os canais de comunicação têm sido estabelecidos. A Conferência que fizemos ajudou também nessa abertura, ajudou a recebermos algum reconhecimento institucional. Assim, temos notado diferenças importantes do Estado com relação ao movimento. (Entrevista 11L)

Essa maior sensibilidade do Estado é reafirmada no trecho de entrevista seguinte:

> Em nível do Estado, há mais sensibilidade, há mais abertura. Ademais, começa a haver uma preocupação de incluir as questões LGBT nas discussões do governo. (Entrevista 12L)

Porém, o entrevistado a seguir aponta a falta de uma sensibilização de pessoas específicas dos partidos políticos e da sociedade em geral para com a pauta LGBT:

> Tem-se notado uma maior consciencialização e um maior apoio por parte de todo Parlamento. De facto, quem está governando o nosso país está também mais sensibilizado. Sensibilizado nas discussões. Contudo, tens outro ponto: existem Partidos ou pessoas que ainda não estão sensibilizadas e, se calhar, nunca vão estar. (Entrevista 6L)

O trecho de entrevista a seguir complementa a discussão ao afirmar que certas experiências sociais, ocorridas nessas parcerias entre movimento LGBT e poder público, têm conseguido levar a cabo novas formas de convivência social que, até então, não estavam previstas na agenda do Estado. Com isso, o Estado vê-se obrigado a modificar seus valores, atitudes e, consequentemente, sua forma de gestão:

> Que é que o Estado pode fazer? O Estado vai ter que reconhecer aquele homem, que muitas vezes já tem até bilhete de identidade masculino, como pai e mãe daquela criança. Mas, ele realmente não quer fazer isso, quer manter o dualismo de género. Alguns movimentos conseguem levar a cabo – principalmente falando no dualismo de género – novas formas de convivealidade com crianças. Contudo, isso não estava previsto na agenda do Estado e o Estado vê-se obrigado a modificar coisas nas quais não queria mexer. (Entrevista 1L)

Além disso, a parceria entre movimentos sociais e poder público tem gerado mudanças significativas nas campanhas eleitorais, conforme destaca esse outro entrevistado:

> No que tem a ver com o Estado, meramente com os partidos políticos, a diferença é que, ao contrário de antes, as coisas começaram a fazer parte da agenda política. O assunto LGBT que era tabu, ninguém o abordava. Geralmente, ele era trabalhado apenas nos bastidores, nas galerias. Agora, ele aparece também nos compromissos políticos das campanhas eleitorais. (Entrevista 7L)

Dessa forma, percebe-se que os impactos no poder público são mais característicos da gramática da "política da boa vizinhança", a partir daquilo que já se encontra formalizado na agenda política, do que característicos de uma mudança cultural significativa. Um bom exemplo disso se refere ao fato de que, mesmo existindo ações políticas, programas e projetos, os impactos desses serviços na diminuição do índice de casos de preconceito e discriminação ainda é pequeno.

2.7.3 IMPACTOS NA SOCIEDADE CIVIL

Foram mencionados vários impactos na sociedade civil a partir da construção da política LGBT pelo poder público. Como impactos positivos, os entrevistados ressaltaram: reconhecimento social; visibilidade política; ampliação dos espaços de visibilidade e de discussão sobre o tema; maior aceitação social; maior espaço para reivindicações; quebra de tabus; transformações culturais e legais; ampliação das possibilidades de manifestações sociais de afeto e politização dos discursos. Como impactos negativos, foram destacados: avanços ainda incipientes das políticas LGBT; baixo impacto social; pequena eficácia; pouca e ineficiente divulgação dos serviços; pouco conhecimento e procura do próprio público-alvo; contradição entre emancipar e tutelar a população.

Percebem-se impactos basicamente positivos a partir das entrevistas feitas em Lisboa. Talvez, a ausência de percepção dos impactos negativos se deva ao fato de as ações políticas estarem, ainda, em fase de implantação, o que dificulta uma avaliação mais completa. Nas entrevistas de Belo Horizonte, apareceram mais impactos positivos, porém, também apareceu um número significativo de impactos negativos. Isso demonstra que, apesar dos avanços, isto é, de existirem políticas bem desenvolvidas e formalizadas, a eficácia das mesmas ainda é pouco significativa, tendo poucos impactos na diminuição do número de casos de violência homofóbica.

O excerto de entrevista a seguir ressalta o reconhecimento da diversidade humana e sexual como impactos da política LGBT na sociedade civil. Destaca, também, a ampliação dos espaços de discussão sobre o tema:

> Acredito que o principal impacto sobre essas esferas do mundo público é o reconhecimento de que existe uma população com identidades sexuadas diferentes da heterossexualidade e que reivindicam um olhar do Estado sobre elas. Ainda que um grande desafio seja visibilizar as formas de violência específicas a que estas populações estão submetidas (físicas, simbólicas e institucionais), é inegável que as questões LGBT extrapolaram os pequenos grupos e lugares restritos para se tornarem assunto de bar, de televisão e de justiça. (Entrevista 13BH)

No trecho de entrevista a seguir, é destacado que tal política tem propiciado novas e positivas visões sobre a diversidade sexual, inclusive na mídia hegemônica:

> Isso tudo leva ao surgimento de novas visões. Hoje, acho que por causa disso, por causa dessa militância, do que está sendo construído, a gente já viu aparecer em filmes e novelas um tratamento de questões da orientação sexual de uma forma mais positiva. Então, acho que isso é conquista. (Entrevista 1BH)

Nota-se, também, que por intermédio da Coordenadoria Municipal de Direitos Humanos a pauta LGBT passa a ser discutida nos diversos centros administrativos – isto é, nas diversas regionais – da cidade:

> O que há de inovador é que a cidade já discute direitos LGBT, e isso foi implantado pela Coordenadoria de Direitos Humanos – porque o próprio movimento social não tinha muita abertura para falar dentro (ou para os gestores) das políticas públicas. (Entrevista 6BH)

Em contraponto, a entrevistada a seguir aponta que os impactos sociais da política LGBT ainda são restritos, e enfoca, sobretudo, a pouca e ineficiente divulgação dos serviços, fato este que gera uma baixa procura por parte da população LGBT.

> O Centro de Referência LGBT, em teoria, seria um espaço onde o público-alvo deveria encontrar informações, orientações e apoio em casos de violência homofóbica ou em casos de desrespeito e discriminação por orientação sexual e identidade de gênero, mas, na realidade, é um espaço pouco frequentado, com pouca procura e muitas vezes desconhecido pelas pessoas LGBT. É claro que a burocracia dos serviços a serem prestados pelo Centro de Referência LGBT afasta a população e o torna inacessível para muitos/as. As afirmações anteriores me levam a questionar: qual é o papel e a função que um Centro de Referência tem atualmente? Sem uma resposta final, ouso dizer que o Centro não atende ao público-alvo. (Entrevista 13BH)

De modo semelhante, a entrevistada seguinte assinala que não basta a existência de um Centro de Referência LGBT se, todavia, ele não consegue atender de forma eficaz o seu público-alvo:

Não basta somente ter na cidade um CRLGBT. Ele precisa ser bem divulgado. A população, na maior parte, não tem acesso a esses órgãos. Tem travestis, por exemplo, que não têm nem certidão de nascimento. Vejo o descaso e o desinteresse de muitos órgãos com essa população. Sei isto porque acompanho travestis em hospitais, cartórios, escolas e vejo que os agentes públicos encaram as travestis como seres de outro planeta. (Entrevista 4BH)

O gestor imediato do Centro de Referência LGBT de Belo Horizonte explica que o serviço está bem localizado na cidade. Porém, ele concorda que o serviço ainda é pouco divulgado:

O Centro de Referência continua no centro da cidade. Contudo, ainda precisamos de uma articulação maior. [...] Esse material de divulgação, por exemplo, só conseguimos agora. No final do ano, faremos uma cartilha voltada para travestis e transexuais, para guiar esse projeto de fortalecimento do CRLGBT. (Entrevista 5BH)

Contudo, um dos técnicos do CRLGBT municipal aponta uma grande contradição no trabalho desenvolvido pelo serviço, afirmando que a ênfase dada apenas ao atendimento de casos acaba propiciando uma prática tutelar, ao invés de emancipatória:

Em termos de política pública, o que o Centro de Referência está dizendo para a sociedade, na minha leitura, é o seguinte "olha, você é homossexual e tem aqui um espaço para ser atendido; mas, é aqui, fora daqui você não existe". Ao mesmo tempo em que existe este Centro de Referência, a ausência de uma política pública mais ampla, em toda a cidade, faz com que a população LGBT continue inexistente. [...] Então, acho que o Centro de Referência implica uma contradição. (Entrevista 7BH)

No trecho de entrevista a seguir, o mesmo argumento é apresentado com relação à atuação do Centro de Referência LGBT do Estado:

O Centro de Referência do Estado não funciona. A gente fica meio que decepcionado pelo seu não funcionamento. O Estado [de Minas Gerais] quer ter alguma coisa para falar que a política LGBT funciona. Temos, por exemplo, a lei n. 14.170. Mas, quase que ninguém conhece, e eu acho uma lástima. Assim, temos que trabalhar para dar visibilidade, porque têm muitas pessoas que não usam essa lei. [...] Infelizmente, vemos que o Estado ainda não tem políticas públicas para a questão LGBT. (Entrevista 12BH)

Ao contrário, o entrevistado a seguir argumenta que as questões LGBT já estão publicizadas na sociedade; porém, ele esclarece, o impacto dessas políticas ainda é pequeno:

> Os indivíduos vinculados aos diversos movimentos querem ver e cobram que os direitos LGBT estejam presentes e sejam considerados e, sobretudo, que os movimentos sejam caixa de ressonância dos direitos LGBT. Quanto à sociedade, os impactos não são muito fortes, pois se trata de como nos relacionamos com as diferenças. Nesse aspecto, a sociedade civil tem ainda um longo caminho a trilhar, mesmo que as questões da comunidade LGBT já não sejam mais um segredo que deve ficar restrito ao mundo privado. (Entrevista 10BH)

Os entrevistados portugueses descrevem, mesmo que de forma pontual, alguns impactos da política LGBT na sociedade civil. No próximo excerto de entrevista, por exemplo, é ressaltado que, ao romperem com a invisibilidade e o silêncio sobre a temática LGBT, as ações políticas têm contribuído para uma mudança mais favorável da opinião pública acerca das pautas sobre direitos sexuais:

> A própria sociedade tem evoluído muito e nós temos, nessa questão, por exemplo, a igualdade e acesso ao casamento. [...] No início, o apoio à reividicação era da ordem dos vinte por cento, e passou a ser majoritário. Em pouco tempo, houve um processo que ajudou a visibilização das pessoas LGBT e, sobretudo, dos casais de pessoas do mesmo sexo. Isso teve um impacto importante em termos de percepção pública, em termos daquilo que significa ser homossexual. Além disso, ajudou a mostrar alguma diversidade. [...] Precisamente, o preconceito alimenta-se do silêncio, e a partir do momento em que nós vencemos o silêncio e vencemos a invisibilidade, conseguimos alterar de uma forma mais significativa a percepção pública do que é ser homossexual. (Entrevista 11L)

No trecho de entrevista seguinte, é apontada uma separação entre as conquistas que tiveram origem nas lutas do movimento social e aquelas que se deveram, sobretudo, à atuação do poder público – mesmo que tenham partido de uma reivindicação do movimento:

> A Lei de Educação Sexual, a Lei do Casamento, que são elementos de transformação legal, são impactos reais do movimento. Entretanto, a capacidade de influenciar, quer a sociedade civil quer outros movimentos, só é possível a partir da atuação específica do Estado, e isto é importante. (Entrevista 10L)

Como se percebe, apesar de haver atualmente uma maior visibilidade social da diversidade sexual, as pessoas com identidade LGBT permanecem não legitimadas e inferiorizadas nas hierarquias sociais.

3.

A (NÃO) INSTITUCIONALIZAÇÃO DA POLÍTICA LGBT NO PODER PÚBLICO DE BELO HORIZONTE: entre o universal e o particular

Brasil! Mostra a tua cara, quero ver quem paga pra gente ficar assim. Brasil! Qual é o teu negócio? O nome do teu sócio? Confia em mim.

Cazuza

Para a (re)construção da história da (não) institucionalização da política LGBT no poder público de Belo Horizonte, foram utilizadas, como referências básicas, projetos, relatórios e publicações construídas internamente pela equipe da CMDH e pela equipe do CRLGBT, todos citados nas referências bibliográficas, bem como as entrevistas realizadas ao longo da presente pesquisa.

Conforme Facchini (2005), a história das conquistas LGBT no Brasil pode ser dividida em três fases, resguardadas as especificidades regionais. Quer dizer, existem relatos de que as primeiras manifestações dos grupos sociais LGBT começaram na década de 1970 e, gradativamente, ocorreram inserções pontuais da temática LGBT na esfera pública, nas décadas de 1980 e 1990. Tais inserções vieram a se consolidar como ações políticas governamentais a partir de 2000. Nesse momento, percebe-se uma inserção formal das demandas LGBT na política de direitos humanos e da cidadania, nas instâncias do poder legislativo e, posteriormente, do executivo e judiciário. Belo Horizonte, por sua vez, também passou por movimentos parecidos.

Por meio do presente trabalho de sistematização de experiências, documentos, entrevistas, e das pesquisas realizadas por Machado (2007) e Passos (2010), constata-se que Belo Horizonte se destacou no país, de forma pioneira, na construção de políticas de direitos LGBT, sobretudo, a partir do período do regime militar, com as atividades em prol dos direitos homossexuais coordenadas pelo Sr. Edson Batista Nunes.[1] Em 1972, foi realizado em Belo Horizonte o I Simpósio Brasileiro de Estudos sobre Homossexualidade, e, após dois anos ocorreu o segundo evento. Em 1979, foi formado o grupo Terceiro Ato que chegou a participar do I Encontro Brasileiro de Homossexuais em São Paulo (1980). O grupo Terceiro Ato passou a integrar o Núcleo Gay do recém-criado Partido dos Trabalhadores (PT), militando pela candidatura do Sr. Edson Nunes a Deputado Federal – que, apesar de não ter sido eleito, se destacou como a primeira candidatura assumidamente gay no país, tendo entre seus apoiadores a candidata à vereadora e referência nacional nos direitos humanos, Helena Greco.[2]

Na década de 1980, a militância de travestis e transexuais ainda não existia efetivamente em Belo Horizonte. Nesse momento, a grande luta era retirar a homossexualidade do rol de doenças da Organização Mundial de Saúde (OMS). Na metade da década de 1980 e com a transformação do movimento homossexual em movimento LGBT – e, consequentemente, com a ampliação das lutas pela diversidade sexual – o movimento LGBT se aproxima das lutas pelo combate à AIDS, apesar da resistência de alguns grupos internos ao próprio movimento. Nesse momento, multiplicaram-se os grupos que atuavam no enfrentamento da AIDS, e muitos deles vieram a se tornar ONGs, estabelecendo uma relação transitória entre movimento social e governo. Concomitantemente, outras ONGs de prevenção e combate à AIDS foram surgindo, como o GAPA-MG, em 1987, e, posteriormente, o grupo VHIVER, em 1992, entre outros.

Desse modo, destaca-se que a aproximação do movimento LGBT com o Estado foi propiciada pelas políticas de prevenção das DSTs/AIDS, a partir da proliferação de ONGs. Contudo, nem o movimento LGBT em Belo Horizonte nem as políticas e gestões públicas locais podem ser vistas como um universo homogêneo. As contradições, disputas internas, correlações de força e poder, concepções políticas, técnicas e estilos de ativismos e militâncias revelam as complexidades que envolvem as parcerias e lutas nessa área.

1. Em Machado (2007), encontra-se uma consistente descrição e análise dos grupos sociais do movimento LGBT de Belo Horizonte, desde a década de 1970.
2. Helena Greco foi a primeira coordenadora da CMDH/PBH.

Conforme Machado (2007), o movimento de travestis e transexuais talvez seja, dentre os demais atores LGBT, o mais dependente das políticas de prevenção às DSTs/AIDS. Porém, a atuação da Associação de Transexuais e Travestis de Belo Horizonte, a ASSTRAV, não foi restrita à prevenção. A referida associação participou, também, dos processos de formação do movimento LGBT belo-horizontino, a partir do final da década de 1990. Além disso, a ASSTRAV assumiu a coordenação voluntária do Centro de Referência da Diversidade Sexual (CRDS), no âmbito da Secretaria Municipal de Direitos de Cidadania, em 2002, com o apoio de muitos voluntários do CELLOS, o que veio subsidiar a criação do CRGLBT no âmbito do governo municipal. Desde 2007, portanto, o CRGLBT encontra-se vinculado diretamente à Coordenadoria de Direitos Humanos e custeado, em grande parte, pelo Governo Federal.

Apesar de as políticas de prevenção de DST/AIDS comporem uma das grandes frentes de trabalho neste momento, além de uma relevante fonte de financiamento de vários projetos e ações das ONGs LGBT em Belo Horizonte, elas não eram as únicas atividades dos grupos – embora tais políticas de prevenção ainda sejam uma das maiores fontes de custeio da Parada LGBT, em âmbito local. De acordo com Passos (2010), observa-se uma confusão nas funções do Estado e da sociedade civil, uma vez que os grupos LGBT assumiram a função estatal ao atuarem nesta área de DSTs/AIDS devido a uma maior experiência no que tange à inserção no universo homossexual e transgênero.

No âmbito governamental, a década de 1990 é o marco de inserção formal da temática da diversidade sexual nos documentos de direitos humanos. Em 1996, é criado o I Programa Nacional de Direitos Humanos (PNDH), o qual inclui o público LGBT entre os demais grupos de minorias sociais. O documento tem como objetivo "apoiar programas para prevenir a violência contra grupos em situação mais vulnerável, caso de crianças e adolescentes, idosos, mulheres, negros, indígenas, migrantes, trabalhadores sem-terra e homossexuais" (Brasil, 1996, p. 7). O II Programa Nacional de Direitos Humanos, lançado em 2002, avança, teoricamente, no detalhamento da articulação entre direitos LGBT e direitos humanos, ampliando a discussão e representando a gama de identidades e especificidades reivindicadas pelo movimento de lésbicas, gays, travestis, transexuais e bissexuais. Ambos os programas foram desenvolvidos durante o governo do presidente Fernando Henrique Cardoso. Apesar do II PNDH ter possibilitado uma aproximação entre movimento LGBT e Governo Federal na construção de respostas coletivas ao HIV/AIDS, o Programa é considerado, de forma geral, como um documento que não se concretizou na prática (Daniliauskas, 2012).

O III PNDH foi lançado em 2010, sob a presidência de Luís Inácio Lula da Silva. Pela primeira vez a discussão avança em relação a participação da sociedade civil organizada na elaboração do documento, tendo como base as propostas aprovadas nas conferências de direitos humanos. As discussões sobre LGBT se encontram, principalmente, no Eixo III do referido documento, "Universalizar direitos em um contexto de desigualdades", diretriz 10, "Garantia de igualdade na diversidade". A temática LGBT é ainda mais aprofundada em relação aos PNDH anteriores, por meio da discussão sobre a necessidade do diálogo entre a universalidade dos direitos humanos e a especificidade de direitos (BRASIL, 2010).

No âmbito da sociedade civil organizada, a década de 1990 demarca o início da terceira onda do movimento social LGBT no Brasil e, em Belo Horizonte, coincide com o crescimento da diversificação de grupos e parcerias com o poder público. Nesse período, surgem os seguintes grupos: Associação de Lésbicas de Minas Gerais (ALEM); o grupo GURI, posteriormente nomeado como Associação Gay de Minas (AGM); e a ASSTRAV. A partir de 2000, formaram-se novos grupos, como: Clube *Rainbow* de Serviços - CRS (2000), CELLOS (2002) e o Libertos Comunicação (2003). Atualmente, não existem mais os grupos GURI/AGM e o Clube *Rainbow* de Serviços. Os demais grupos permanecem na arena política, apresentando momentos de distanciamentos e aproximações de suas lutas, e são filiados à ABGLT. O conjunto de suas ações culminou em 1998, com a realização da I Parada do Orgulho Homossexual de Belo Horizonte, por iniciativa e coordenação pioneira no Brasil pelo grupo de lésbicas da ALEM. Entre as realizações desse grupo, nesse período, ressalta a mobilização para aprovação da Lei Estadual nº 14.170/02, que determina a imposição de sanções à pessoa jurídica por ato de discriminação praticado contra pessoa em virtude de sua orientação sexual. Porém, esta é uma lei com pouca efetividade no Estado, faltando compreensão por parte dos agentes públicos sobre seus limites e possibilidades. Nessa legislação, foi prevista, também, a criação do Centro de Referência de Gays, Lésbicas, Bissexuais, Travestis, Transexuais e Transgêneros do Estado de Minas Gerais, o CRGLBTTT, implantado em 2005, tendo como destaque a coordenação do espaço por uma transexual.[3]

O CRGLBTTT é um órgão do governo estadual, mas, por ter sede em Belo Horizonte, é relevante destacar algumas de suas ações que tiveram impacto no âmbito municipal, por exemplo: a I Conferência Estadual LGBT (2008) e a II Conferência Estadual LGBT (2011). A partir desses eventos foram construídos os Planos Minas sem Homofobia, em regiões e cidades polos como Belo Horizonte, Alfenas, Uberlândia, Montes Claros, Ipatinga e Barbacena, com o objetivo de descentralizar ações de acordo com as necessidades de cada município. Entre as ações realizadas, duas se destacam: a decisão Judicial, motivada pelas mobilizações do CRGLBTTT em parceria com um Bombeiro e um policial militar, que determina pagamento de pensão a companheiros de servidores estaduais, e o Projeto de Reabilitação e Ressocialização das Travestis e Gays da Penitenciária de São Joaquim de Bicas. Essa última é uma medida inédita no Brasil, baseada em uma experiência da Alemanha, na qual, desde 2009, travestis e gays afeminados estão sendo transferidos para alas específicas nos presídios, com o objetivo de garantir acomodações adequadas, proteção à integridade física e promoção da autoestima dessas pessoas - nesse contexto, por exemplo, não mais se emprega a raspagem da cabeça desta população encarcerada. Além disso, a ação busca evitar a coação dessas pessoas a terem relações sexuais forçadas com outros detentos, o que contribui, também, com a diminuição do risco de adquirirem doenças sexualmente transmissíveis. Fazem parte das ações a inclusão em projetos de inserção social, como curso de cabeleireiro e costura. Porém, essa é uma ação polêmica e com fortes discordâncias dentro do próprio movimento social, por representar uma prática de segregação desse público, podendo conduzir a uma estigmatização do mesmo, a depender da forma que acontece na prática cotidiana.

Além da política de saúde, na prevenção e enfrentamento das DSTs/AIDS, e da política de direitos humanos na promoção de direitos e atendimento a casos de violência, percebe-se que a Parada do Orgulho LGBT também é uma importante interlocutora entre o poder público e o movimento LGBT. Conforme destaca Machado (2007, p. 207), somente a primeira edição deste evento, realizada no ano de 1998, não teve "quase nenhum

3. No âmbito nacional temos, a partir de 1999, 12 dos 27 Estados da Federação com legislações específicas sobre proibição da discriminação por orientação sexual, disponível no site da Associação Brasileira de Lésbicas, Gays, Bissexuais, Travestis e Transexuais (ABGLT).

acesso à política institucional". As Paradas seguintes, a partir dos anos 1999 e 2000, foram sustentadas pela esfera legislativa municipal e estadual, principalmente, por incentivo do vereador Leonardo Mattos (do Partido Verde - PV) e do deputado estadual João Batista de Oliveira (do Partido Democrático Trabalhista - PDT).

Conforme destaca Machado (2007), os grupos que organizam a Parada o fazem a partir de um discurso de fundamentação política esquerdista, que propõe a explicitação dos antagonismos sociais a partir da politização do discurso sobre a sexualidade. Disso decorre, portanto, a recusa ao modelo de mercantilização da Parada. No entanto, essa lógica conduz os movimentos organizados a se aproximarem do Estado e das políticas públicas no desenvolvimento de suas ações. Tais articulações trouxeram novos elementos para a arena política com conflitos e contradições, como a ampliação da visibilidade da militância, sobretudo em espaços institucionais determinados:

> Os grupos organizados foram sendo assimilados e diminuíram sua capacidade de interpelação, já que os espaços institucionais que os acolheram são controlados por regras, procedimentos institucionais e mecanismos burocráticos que limitam as possibilidades de enfrentamento, sobretudo das lideranças que se envolveram diretamente com órgãos governamentais. Além disto, os discursos sobre desigualdades sociais, que enriqueciam os debates acerca das hierarquias e desigualdades sexuais, perderam força para uma tradução do discurso da opressão em discurso de defesa dos Direitos Humanos focada na especificidade LGBT. Estas transformações deixam dúvidas quanto a capacidade destes movimentos em produzirem novos antagonismos que apontem para ações contra-hegemônicas nos espaços que passaram a ocupar. (Machado, 2007, p. 118)

Assim, a I Parada LGBT foi inicialmente idealizada e organizada por uma liderança lésbica, fundadora da Associação Lésbica de Minas (ALEM). As primeiras manifestações da Parada LGBT demonstraram uma crítica radical aos padrões normativos da sociedade. Posteriormente, a Parada ganhou gradativamente um cunho mercadológico e midiático, porém, permaneceram as oposições de diferentes segmentos da sociedade. Todavia, a Parada foi crescendo em número de participantes e os grupos se estruturando. Desde 2002, a SMADC e a CMDH passaram a ceder espaço físico para reuniões, oferecer subsídios políticos e de infraestrutura para o evento, bem como a contratação de lideranças para cargos políticos nos centros de referência municipal e estadual, que contribuíram neste processo (Machado, 2007).

Consequentemente, a parceria do movimento LGBT com o governo e com as políticas públicas exigiu dos militantes a adoção de posturas mais cordiais na produção do evento, amenizando o enfrentamento mais acirrado entre movimento social, poder público e sociedade civil, uma vez que muitos conflitos deveriam ser negociados internamente e adequados às demandas de seus novos interlocutores. Isso conduziu a um certo isolamento dos grupos LGBT em seu cotidiano, criando comportamentos políticos mais previsíveis e burocratizados (Machado, 2007).

Em Belo Horizonte, foi aprovada, no âmbito municipal, a Lei nº 8.176/01, que estabelece penalidades para o estabelecimento que discriminar pessoas em virtude de sua orientação sexual. Apesar da difícil efetivação de tal lei no cotidiano, pois não foram criados instrumentos legais para fiscalização dos estabelecimentos – como, por exemplo, serviços e equipe técnica específica para atuar nestes casos –, sua aprovação legitimou um avanço na institucionalização da política LGBT na cidade.

Todo esse resumo contextual serve para a compreensão do momento de criação do primeiro estabelecimento público de atendimento na área LGBT com o apoio governamental. Após um confronto entre os movimentos LGBT belo-horizontinos e o então reeleito prefeito Célio de Castro, por ocasião de um comentário preconceituoso realizado por este na mídia, o prefeito se retratou publicamente, comprometendo a ceder um espaço físico na PBH para a criação do CRH. O espaço também foi legitimado pelo art. 7º da Lei nº 8.176/01, que reitera o dever do poder executivo de manter setor especializado para receber denúncias relacionadas às infrações dessa lei:

> As leis 8.176/01 e 14.170/02 pressupõem a criação de órgãos que garantem que seus princípios sejam cumpridos. Nesse âmbito, surge a possibilidade de se criarem órgãos governamentais que defendem os direitos GLBT, mas que sejam controlados e geridos pelos movimentos sociais. (Machado, 2001, p. 187)

Desse modo, em 2001, é criada a Secretaria Municipal de Direitos de Cidadania (SMDC), e a CMDH, já existente desde 1993, passa a integrar tal secretaria. Nela, também é cedida um espaço para a instalação do

CRH, coordenado, neste momento, pelo sócio fundador do Clube *Rainbow* de Serviços:

> Antes já havia um equipamento mobiliário mais adequado, no Centro de Referência da Diversidade Sexual. Havia uma materialidade que possibilitava que os setores se organizassem, ainda que – repito – o Centro de Referência fosse fortemente atrelado a um trabalho voluntário, articulado pelas entidades representativas. Em um segundo momento, com esses arremedos de institucionalização da política, abriu-se um espaço mais largo de interlocução com o governo. Com cuidado, com clareza, com segurança e, paulatinamente, foi se conquistando isso. Assim, embora de modo muito tímido, houve um assumimento, por parte do governo, dessa causa – isto é, da criação, por parte da Secretaria Municipal de Direito da Cidadania, de um Centro de Referência LGBT. (Entrevista 3BH)

O apoio da esfera executiva municipal às Paradas se iniciou em 2001, principalmente a partir das ações da SMDC, do Programa DST/AIDS e da Belotur. Nesse contexto, ocorreu um crescimento significativo da participação popular, que passou de 800 pessoas para uma média de 3.000 a 5.000 participantes. Posteriormente, com a saída do primeiro secretário da SMADC, em 2002, o coordenador do CRH colocou seu cargo voluntário de coordenação à disposição para que o novo secretário escolhesse uma nova coordenação para o serviço. Nesse processo, o CRH passou a ser denominado como CRDS, sendo voluntariamente coordenado pela líder da ASSTRAV, Walquíria La Roche. Em seguida, o CELLOS e a ALEM integraram uma coordenação coletiva do CRDS, desenvolvendo as seguintes ações, em parceria com a CMDH: atendimento e encaminhamento dos casos de violência e discriminação homofóbica; organização da Parada do Orgulho GLBT de Belo Horizonte; articulações políticas municipais, estaduais e nacional com outros movimentos sociais e com o poder público; *advocacy* (defesa de direitos), entre outras.

À medida que as ações de parceria entre o Estado e o segmento LGBT, em torno da prevenção e do enfrentamento da AIDS foram demonstrando êxito e deixando de serem vistas como um problema que ocorre apenas entre esse público, o debate sobre a homossexualidade deslocou-se do campo da saúde para o campo dos direitos humanos:

> Na década de 2000, as discussões voltadas para a sub-cidadania do público LGBT ganham centralidade, passando a ser direcionadas para o estigma social, a discriminação, o preconceito e a violência perpetradas contra gays, lésbicas, bissexuais, travestis e transexuais. Coloca-se, assim, em relevo a necessidade da elaboração e implementação de políticas públicas específicas para este segmento, que atuem concomitantemente no enfrentamento à violência homofóbica e na promoção e defesa dos direitos humanos e da cidadania LGBT. (Fonseca, 2007, p. 9).

Conforme destaca Passos (2010), a dinâmica do sucesso das parcerias entre o Estado e a sociedade civil no terreno da prevenção das DSTs/AIDS, na esfera das políticas de saúde, parece ter oferecido um modelo sobre o qual também poderiam ser aplicadas as políticas de enfrentamento à violência e discriminação homofóbicas contra o segmento LGBT, agora, no campo das políticas de direitos humanos e cidadania. Isso contribuiu para o Estado recorrer aos grupos/ONGs LGBT e vice-versa diante da necessidade de atuação nesta nova área. No caso belo-horizontino, isso aconteceu por meio da parceria entre os grupos e ONGs LGBT e o poder público na consolidação do Centro de Referência da Diversidade Sexual, no âmbito da Secretaria Municipal de Direitos de Cidadania.

A criação do CRDS contribuiu para aproximar o poder público municipal da temática da diversidade sexual, por meio do movimento social. Nesse momento, a política LGBT ainda não havia sido incorporada nem mesmo pelo poder executivo federal. Nesse âmbito, os militantes do CRDS promoveram, na esfera da SMADC, um trabalho permanente e prolongado de formação dos gestores e agentes públicos sobre a temática LGBT. Os grupos/ONGs LGBT que não possuíam sedes próprias encontraram, na estrutura da SMDC, um apoio para que pudessem funcionar. Contudo, as dinâmicas ali estabelecidas não deixaram de apresentar algumas contradições e confusões de papéis e funções entre o poder público e os grupos/ONGs LGBT presentes na execução do CRDS, além de uma frágil institucionalidade. Esse fato foi acentuado com as contratações efetuadas pelo poder público, por meio da SMADC, de representantes e líderes dos grupos LGBT para atuarem junto à equipe da CMDH e na esfera do CRLGBT. Os pontos positivos disso foram o conhecimento da realidade cotidiana da militância e do público alvo e o compromisso e dedicação à causa. Os pontos negativos foram a falta de conhecimento e/ou experiência em gestão pública e a confusão entre os papéis de gestor e de militante, seja devido à cooptação do profissional/militante por parte do poder público, seja devido à dificuldade em exercer o duplo papel de profissional e militante.

Assim, a experiência do CRDS propiciou a implementação do Centro de Referência pelos Direitos Humanos e Cidadania GLBT no âmbito da SMADC, por meio de um convênio com a SEDH, como uma ação prevista no Programa Brasil sem Homofobia. A implementação do CRGLBT ocorreu no antigo espaço cedido para o funcionamento do CRDS, em uma sala junto à CMDH, mas o setor foi reformado para abrigar o CRGLBT. Desse modo, o antigo CRDS, denominado desde 2007 como "Espaço do Movimento LGBT", foi transferido para outro andar da SMADC, sendo até hoje administrado por alguns militantes gays sob a supervisão da CMDH.

Esse espaço misto de participação, entre governo e militância, na elaboração e execução da política de direitos humanos LGBT, é algo relativamente novo na história da redemocratização da gestão pública brasileira e, consequentemente, de Belo Horizonte. Dessa forma, existiram momentos de avanço e conquistas, bem como momentos de grandes equívocos ou mesmo de impasses para colocar em prática o que havia sido planejado. Porém, apesar desses impasses, tal parceria pode ser muito interessante, desde que se saiba potencializá-la nesse contexto cada vez mais complexo. Na presente pesquisa, por exemplo, apontou-se que a relação entre as demandas do movimento social LGBT e as respostas construídas pela política pública de direitos humanos não deve ser vista como linear, evitando, assim, uma confusão de papéis atribuídos aos militantes do movimento e aos agentes públicos da CMDH e da SMADC. Por vezes, foi observado que quem demanda é o poder público, e quem responde é o movimento, seja por uma confusão de funções e responsabilidades ou, até mesmo, seja por um desejo urgente de que a política se efetive. Outro exemplo claro, também observado, se refere à profissionalização de militantes e ao ativismo de agentes públicos, o que demonstra o quanto que, por vezes, as fronteiras entre sociedade civil e Estado, entre adversários e apoiadores do movimento LGBT estão hoje indefinidas – o que pode ser comprovado, também, pela diversidade de atores sociais envolvidos na cena pública. Por sua vez, essa ampliação de atores na esfera pública pode contribuir com o respeito à diversidade humana, porém, a princípio, esse fenômeno não representa nem emancipação social e nem regulação de direitos. Essa realidade permite a reflexão de que essas fronteiras flexíveis entre o Estado e a sociedade civil são pouco determinantes para a compreensão dos processos de garantia de direitos. Para tal compreensão, faz-se importante analisar em cada contexto e situação como os atores se articulam, além de compreender para que/quem estão eles a serviço.

Nesse sentido, é possível analisar que, em 2002, o apoio às Paradas se ampliou devido ao contexto de inserção dos grupos LGBT na estrutura da SMDC, por meio do CRDS. O público no evento também aumentou, englobando algo entre 10.000 e 15.000 participantes. Em 2003, ainda nessa linha de fortalecimento da mobilização, a Parada deixa de contar apenas com recursos dispersos vindos dos próprios militantes e parceiros políticos – entre os quais, vereadores, partidos políticos de esquerda, sindicatos e estabelecimentos comerciais LGBT – e passa a contar com o apoio financeiro do Ministério da Saúde, por meio das políticas de prevenção de DST/AIDS. Dessa forma, o poder executivo federal se torna a principal fonte de financiamento das paradas (Machado, 2007). Com isso, a visibilidade política do evento no país se fortalece e o número de participantes aumenta de forma significativa, para cerca de 25.000 participantes.

Em 2004, ocorreu o marco nacional mais significativo que especifica um documento político na área dos direitos humanos LGBT, a criação do Programa Brasil sem Homofobia (Programa de Combate à Violência e à Discriminação contra GLTB – gays, lésbicas, transgêneros e bissexuais – e de Promoção da Cidadania de Homossexuais). Foi lançado pela Secretaria Especial de Direitos Humanos, a partir de diretrizes do Plano Plurianual PPA – 2004-2007, no primeiro mandato do presidente Lula. Houve uma ampla e tensa participação de todos os ministérios e do movimento LGBT, tanto na elaboração do documento quanto na construção de pactos políticos, buscando, assim, ampliar o leque de áreas abrangidas pelas ações e concretizar as demandas LGBT. O Programa teve como objetivos: a) o apoio a projetos de fortalecimento de instituições públicas e não governamentais que atuam na promoção da cidadania homossexual e/ou no combate à homofobia; b) a capacitação de profissionais e representantes do movimento homossexual que atuam na defesa de direitos humanos; c) a disseminação de informações sobre direitos, de promoção da autoestima homossexual; e d) o incentivo à denúncia de violações dos direitos humanos do segmento GLBT (Brasil, 2004).

Entretanto, na prática, o Programa passou por dificuldades políticas que incidiram em limites de infraestrutura, financiamento e descentralização de poderes. Conforme Mello, Avelar e Maroja (2012a; 2012b), suas propostas praticamente se confundiam com as demandas dos grupos LGBT, o que tornava difícil reconhecê-las como parte de um programa de responsabilidade do Governo Federal. Tal fenômeno mantém relação com a própria forma peculiar que as políticas de direitos humanos LGBT têm sido construídas.

Em 2005, após a reforma administrativa da PBH e acompanhando essa agenda política nacional, foi criada a Lei nº 9.011/05, formalizando a vinculação do CRDS à Coordenadoria Municipal de Direitos Humanos. É atribuída a esse órgão a competência sobre as questões da diversidade sexual inter-relacionadas à promoção de políticas de direitos humanos.[4] Apesar do trabalho cotidiano que a CMDH vinha desenvolvendo junto ao CRDS e aos movimentos LGBT da cidade, a formalização dessa responsabilidade exigiu de sua equipe maior formação, capacitação e estreitamento das relações com os atores sociais envolvidos nessa política. Tal realidade ocorreu por meio de parcerias e compartilhamento de saberes atravessados por conflitos de ordem conceitual, política e administrativa, o que demandou negociações e tensionamentos para a consolidação do projeto.

A partir de 2005, a Parada alcançou nova fonte de financiamento a partir da Lei de Incentivo à Cultura, bem como novos apoiadores: a ABGLT, o NPP/UFMG e o CRP-04. A Parada deixa de ser coordenada pela ALEM e passa a ser coordenada pelo grupo CELLOS. Nesse período, também foi inaugurada, pela ALEM, a Caminhada de Lésbicas e Simpatizantes, junto à aprovação do alvará de licenciamento de sua ocorrência, expedido pela

---

4. Em relação aos direitos LGBT, à CMDH compete:
IV – Elaborar, propor e coordenar programas, serviços e ações que visem a promoção e defesa dos direitos da comunidade homossexual, em toda a sua diversidade, garantindo o direito à livre orientação sexual;
V – Fiscalizar e exigir o cumprimento da legislação que assegura os direitos da comunidade homossexual, em toda a sua diversidade;
VI – Desenvolver coleta de dados, estudos e pesquisas relacionadas aos direitos humanos, aos atos de violência doméstica e intrafamiliar e a prática de atos de discriminação e violência contra a comunidade homossexual, sistematizando as informações que orientem a formulação da política municipal de direitos humanos e cidadania;
X – Criar instrumentos que promovam a organização, a mobilização social e a participação popular da comunidade homossexual, em toda a sua diversidade;
XIII – Promover ações de apoio e orientação sobre os direitos da comunidade homossexual, em toda a sua diversidade, e às vítimas de violência doméstica e intrafamiliar; assegurando-lhe participação na formulação e implementação de propostas que orientem a política municipal no campo dos direitos da comunidade homossexual, em toda a sua diversidade (Belo Horizonte, 2009).

Prefeitura de Belo Horizonte, por meio do apoio de políticos e gestores públicos.

Diante das diretrizes propostas pela criação do Programa Brasil sem Homofobia, de descentralizar serviços pelos estados e municípios, a CMDH juntamente com o CRDS elaborou o Projeto de Fortalecimento do Centro de Referência GLBT, aprovado em 2006 pela Secretaria Especial de Direitos Humanos da Presidência da República.[5] O CRGLBT de Belo Horizonte foi lançado no dia 28 de junho de 2007, sendo que o CRDS permaneceu integrado a CMDH/SMDC e passou a ser denominado como Espaço do Movimento LGBT:

> A lógica do Governo Federal de inclusão da política LGBT no âmbito da política nacional de direitos humanos tem sido reproduzida em outros Estados [...]. Entretanto, questionamos até que ponto essa estratégia política representaria o reconhecimento dos direitos LGBT como direitos humanos ou apontaria mais uma vez para uma lógica de inclusão perversa – ou exclusão – de um grupo ainda bastante invisibilizado entre os órgãos públicos de maior legitimidade política e consequente prioridade orçamentária. (Prado, Machado e Carmona, 2009, p. 114)

Assim sendo, o CRGLBT tornou-se um equipamento público vinculado à Coordenadoria de Direitos Humanos, órgão da Secretaria Municipal Adjunta de Direitos de Cidadania, por meio do convênio 173/06, celebrado entre a Prefeitura de Belo Horizonte e a Secretaria Especial de Direitos Humanos da Presidência da República (SEDH). Suas ações prioritárias podem ser assim descritas: articulação e fortalecimento de uma rede de parcerias com organismos governamentais e não governamentais; formação da sociedade civil, de gestores e agentes públicos sobre os direitos humanos e cidadania homossexual; apoio às ações desenvolvidas pelo movimento social; realização de atendimento e orientação psicossocial e jurídica, por meio de uma equipe interdisciplinar, às vítimas da violência e de discriminação homofóbica; e, ainda, produção de um banco de dados sobre as violações dos direitos humanos do público GLBT. De acordo com o

5. Foi destinado um valor de R$ 95.500,00 ao município de Belo Horizonte para implementação do CRGLBT e uma contrapartida do município de 10% sobre esse valor. O valor total de R$ 105.050,00 serviu para custear o pagamento da equipe técnica, estagiários e demais materiais permanentes e de consumo para o funcionamento do equipamento.

Relatório Técnico Parcial do Projeto de Implementação do CRGLBT em Belo Horizonte, no período de maio a dezembro de 2007, o equipamento realizou 50 atendimentos.

Dentre as atividades realizadas, destacaram-se: o I Fórum GLBT do CRGLBT,[6] no dia 27 de junho de 2007, envolvendo gestores e agentes públicos, militantes de movimentos sociais, estudantes e acadêmicos, centrando a discussão na relação entre a universalidade dos direitos humanos e as particularidades dos direitos LGBT e na homofobia; o Lançamento do CRGLBT, no dia 28 de junho de 2007, no qual foram apresentados o Plano de Trabalho e o Projeto Básico do CRGLBT; e o I Ciclo de Debates do CRGLBT: Construindo Políticas Públicas, realizado entre os dias 18 de outubro a 07 de novembro de 2007, prioritariamente voltado para gestores e agentes públicos da Prefeitura de Belo Horizonte. O CRGLBT também participou da organização do I Seminário sobre Orientação Sexual e Identidade de Gênero: Educando para a Diferença, promovido pela Secretaria Municipal de Educação da Prefeitura de Belo Horizonte nos dias 3 e 4 de dezembro de 2007. Além disso, a equipe do CRGBLT, realizou *advocacy* nos poderes Legislativo, Executivo e Judiciário nos meios de comunicação e pela internet, bem como participou de vários eventos como palestrantes e debatedores e produziu artigos científicos, capítulos de livros, o que propiciou o fortalecimento da articulação de redes (Belo Horizonte, 2008). Em 2007, devido a um conflito entre a comissão organizadora da Parada e o Corpo de Bombeiros Militar de Minas Gerais, quase foi vetada a realização desse evento, o que necessitou de uma forte mediação dos gestores públicos da PBH, parlamentares e representantes do movimento LGBT local e nacional para viabilizar a realização do evento (Machado, 2007).

Em 2008, o CRGLBT, por meio da Coordenadoria de Direitos Humanos e da Secretaria Municipal Adjunta de Direitos de Cidadania, realizou o Fórum Municipal GLBT: Cidadania e Políticas Públicas (29/03/08), com a participação de setores governamentais, acadêmicos e o movimento LGBT de Belo Horizonte. As propostas que foram elaboradas e aprovadas pela plenária subsidiaram a I Conferência Estadual LGBT e a I Conferência

6. O Fórum LGBT teve como objetivos: discutir e propor as diretrizes para a implementação de políticas públicas e do Plano Nacional LGBT; avaliar e propor estratégias para fortalecer o Programa Nacional Brasil sem Homofobia; avaliar e propor estratégias para implantação do Programa Municipal BH sem Homofobia; e articular a participação dos representantes do município de Belo Horizonte para a conferência estadual.

Nacional GLBT, ocorridas no mesmo ano, nas quais o CRGLBT esteve representado pela coordenação municipal dos direitos humanos.

O Texto Base e Regimento da I Conferência Nacional LGBT do Brasil foram documentos elaborados pelo poder público em parceria com militantes do país e aprovados pela comissão organizadora da Conferência. Os documentos apresentam uma breve análise da conjuntura nacional e internacional dos avanços nas políticas públicas e da legislação de proteção LGBT. O Texto Base se divide em eixos temáticos que orientaram os trabalhos da Conferência Municipal e Estadual, tais como: 1. Direitos Humanos; 2. Saúde; 3. Educação; 4. Justiça e Segurança Pública; 5. Cultura; 6. Trabalho e Emprego; 7. Previdência Social; 8. Turismo; 9. Cidades; 10. Comunicação; 11. Igualdade Racial; e 12. Mulheres. Cada eixo apresentou um diagnóstico e as estratégias de gestão e ação para cada uma das suas temáticas. Além desses eixos temáticos, o Texto Base continha temas transversais vistos como determinantes da condição de vida das pessoas, tais como: idosos; pessoas com deficiência; infância, adolescência e juventude (Brasil, 2008c).

A análise crítica realizada por Duque (2009) sobre os documentos construídos nesse processo de organização das conferências municipais, estaduais e, principalmente, da conferência nacional, contribui para pensar as contradições entre os discursos e as práticas de construção da política de direitos humanos LGBT. O autor destaca que:

- O Texto Base (Brasil, 2008c) informa que um Estado democrático de direito não pode aceitar práticas discriminatórias em relação a sexo, orientação sexual e identidade de gênero. Porém, o Texto dá margem a uma interpretação que restringe a prática da sexualidade apenas à vida adulta, colocando jovens e adolescentes fora da legalidade do exercício de suas sexualidades e, consequentemente, distante de parte de seus direitos;
- No Texto Base (Brasil, 2008c), há uma afirmação sobre o direito de as pessoas se apresentarem socialmente com o seu sentimento de pertencimento a um determinado gênero, independentemente do seu sexo biológico; porém, esse direito é restringido no próprio Texto, quando da argumentação de que a delegação a ser eleita nas Conferências Estaduais para a Conferência Nacional LGBT deverá ser composta por, no mínimo, 50% de pessoas com identidade

de gênero feminina (mulheres, lésbicas, bissexuais, transexuais e travestis), o que reforça o binarismo de gênero.

O I e II Plano Nacional de Promoção da Cidadania e Direitos Humanos LGBT, lançados em 2009 e 2012, foram elaborados com base nas resoluções da I e II Conferência Nacional GBLT, realizadas, respectivamente, em 2008 e 2011, e contaram com a participação de milhares de pessoas nos diversos municípios e estados (Brasil, 2009, 2012). Neles, pode-se perceber um foco na promoção da cidadania e direitos humanos de LGBT, o que aponta para um deslocamento do foco na homofobia, como ocorreu no Programa Brasil sem Homofobia, para a garantia da igualdade de forma universal. Porém, mesmo com tal estratégia política de mudança do foco, permanecem graves violações dos direitos humanos LGBT. Diante desses equívocos produzidos pelos principais atores sociais responsáveis pela construção da política de direitos humanos LGBT, percebe-se o quanto a cultura heterossexista e homofóbica ainda legitima e naturaliza os paradigmas sociais vigentes.

Nesse contexto nacional, que se repete no contexto municipal, ocorreram vários impasses financeiros e políticos com o Governo Federal, em 2008, para a renovação do convênio do CRGLBT frente às burocracias legais do período eleitoral. O referido equipamento teve suas atividades desmobilizadas pela necessidade de finalização dos contratos de trabalho da equipe técnica e dos estagiários. Apenas seu coordenador se manteve no equipamento, como forma de não fechar por completo os serviços dessa política. Assim, com o apoio da Coordenadoria de Direitos Humanos e do Serviço de Atendimento Integrado ao Cidadão (SAIC), da Secretaria Municipal Adjunta de Direitos de Cidadania, o atendimento de casos foi mantido, apresentando um total de 101 casos atendidos no referido ano. Entretanto, a coordenação do equipamento procurou, ainda, manter as ações de articulação e fortalecimento da rede de parcerias no campo LGBT, participando de eventos diversos, tais como: seminários, cursos, palestras, entre outros. Porém, em dezembro de 2008, finalizou-se o contrato de trabalho do coordenador do CRGLBT com a Prefeitura de Belo Horizonte. A partir disso, o CRGLBT encontrou-se, até o mês de março de 2010, sem uma equipe de trabalho e sob a responsabilidade direta da equipe da Coordenadoria de Direitos Humanos, sendo que os atendimentos continuaram a ser realizados com o apoio do SAIC.

> Percebe-se, ainda, que a inatividade do CRLGBT, durante todo o ano de 2009 e nos primeiros meses do ano de 2010, vem contribuindo para que os atendimentos ao segmento LGBT, no âmbito da política municipal de direitos de cidadania, fiquem pulverizados e dispersos na estrutura da SMADC. Deste modo, passaram a existir pelo menos três portas de entrada para o referido atendimento: a CMDH, o SAIC e o 'Espaço do Movimento LGBT'. Com o encerramento do CRGLBT, a CMDH buscou criar um fluxo institucional para o atendimento dos casos referentes ao segmento LGBT. Neste sentido, acordou-se que tanto a CMDH quanto o 'Espaço' endereçariam tais demandas ao Serviço de Atendimento Integrado ao Cidadão (SAIC) e os casos considerados mais complexos pelo SAIC passaram a contar com o respaldo técnico-político da CMDH. Porém, diante da ausência dos profissionais que estavam à frente do CRGLBT, nem todos os setores da SMADC compreendem que a CMDH faz a gestão da política LGBT e os casos ali aportados, muitas vezes, tomam a direção do 'Espaço' como se lá fosse institucionalmente o local mais legítimo para encaminhá-los. Percebe-se, assim, que a ausência prolongada do CRGLBT tem contribuído para que o 'Espaço do Movimento LGBT' seja, em alguns casos, novamente acionado como um 'serviço' de acolhimento, orientação e/ou encaminhamento das demandas apresentadas pelo segmento de gays, lésbicas e transgêneros à SMADC. Ao mesmo tempo, o 'Espaço', na mesma linha seguida pelo CRDS, continua a ser também um local de frequência e sociabilidade LGBT, configurando-se como uma espécie de centro de convivência LGBT. (Passos, 2010, p. 186)

Ainda em 2008, no período pré-eleitoral belo-horizontino, o movimento LGBT da capital apoiou publicamente o candidato a prefeito posteriormente eleito, o Sr. Marcio Lacerda (PSB), a partir de um acordo político para que o executivo municipal apoiasse a causa LGBT. Dessa forma, ocorreu a inclusão da pauta LGBT como uma das ações do seu Programa de Governo.

Em 2009, instituiu-se o Programa BH Metas e Resultados, que teve por objetivo a implantação de um modelo de gestão estratégica voltada para a avaliação permanente das políticas públicas e dos resultados dos programas, projetos e ações nele contemplados. O Programa BH Metas e Resultados possuía 12 áreas de resultados para o investimento de recursos humanos e financeiros do município: Cidade Saudável; Educação; Cidade com Mobilidade; Cidade Segura; Prosperidade; Modernidade: Cidade com Todas as Vilas Vivas; Cidade Compartilhada; Cidade Sustentável;

Cidade de Todos; Cultura e Integração; Metropolitana. A Prefeitura de Belo Horizonte, nessas 12 áreas descritas, estabeleceu 40 Projetos Sustentadores, estipulando, para cada um deles, os seguintes aspectos: órgãos e equipes envolvidos na execução e um gerente responsável pela sua condução; população a ser beneficiada; objetivos específicos; metas físicas; prazo de implantação e indicadores. O CRGLBT foi elencado como uma das ações no mencionado Programa de Governo e passou a integrar o projeto sustentador Direito de Todos, especificamente na área de resultado Cidade de Todos. Consequentemente, o CRGLBT foi integrado ao Plano Plurianual de Ação Governamental (PPAG), exercício 2010-2013, da Secretaria Municipal Adjunta de Direitos de Cidadania (Prefeitura de Belo Horizonte, 2009).

Em 2009, houve a tentativa de aprovação do PL 105/09, que instituía o Dia Municipal da Parada LGBT[7] no calendário oficial do município, proposto pela vereadora e também presidenta da Câmara Municipal de Belo Horizonte, Luzia Ferreira (do Partido Popular Socialista - PPS). Entretanto, o projeto não foi aprovado devido à falta de *quórum*. Isso instaurou um conflito entre opositores e aliados do movimento LGBT, sobre a constitucionalidade, ou não, de o município arcar com tal despesa. Era claro que tal dissenso estava sustentado pelo preconceito, devido aos valores religiosos de parte dos parlamentares em contraponto a uma discussão laica do Estado sobre a temática.

Esse contexto contribuiu para reforçar a postura de alguns militantes de que os atendimentos aos casos de violação aos direitos LGBT são mais efetivos se realizados por seus pares, bem como o entendimento de que o Centro de Referência LGBT será melhor conduzido se estiver sob a coordenação do movimento social, e não do governo. Percebe-se assim, no movimento LGBT local, a intenção de representar, de forma massiva, a causa LGBT, continuando a atender suas demandas no âmbito governamental e a ocupar os cargos de gestão e de agentes públicos da política LGBT. Contudo, percebe-se que houve a preocupação por parte de alguns militantes de que os atendimentos também fossem realizados por profissionais diversos, que

7. Apesar da atual parceria entre movimentos sociais LGBT e Estado para a realização das paradas, é importante ressaltar que a Parada LGBT em Belo Horizonte, ao longo da sua história, manteve uma relação intrínseca ao surgimento e desenvolvimento dos grupos militantes LGBT da cidade. Isso reafirma sua importância como ação coletiva. Para mais informações, consultar a dissertação de mestrado de Machado (2007). Resultados parciais também foram publicados em Machado & Prado (2005). Em Prado e Machado (2008) e em Prado, Machado e Carmona (2009) foram publicados resultados complementares.

não tivessem a mesma orientação sexual ou identidade de gênero semelhante aos atendidos no Centro de Referência LGBT governamental, mas com a condição de que fossem capacitados pelo movimento LGBT.

Daí também surgiu a demanda, pelo movimento LGBT ao poder público de Belo Horizonte, da criação de uma instância governamental específica, isto é, de uma Coordenadoria dos Direitos de Lésbicas, Gays, Bissexuais, Travestis e Transexuais:

> Todavia, enquanto tal reivindicação não adentrar a agenda institucional da PBH, o 'lugar' possível desta política parece ser no âmbito da Coordenadoria de Direitos Humanos, como vem ocorrendo desde 2005. No entanto, a intermitência do processo de institucionalização do CRLGBT vem contribuindo para enfraquecer e deslegitimar, ainda mais, as tentativas de elaboração e implementação de uma política governamental na referida área. Ressalta-se, também, que as contratações de técnicos e estagiários de nível superior, possibilitadas anteriormente com recursos federais e municipais para custear o pagamento da equipe de trabalho do CRGLBT, entre 2007 e 2008, demonstraram não ser tão consistentes no que tange à continuidade desta política. Repete-se, em 2010, a mesma dinâmica das contratações temporárias de profissionais para atuar no referido equipamento. Contudo, agora somente financiadas com recursos municipais. (Passos, 2010, p. 199)

A política municipal LGBT deveria substituir os contratos de prestação de serviços pela designação de servidores públicos para atuarem no Centro de Referência, sob a gestão da CMDH, bem como a partir de um efetivo controle social pelos grupos LGBT. Entretanto, essa proposta para uma nova estrutura iria romper com o pacto velado, mas simbólico, da criação da parceria entre o poder público e os grupos LGBT. Assim, no primeiro semestre de 2010, não foi possível aprovar a verba financeira, para manutenção do CRGLBT, por meio da Secretaria Especial dos Direitos Humanos da Presidência da República. O Executivo Municipal, portanto, disponibilizou recursos próprios para reativação do CRLGBT.

Nesse sentido, foi realizado um processo seletivo público simplificado, instituído pelo Edital de Seleção SMADC 001/09, publicado em 16 de dezembro de 2009, no Diário Oficial do Município. Por intermédio desse instrumento, foram abertas três vagas para as funções de Supervisor Técnico, Advogado e Técnico Social. No dia 14 de janeiro de 2010, o mesmo jornal publicou o resultado final do processo seletivo público simplificado, visando reabrir tal equipamento público e reativar a política LGBT em âmbito municipal. O CRLGBT continuou vinculado diretamente à Coordenadoria de Direitos Humanos e submetido hierarquicamente à Secretaria Municipal Adjunta de Direitos de Cidadania, a qual, por sua vez, está vinculada à Secretaria Municipal de Políticas Sociais da Prefeitura de Belo Horizonte.

As políticas de direitos específicos têm alcançado maior relevância na sociedade, em relação às políticas universalistas de direitos humanos. Os movimentos sociais e as políticas que reivindicam direitos específicos se fortaleceram na fundamentação dos movimentos sociais e das políticas universalistas. Entretanto, quando ganham força deixam de articular suas lutas com outras, ou mesmo deixam de trabalhar pelas ações políticas universais. Com isso, as políticas universais ficam perdidas ao serem desvalorizadas pelos próprios segmentos, e as lutas se tornam individualizadas, descontextualizando suas questões mais amplas. Entre as considerações de profissionais que estiveram direta ou indiretamente ligados à coordenação da política do CRGLBT, Passos (2010) destaca que:

> No plano social e político, a implementação de políticas públicas voltadas para as especificidades do segmento LGBT, especialmente aquelas de enfrentamento às históricas formas de violência e discriminação homofóbica, concorre cotidianamente com cristalizadas lógicas de poder e hierarquias. Esta constatação faz com que pensemos detidamente na proposta estrutural e metodológica do Centro de Referência e na sua localização na área dos direitos humanos e cidadania, tendo em vista suas reais possibilidades de eficácia, eficiência e impacto no campo das políticas sociais. Pondera-se, ainda, a escassa representatividade do binômio direitos humanos e cidadania no cenário político, institucional e administrativo atual da Prefeitura de Belo Horizonte e, consequentemente, no seu impacto progressivamente diminuído, especialmente a partir da década de 2000. (Passos, 2010, p. 195)

Por isso, é preciso que o Centro de Referência trabalhe conjuntamente com a comunidade e com os grupos militantes. Entretanto, a experiência tem apontado que, quando algum grupo de ativistas assume o espaço do governo, a tendência é que determinados grupos sejam privilegiados politicamente em detrimento de outros, por questões ideológicas e/ou pessoais, o que limita a efetivação de uma rede democrática de atuação, atenuando ainda mais o compromisso do Estado com as políticas sociais (Fonseca, Nascimento & Machado, 2007).

Na atual conjuntura, o CRLGBT se tornou um órgão individualizante, burocratizante e aburguesado, principalmente pelo fato de localizar a discussão na vítima e não no fenômeno sociopolítico mais amplo. Dessa forma, ressalta-se a necessidade desse órgão se tornar uma política pública de Estado:

> Apontamos mais uma vez para a importância da efetivação deste órgão (CRGLBT) como uma política pública permanente, aberta à sociedade civil, mas de responsabilidade estatal, pois assim conquistará legitimidade para executar projetos de longa duração e estabilidade político-institucional para se posicionar de modo mais firme e autônomo. Apontamos também para a importância de formas mais objetivas de regulação e controle social para a execução destas políticas e para a solidificação de instituições transparentes, dinâmicas e comprometidas. (Fonseca, Nascimento & Machado, 2007, p. 8)

No contexto atual, a realização das Paradas tem sido comandada pelos grupos CELLOS, ALEM e ASSTRAV, a partir do referencial de se constituir como um ato político, buscando, assim, evitar que esse evento seja capturado pela lógica de mercado e, consequentemente, perca a sua expressão histórica de ser um ato eminentemente político, que expressa as demandas, perspectivas e desafios do movimento LGBT belo-horizontino:

> Explica-se, pois, que ao longo da semana da Parada, tradicionalmente, são realizados vários eventos, quais sejam: seminários, palestras, premiações, entre outros que discutem temáticas pertinentes ao campo de luta do movimento LGBT. Além disso, um dia antes da Parada acontece a Caminhada da Visibilidade Lésbica, como dito anteriormente. No dia propriamente de realização desta manifestação é montado um palanque na área de concentração do evento que, antes da saída dos trios elétricos acompanhados pelos militantes e frequentadores, é ocupado por diversos atores sociais, ou seja, lideranças sindicais, gestores públicos, parlamentares, membros da academia e de outros movimentos sociais etc., convidados a fazerem os seus pronunciamentos, sendo ouvidos pelo público ali presente. (Passos, 2010, p. 210)

Um desafio que ainda permanece é a tentativa de transversalizar a política LGBT nas demais políticas que compõem a PBH. Mesmo diante de todas as iniciativas da equipe voluntária do CRDS para transversalizar aquela temática na SMADC, desde o ano de 2002, e das mesmas tentativas da Coordenadoria de Direitos Humanos, desde 2005, percebe-se que as correlações de força e poder entre as políticas internas acabam propiciando uma falta de compreensão e sensibilização por parte das demais políticas para tal interface. Dessa forma, as ações de capacitação e formação realizadas pela CMDH não conseguiram instituir ações intersetoriais significativas, sobretudo, pela pouca autonomia dessa política na PBH. Vale ressaltar que o alcance das ações de formação tem sido dar visibilidade à política LGBT no âmbito da PBH, por meio da divulgação do CRGLBT e de suas funções no âmbito da CMDH:

> Trata-se, a nosso ver, de uma política cada vez mais distanciada das esferas centrais de poder e decisão e com parcos recursos humanos, financeiros e materiais. Além disso, trata-se de uma política com pouquíssima capilaridade intra e intergovernamental. Especialmente, a política LGBT é a mais nova e incipiente, uma política incrustada na política de direitos humanos que, por sua vez, encontra-se esvaecida e sub-alojada em uma política de direitos de cidadania. Ademais, a primeira, desde a sua origem, vem sendo executada por setores do movimento social LGBT. (Entrevista 2BH)

A parceria com a política municipal de saúde tem sido feita diretamente e, somente, entre os grupos do movimento LGBT. As únicas ações desenvolvidas entre a política municipal de saúde e a política municipal de direitos humanos foram: uma breve exposição da Coordenação de DST/AIDS no I Ciclo de Debates: Construindo Políticas Públicas, em 2007; e a participação da referida Coordenação no Fórum Municipal GLBT: Cidadania e Políticas Públicas, ocorrido em 2008, sendo os dois eventos realizados pela CMDH/CRLGBT. Isso acabou fragmentando e enfraquecendo ainda mais a consolidação dessa política no governo municipal, pois o trabalho que ambas as políticas desenvolvem são relevantes para melhor abarcar a complexidade das demandas no campo LGBT.

No que se refere à política municipal de educação, destaca-se que a SMED implantou, em 2007, o Programa Diversidade Sexual na Educação, no âmbito do Núcleo de Relações Étnico-Raciais e de Gênero. Nesse ano, foi realizado, de forma pioneira no país, o I Seminário sobre Orientação Sexual e Identidade de Gênero: educando para a diferença, no qual a CMDH e o CRLGBT estiveram representados pela participação em uma mesa de comunicações do evento. A partir desse evento, foi elaborado e desenvolvido um curso de formação, chamado Educação Sem Homofobia, para 240 educadores(as) das Redes Municipais de Ensino de Belo Horizonte e Contagem, entre abril e novembro de 2008, coordenado pelo NUH/UFMG e financiado pela SECAD/MEC. Além disso, em dezembro de 2008, o Conselho Municipal de Educação de Belo Horizonte (CMEBH), a partir da demanda apresentada pelos movimentos sociais locais e nacionais, aprovou, por unanimidade, a inclusão do nome social de travestis e transexuais nos registros escolares das Escolas da Rede Municipal de Belo Horizonte.[8] Foram também realizados cursos de formação para os conselheiros(as) sobre a temática direitos humanos e cidadania LGBT. Entre abril e novembro de 2010, foi realizado o II Curso de Formação "Educação Sem Homofobia", para 500 educadores(as) das Redes Municipais de Ensino de Belo Horizonte, Contagem, Santa Luzia, Ribeirão das Neves, Betim e Juiz de Fora, sendo, novamente, coordenado pelo NUH/UFMG e financiado pela SECAD/MEC.

Além disso, as parcerias entre a CMDH e o NPP/UFMG e, posteriormente, com o NUH/UFMG, possibilitaram uma formação teórica mais consistente para a equipe da CMDH e do CRGLBT e, consequentemente, para suas ações de capacitação de agentes públicos na PBH. Nesse contexto, um pesquisador do NPP/UFMG integrou a equipe técnica do CRGLBT e ocupou, por certo período, o cargo de psicólogo.

Contraditoriamente a tais ações de formação, ocorre, nesse período, no âmbito do Governo Federal, o veto ao *kit* contra homofobia. O material era composto por seis revistas de histórias em quadrinhos com foco no público adolescente, como parte do programa de prevenção de doenças sexualmente transmissíveis (DST) e AIDS, em uma parceria entre os ministérios da Educação e da Saúde, a Organização das Nações Unidas para a Educação, a Ciência e a Cultura (UNESCO), o Fundo das Nações Unidas para a Infância (UNICEF) e o Fundo de População das Nações Unidas (UNFPA). Em 2010, tais revistas chegaram a ser remetidas às secretarias de saúde nos estados para serem distribuídas nas escolas, mas por pressão da bancada evangélica no Congresso Nacional, a presidente Dilma Rousseff vetou a

8. Para mais informações, ver Resolução nº 002/2008 do Conselho Municipal de Educação de Belo Horizonte.

continuidade da produção e da distribuição dos *kits*. De forma pejorativa, a bancada parlamentar passou a chamar o material educativo de *kit gay*.

A decisão do poder executivo de suspender um *kit* pedagógico destinado a auxiliar professores e alunos para o debate sobre a diversidade de orientações sexuais e de expressões de gênero representa uma repetição do modelo institucional brasileiro. Essa situação demonstra as hierarquizações em torno da sexualidade e dos modos de gerenciá-la.

> Há, do ponto de vista dessas decisões, um tempo considerado adequado para falar e pensar sobre a homossexualidade como uma possibilidade; há lugares em que se deve falar sobre a diversidade; quando se pode falar e pensar nesses lugares e momentos adequados; e há uma determinada forma à qual a constituição dessa diversidade deve estar circunscrita. (Nardi, Rios & Machado, 2012, p. 8)

O ano de 2011 pode ser considerado um período de mais inserção e consolidação das ações políticas do CRLGBT na cidade de Belo Horizonte, por meio das frentes de formação, capacitação e atendimento de casos, bem como por ter sido o ano de realização da I Conferência Municipal LGBT. Essa conferência foi discutida a partir dos seguintes eixos temáticos: Saúde; Educação; Cultura; Direitos Humanos; Segurança Pública e Justiça; Trabalho e Renda. Porém, as diretrizes aprovadas permanecem como desafios no contexto atual. Ao se comparar os objetivos dessa conferência com os objetivos do Fórum LGBT, ocorrido em 2008, é possível perceber que não ocorreram mudanças significativas nas conquistas LGBT, o que aponta para a morosidade e burocratização do serviço público.

No primeiro semestre de 2012, foi publicado um Guia Direitos Humanos e Cidadania LGBT, para divulgação dos serviços e orientações básicas sobre direitos. Isso demonstra uma tentativa do CRLGBT de ampliar e fortalecer sua divulgação na cidade; porém, percebe-se que o impacto não foi como o esperado.

Todo esse percurso possibilita argumentar que a relação ambígua entre poder público e movimento social tem conduzido a uma certa assimilação dos movimentos sociais ao acolherem a pressão do Estado para que reproduzam discursos mais alinhados às lógicas governamentais. Isso se torna mais perceptível quando lideranças entre os militantes ocupam cargos de assessoria no poder público, desmobilizando seu posicionamento crítico frente ao governo (Bernstein, 1997).

No contexto atual, permanece o mesmo quadro de desmobilização desse serviço, pela falta de maior reconhecimento pelo poder público e, consequentemente, pela ausência de recurso próprio, o que deixa constatado que o modelo do sistema público é cíclico e o quanto é difícil sair da roda ou mesmo reinventá-la. Até 2012, o CRLGBT se encontrava refém do convênio com o Governo Federal, que não foi renovado, e da não formalização dessa política na estrutura do governo municipal.

Em âmbito mais amplo, vale destacar a recente pesquisa realizada sobre as políticas públicas LGBT no Brasil, na qual se constata que Belo Horizonte não se encontra em situação diferente da nacional. O professor Luis Mello, coordenador do referido estudo, problematizou o tratamento dos direitos sexuais no Brasil, por meio da análise crítica do processo de formulação e implementação de políticas públicas de combate à homofobia e de promoção da cidadania e dos direitos humanos da população LGBT. O pesquisador argumenta que:[9]

> A despeito dos avanços nas iniciativas governamentais, especialmente no âmbito do Poder Executivo Federal, o que se observa é que nunca se teve tanto e o que há é praticamente nada. Essa talvez seja uma boa fórmula geral para mostrar o paradoxo da situação dos direitos da população LGBT no Brasil hoje. (Mello, Avelar & Maroja, 2012a, p. 1)

Nesse sentido, como aponta a entrevista a seguir, ao longo dessa trajetória cheia de retrocessos, alguns poucos avanços são percebidos e, talvez, o mais consistente seja a visibilidade da temática nos espaços municipais de interlocução do poder público:

> É claro que a história faz com que as políticas amadureçam. Não é possível que experiências, sejam elas negativas ou positivas, não tenham um encaminhamento qualquer [...]. Houve uma história, e essa história tem desdobramentos, tem efeitos; tem um amadurecimento do próprio município. Então, o que a gente percebe hoje é que já não causa tanto estranhamento – nas demais

9. Para mais informações sobre a pesquisa, consultar o site disponível no *link* <http://www.sertao.ufg.br>, *site* do *Ser-Tão*, mais especificamente, o Núcleo de Estudos e Pesquisas em Gênero e Sexualidade da Universidade Federal de Goiás (UFG).

> políticas, nos espaços onde se fala em Direitos Humanos – falar de público LGBT. (Entrevista 6BH)

Todo esse percurso histórico-social e político, discutido nesse item sobre a política LGBT em Belo Horizonte, aponta em direção aos desafios frente às correlações de força e poder presentes no processo ainda inacabado da (não) institucionalização da política LGBT do município como uma política pública. Quer dizer, ver o direito garantido está além da criação de leis e políticas, requer, também, a construção de ideologias alternativas ao modelo hegemônico, que mostre a cara da diversidade de cada belo-horizontino, de cada brasileiro, e de cada ser humano.

4.

A (NÃO) INSTITUCIONALIZAÇÃO DA POLÍTICA LGBT NO PODER PÚBLICO DE LISBOA: entre o universal e o particular

Sem memória não existimos, sem responsabilidade talvez não mereçamos existir.
Dentro de nós há uma coisa que não tem nome, essa coisa é o que somos.

José Saramago

Escrever sobre a recente história da (não) institucionalização da política LGBT no poder público de Lisboa requer perpassar pelas principais ações políticas LGBT ocorridas no âmbito português. Seguindo a mesma lógica utilizada no item anterior, para reconstrução dessa história foram utilizadas, como referências básicas, os projetos, relatórios e publicações construídas pela equipe da CIG e por militantes, além dos argumentos utilizados pelos entrevistados na presente pesquisa de doutorado e na dissertação de mestrado da acadêmica e ativista portuguesa Ana Cristina Santos.

Em Portugal, mesmo após o fim da ditadura, em 1974, permanece uma ideologia moralista cristã que dificulta a intervenção no espaço público. No entanto, o ativismo LGBT possibilitou conquistas em termos socioculturais e, sobretudo na década de 1990, conquistas a nível jurídico. Ainda na década de 1970, surgem as primeiras manifestações públicas exigindo liberdade sexual, mesmo que de forma bastante incipiente – sobre o surgimento dessas manifestações, vale ressaltar: a publicação do manifesto do Movimento de Ação Homossexual Revolucionário (MAHR), ocorrida no Diário de Lisboa, em 13 de maio de 1974; o nascimento do Coletivo de Homossexuais Revolucionários (CHOR), em 25 de outubro de 1980; o

I Ciclo de Debates Ser Homossexual, ocorrido em 1982; e os Congressos Nacionais de Sexologia, que acontecem nos anos de 1984 e 1987 (Almeida, 2010; Cascais, 2006; Santos, A. C., 2004, 2005). No entanto, foi apenas em 1982 que a homossexualidade foi descriminalizada, sendo necessários vários anos até que surgissem, no país, associações LGBT com intervenção pública, organizada e regular.

Considera-se que tal regularidade pública das iniciativas LGBT em Portugal contribuiu para que o movimento LGBT português emergisse a partir de 1995. Foi nesse ano que se realizou a primeira celebração dos eventos de *Stonewall*, em Portugal, sendo também de 1995 o surgimento da ILGA Portugal – a associação LGBT mais antiga entre as que persistem até o momento.

A. C. Santos (2004) destaca quatro grandes marcos de consolidação do movimento LGBT português coincidentes com a própria história do movimento LGBT de Lisboa, conforme argumentado anteriormente, pelo fato de as grandes ações políticas ocorrerem nessa cidade. O primeiro marco ocorreu em 1997, com a inauguração do Centro Comunitário Gay e Lésbico, com o apoio da Câmara Municipal de Lisboa e sob a coordenação da ILGA. Ocorre também, nesse mesmo ano, a I Celebração do Orgulho Homossexual, o Arraial Gay e o I Festival de Cinema Gay e Lésbico. O segundo marco aconteceu em 2000, com a realização da I Marcha do Orgulho Homossexual, com participação do poder público via Câmara Municipal. O terceiro marco ocorreu em 2002 a partir de dois eventos: a 1ª Semana do Orgulho Gay, Lésbico, Bissexual e Transgênero; e as Jornadas Lésbicas. O quarto marco se deu em 2003 através da iniciativa do 1º Fórum Social Português (FSP), pelo reconhecimento e articulação ao movimento LGBT.

Após a descriminalização da homossexualidade, em 1982, Portugal assiste a um período de quase duas décadas em que nenhuma conquista jurídica foi concretizada no campo LGBT. Entretanto, nesse contexto, em 1999, a Assembleia da República aprovou o decreto nº 416/VII para criação do Programa da Saúde e da Sexualidade Humana, que significou o ensino obrigatório de temas sobre sexualidade, AIDS e temas transversais nas disciplinas do ensino básico ao secundário.

Em 2001, foi aprovada a Lei das Uniões de Fato, que garantiu o reconhecimento da coabitação a casais, independentemente da orientação sexual. Esta foi uma batalha do movimento desde a década anterior, sendo celebrada como uma vitória coletiva. Em 2002, ocorreu o Manifesto *Reconhecer a*

Diversidade, Promover a Igualdade, no qual as associações LGBT reivindicaram pela efetivação da Lei nº 120/99, de garantia ao direito à saúde reprodutiva no âmbito da educação sexual, como ressalta A. C. Santos (2004, p. 261):

> Nos anos seguintes, os manifestos anuais do movimento mantiveram muitas das antigas reivindicações, assumindo, contudo, contornos renovados impostos pela agenda externa ao próprio movimento. [...] É notória uma crescente aproximação da Europa e da retórica do direito internacional – com especial incidência nos documentos internacionais de direitos humanos e direitos sexuais.

Tais considerações podem também ser verificadas no documento oficial do Portugal Pride, que enfatiza ser "tempo de a lei portuguesa dar aos cidadãos as mesmas garantias de defesa dos direitos humanos que a nível europeu o Estado Português já assumiu" (Portugal Pride, 2002).

A aprovação da Lei das Uniões de Fato iniciou uma série de alterações jurídicas: em 2003, ocorreram medidas de proteção contra a discriminação homofóbica no Código do Trabalho; e, em 2004, foi aprovada, pela Assembleia da República, a inclusão no artigo 13 da Constituição, a proibição de discriminação em função da orientação sexual. Portugal tornou-se, assim, o quarto país no âmbito mundial e o primeiro Europeu a incluir esse critério na sua Constituição (Santos, A. C., 2008). Outras alterações foram a equalização das idades de consentimento e a proteção contra a violência doméstica e os crimes de ódio, ambos em 2007; e o casamento civil, em 2010. Sobre o casamento civil, vale destacar seu momento de embates políticos, que apontam que a promulgação da lei somente ocorreu devido à tentativa de maquiar a situação de crise do país, e pelas indicações de que o parlamento voltaria a aprovar a lei, caso esta não fosse sancionada pelo Presidente da República.

Entre outras ações, sublinha-se, ainda, as intervenções da esquerda política e de organizações como o Clube Safo, ILGA Portugal, Não te Prives, Opus Gay, Rede Ex Aequo, Panteras Rosas e o PortugalGay.pt, entre outros, por meio de atos públicos, seminários, saraus e publicações (Santos, A. C., 2003). Apesar do impacto político das estratégias desenvolvidas pelo movimento LGBT português, algumas dessas alterações foram também influenciadas por instâncias supranacionais, com especial ênfase para a

União Europeia (Carneiro, 2009; Santos, A. C., 2008). Entre as reivindicações não respondidas pelo poder político e legislativo, permanecem a ausência de direitos de homoparentalidade, nomeadamente: a procriação medicamente assistida, a coadoção e a adoção por casais do mesmo sexo, ou seja, questões da parentalidade e do atendimento aos casos de orientação sobre direitos e enfrentamento à violência. Diante dessa realidade, fica claro que:

> As preocupações que marcam o percurso do movimento feminista português cruzam-se com muitas das reivindicações do movimento LGBT, pelo que ambas as lutas convergem em determinados momentos. É importante considerar que o sistema de opressão – o patriarcado – é comum a ambos, na medida em que impõe modelos estereotipados de homem e de mulher, conferindo, a cada um, papéis sociais predeterminados em função do gênero. (Santos, A. C., 2004, p. 267)

Entre as parcerias estabelecidas pelo movimento LGBT como interlocutores preferenciais se encontram as organizações de defesa dos direitos humanos, seguidas pelas escolas, pelas organizações de defesa dos direitos das mulheres e da mídia. Como segundo parceiro, estão os partidos políticos de esquerda.[1] Posteriormente, "encontram-se os sindicatos, seguidos pela União Europeia. Por fim, estão a igreja católica, as forças armadas e as multinacionais" (Santos, A. C., 2004, p. 270).

Assim, a realidade das lutas em Portugal tem mostrado que a proteção jurídica, por si só, não basta para efetivação de direitos. Não obstante, há fatores da esfera jurídica que têm contribuído para tais avanços: a) a visibilidade social de que os direitos LGBT são reivindicações tão legítimas quanto as de outras minorias sociais já reconhecidas; b) os direitos garantidos nas leis se tornam um forte argumento em relação à opinião pública, contribuindo para a transformação de representações sociais; c) a formalização da lei serve como poder simbólico, independentemente de sua efetiva aplicação (Santos, A. C., 2004, p. 285-286).

Dessa forma, a articulação entre a arena jurídica e política tem funcionado como espaço de produção simbólica, o que instiga a ampliação de atores sociais parceiros e de novas mobilizações e participações que têm propiciado novos marcos de cidadania. No âmbito governamental, a realização do

1. Tais como: Bloco de Esquerda (BE), Juventude Socialista, Partido Ecologista Os Verdes (PEV) e Partido Comunista Português (PCP).

conjunto de ações do Ano Europeu, em 2007, se destacou como marco de início de um compromisso formal com a temática direitos humanos LGBT.

No nível da interação entre movimento social e poder público em Portugal, o interesse analítico do presente estudo centrou-se na criação de órgãos tais como a Comissão para a Cidadania e Igualdade de Gênero (CIG), que assume esta nomenclatura e novas funções a partir de 2007, bem como a criação da Secretaria de Estado para a Igualdade (2009). Apesar de não serem órgãos específicos para a área LGBT, eles têm sido importantes interlocutores do movimento LGBT, assumindo a luta contra a discriminação sexual entre as suas prioridades políticas.

A CIG dispõe de um conselho consultivo que integra representantes de vários departamentos governamentais, organizações não governamentais e um grupo técnico-científico. Entre eles, há uma representação do movimento LGBT, por meio da ILGA Portugal. A CIG também fornece orientação jurídica por meio eletrônico, telefone e presencial.[2]

Em 2011, a partir da parceria entre o poder público e os movimentos sociais, foi criado o IV Plano Nacional para a Igualdade – Gênero, Cidadania e não Discriminação. O referido Plano Nacional propõe medidas para combater desigualdades, a serem aplicadas ao longo de três anos (gestão 2011-2013). Tais medidas estão divididas em 14 áreas estratégicas, que vão desde a integração da dimensão de gênero na administração pública até à independência econômica. Elas defendem o acesso igual de homens e mulheres ao mercado de trabalho, bem como nas relações sociais e familiares.

O plano prevê um maior envolvimento das autarquias e das organizações sem fins lucrativos, que passam a ser parceiros estratégicos na implementação das políticas públicas de igualdade e não discriminação. Foram previstos 77 protocolos com autarquias, bem como a execução de planos municipais para a promoção da igualdade em mais de 100 municípios de todo o país.

O investimento da ILGA Portugal foi fundamental para incluir a pauta LGBT nesse plano. Em 2010, Portugal tornou-se o sexto país da Europa e o oitavo do mundo a garantir ao público LGBT a legalidade do casamento. O

2. "A CIG é um organismo da Administração Pública, com sede em Lisboa e uma delegação no Porto, integrada na Presidência do Conselho de Ministros e tutelada pelo Secretário de Estado da Presidência do Conselho de Ministros. Foi criada pelo Decreto-Lei nº 202/2006, de 27 de outubro. Sucede à Comissão para a Igualdade e para os Direitos das Mulheres, a qual substituirá a Comissão da Condição Feminina. Tem como missão garantir a execução das políticas públicas no âmbito da cidadania e da promoção e defesa da igualdade de gênero". Disponível em: <http://www.cig.gov.pt>.

movimento LGBT continua a influenciar a política de igualdade em Portugal com a participação no Conselho Consultivo da CIG, o que contribuiu para que fossem incorporadas pela primeira vez no Plano da Igualdade medidas de combate à discriminação com base na orientação sexual e na identidade de gênero.

Nesse sentido, a ILGA Portugal, com sede em Lisboa, tem desenvolvido, entre outras, as seguintes atividades em parceria com o poder público:

- Acompanhamento da situação política nacional e internacional e intervenção na agenda política em questões relevantes para os grupos LGBT;
- Acompanhamento das eleições presidenciais, chamando a atenção para as questões relacionadas à discriminação com base na orientação sexual e na identidade de gênero;
- Desenvolvimento de contatos com os partidos políticos, grupos parlamentares e com o governo – nomeadamente, com a Secretaria de Estado para a Igualdade –, enfatizando a necessidade de transversalidade na política de combate à discriminação com base na orientação sexual e na identidade de gênero, e assegurando o cumprimento dos objetivos tratados no Plano Nacional para a Igualdade 2011-2013;
- Acompanhamento e monitoramento do trabalho da Comissão para a Cidadania e Igualdade de Gênero – CIG, promovendo a luta contra a discriminação em função da orientação sexual e da identidade de gênero;
- Gerenciamento da política de igualdade e o cumprimento do Plano Nacional para a Igualdade 2011-2013, por meio da participação no Conselho Consultivo da CIG e dos grupos de trabalho mais relevantes para os fins;
- Promoção de Conferência temática sobre as relações e projetos familiares das pessoas LGBT;
- Promoção de atividades de comemoração ao Dia Mundial de Luta Contra a Homofobia;
- Estabelecimento de linhas de orientação para a organização e participação nas comemorações do Orgulho: Arraial Pride e Marcha do Orgulho LGBT;
- Divulgação dos Prêmios Arco-Íris;

- Promoção das forças e dos serviços de segurança, de modo a reforçar a confiança da população LGBT nestes serviços e a prevenir a violência e os crimes de ódio contra as pessoas LGBT;
- Realização de apresentações sobre a Associação ILGA Portugal e sobre Direitos Humanos e discriminação com base em orientação sexual e identidade de gênero nas escolas das forças e serviços de segurança, com o objetivo de formar agentes policiais em questões específicas LGBT;
- Organização e participação de debates formativos, sessões de sensibilização e ações de formação com preocupação de abrangência geográfica;
- Acompanhamento de redes de ONGs europeias e mundiais, continuando a representar Portugal na União Europeia;
- Manutenção e intervenção na Coordenação Portuguesa da Marcha Mundial de Mulheres, para discussão das famílias LGBT;
- Acompanhamento das diretivas da União Europeia contra a discriminação em função da orientação sexual e a sua transposição para o plano nacional, intervindo também junto das instituições europeias e mundiais.

Nas entrevistas de Lisboa, observa-se também um certo reconhecimento do impacto no poder público com a construção de ações políticas em parceria com os grupos sociais. No entanto, se comparado a Belo Horizonte, esse impacto é sentido pelos entrevistados de forma menos significativa, precisamente, pelo fato de não existir um serviço público formalizado e específico na área LGBT dentro dos órgãos do governo.

De forma geral, aparecem, nas entrevistas, comentários de que certas parcerias estabelecidas entre movimento LGBT e poder público têm conseguido levar a cabo novas formas de convivência social que até então não estavam previstas na agenda do Estado; com isso, o Estado vê-se obrigado a modificar seus valores, atitudes e, consequentemente, sua forma de gestão.

O Centro LGBT é outra grande frente de ação da ILGA em parceria com o poder público. Refere-se a um espaço de cidadania, de integração social e de valorização dos direitos humanos, que visa propiciar atividades culturais, espaços de formação, de atendimento e de orientação ao público LGBT. No entanto, tal espaço ainda carece de maior financiamento para a realização de suas atividades, haja vista que grande parte de sua equipe é formada por voluntários. O espaço conta, também, com uma Linha LGBT – Linha Telefônica de Apoio e Informação LGBT (antiga LAISH), com o Serviço de Aconselhamento e Psicoterapia (SAP), Serviço de Aconselhamento Jurídico, Prevenção de HIV/AIDS, entre outros.

Ao analisar a política LGBT de Portugal, A. C. Santos (2004) comenta sobre os espaços estruturais dessa sociedade, os quais se configuram como arenas de regulação e emancipação. A autora aplica tais categorias, *regulação* e *emancipação*, para uma análise do reconhecimento dos direitos LGBT em Portugal:

- No espaço doméstico, reconhecer os direitos LGBT requer o rompimento com o modelo patriarcal, o qual sustenta relações sexistas e hierarquias de gênero. A conquista do casamento LGBT, portanto, aponta para uma ação de democratização da sociedade, ao permitir a diversificação dos modelos de família;
- No espaço da produção, reconhecer os direitos LGBT significa o enfrentamento a formas de preconceito em função da orientação e identidade de gênero, sobretudo, nos ambientes de trabalho. No espaço do mercado, significa extrapolar o "mercado rosa", isto é, a mercantilização da luta LGBT, produzindo ações contra-hegemônicas ao modelo econômico neoliberal;
- No espaço da comunidade, reconhecer os direitos LGBT requer denunciar atitudes preconceituosas, por meio da organização de ações de protagonismo e associativismo;
- No espaço da cidadania, reconhecer os direitos LGBT significa estabelecer um espaço onde acontecem as lutas jurídicas, com a pressão e monitoramento dos movimentos sociais;
- No espaço mundial, por fim, reconhecer os direitos LGBT significa articular uma nova agenda internacional de direitos humanos, para a construção de modelos globalizados da orientação não heterossexual.

Vale destacar que a redemocratização do regime político português, em 1974, e a adesão do país à União Europeia, em 1986, têm contribuído para uma maior visibilidade e politização das sexualidades. Isso tem possibilitado uma globalização de baixo para cima, na qual o movimento LGBT tem legitimado suas reivindicações sociopolíticas, pressionando o Estado a agir de acordo com as recomendações das instituições europeias. Assim, muitas conquistas ocorridas na área social, inclusive na área dos direitos LGBT, devem-se às orientações e às diretrizes da União Europeia, uma vez que o país quer também acompanhar as agendas socialistas dessa comunidade, considerada como vanguardista.

5.

TRADUÇÃO DE EXPERIÊNCIAS DE IGUALDADE E DIFERENÇA NAS POLÍTICAS LGBT DE BELO HORIZONTE E LISBOA

Tenho o direito a ser igual sempre que a diferença me inferioriza; e tenho o direito a ser diferente sempre que a igualdade me descaracteriza.

Boaventura de Sousa Santos

Esse capítulo tem como objetivo instigar a análise crítica sobre as novas formas de relação entre perspectivas universalistas e particularistas desenvolvidas pelo Estado e pela sociedade civil organizada na formulação e execução das políticas de direitos humanos LGBT, com destaque para as mobilizações dos movimentos sociais e os serviços públicos LGBT no Brasil e em Portugal, com foco em Belo Horizonte e Lisboa. Para tal, foi proposta uma análise das igualdades e diferenças entre as experiências dessas duas cidades, por meio da tradução de saberes e práticas de cada contexto. Buscou-se considerar as diferenças e aproximações entre a construção da política LGBT em Belo Horizonte e Lisboa, ou seja, os contextos específicos e suas correlações conjunturais, possibilitando, dessa forma, propiciar uma tradução (Santos, B. S., 2008) dessas experiências, com o intuito de compartilhamento e ampliação de saberes e fazeres. Sobre tais diferenças e igualdades, é preciso deixar claro que elas não aparecem de forma estática nem fechada. Por vezes, algo que se apresentou como diferença, em um contexto, também se apresentou como igualdade, em outro contexto.

Vale ressaltar que nem sempre as demandas dos movimentos sociais são tão particulares, e que as respostas do poder público também não são estritamente universais, na prática. Porém, aqui, optou-se por analisar as demandas dos grupos LGBT em uma perspectiva particularista, pelas suas especificidades de lutas frente aos processos de discriminação e preconceitos vivenciados, bem como pelos processos subjetivos envolvidos nessa realidade. Nessa mesma lógica, as respostas construídas pelo poder público foram interpretadas a partir de uma perspectiva universalista, uma vez que, de forma geral, estas buscam responder, formal e racionalmente, as pressões e reivindicações sociais – o que acaba conduzindo a respostas muito abstratas e sem consistência na efetividade das ações políticas. Assim, tanto em Belo Horizonte quanto em Lisboa, como fora discutido, há momentos em que esses lugares, posições e papéis se misturam.

A respeito da transversalidade da participação em diferentes grupos pelos militantes LGBT, um fato constatado em Lisboa, conforme aponta o entrevistado a seguir, é que os ativistas com afinidades políticas se sentem à vontade para transitar entre vários grupos LGBT:

> É muito comum haver acumulação de associações no movimento. [...] Na sua esmagadora maioria, temos gente que participa no Club Safo, temos gente que participa na ILGA, temos gente que participa na Não te Prives. O que é característica comum? Regra geral, são as pessoas que fundaram o movimento cá em Portugal, aquelas que sempre tiveram uma intervenção mais politizada. [...] Todos nós temos outras frentes de atuação em outro movimento LGBT. (Entrevista 14L)

O entrevistado a seguir justifica essa transversalidade das participações dos ativistas em vários movimentos LGBT – e mesmo em outros espaços, como no poder público –, dizendo que se trata da multiplicidade de identidades e cidadanias. Parece algo fragmentador, porém, eles demonstram que convivem muito bem com essa fluidez nas representações e participações políticas. O trecho da entrevista a seguir remete à discussão sobre os sujeitos de identidades múltiplas e plurais que compõem as identidades coletivas:

> Nós sempre tivemos pessoas que se lançam por esses vários caminhos, e isso tem a ver com a nossa multiplicidade de identidades e cidadanias. Nós somos tão cidadãos quando estamos a ser acadêmicos como somos cidadãos quando estamos a ser activistas. (Entrevista 10L)

Sobre o nível das mobilizações dos movimentos sociais LGBT, também se percebe uma diferença entre Belo Horizonte e Lisboa. Embora os movimentos portugueses sejam mobilizações menores – em termos numéricos –, a qualidade das ações políticas e de seus efeitos de mobilização na mudança social é muito efetiva.

> Há um discurso de que não existe movimento social em Portugal – que é mentira. Há activismo social muito interessado em Portugal. Sempre que se diz que não existe activismo social em Portugal, está-se a apagar este activismo e a diminuí-lo. (Entrevista 14L)

A partir desse trabalho de tradução de experiências, foi possível perceber momentos em ambas as cidades nos quais os seus movimentos sociais LGBT possuíam uma vontade de mudança e de reapropriação da sociedade – em concordância com a posição apresentada por Touraine (1994).

O argumento do entrevistado a seguir também contribui com essa discussão. As noções de reconhecimento, reciprocidade e pertencimento tornam-se importantes para a compreensão dos processos de constituição das identidades coletivas – o *nós* – como via de realização das ações coletivas (Melucci, 1996a; Scherer-Warren, 2005):

> Não há homogeneidade nos movimentos, e nem há homogeneidade no poder público. Os movimentos são atravessados por diferenças políticas e o poder público também é atravessado por essas políticas. Ou seja, as questões de redistribuição e de reconhecimento – para utilizar aqui os termos da Nancy Fraser – estão ligadas. E, portanto, nós temos uma luta muito forte contra o governo sobre as questões da redistribuição, e temos tido algumas divergências a respeito das questões do reconhecimento. Algumas associações LGBT fazem, como nós, uma ligação mais forte entre a redistribuição e o reconhecimento. Outras fazem uma ligação mais ténue. Ou seja, não se metem em discussões políticas que não sejam políticas sectoriais LGBT. Mas eu acho que as políticas do trabalho, as políticas de redistribuição, também têm um bocado das questões da política do reconhecimento: na questão das mulheres, nas questões LGBT, etc. Se calhar, existe aí alguma separação, um bocadinho maior de campos de associações que, de alguma forma, se enfraqueceram, baixaram as bandeiras e conformaram-se com a proposta do governo. (Entrevista 4L)

Para Touraine, a crise na relação sujeito e sociedade, no mundo atual, representa a separação dualista entre o conhecimento objetivo e o subjetivo, bem como entre o universal e o particular. Enquanto nas sociedades pré-modernas havia certa confusão entre sujeito e objeto, na modernidade ocorre a "derrubada das convenções, tradições, costumes e crenças; a saída dos particularismos e a entrada no universalismo" (Touraine, 1994, p. 216). No mundo pós-moderno, entretanto, verifica-se uma pluralidade de subjetividades e, ao mesmo tempo, uma intolerância a elas. Quer dizer, é preciso pensar no que seria uma sociedade democrática por outro viés, ao contrário do retorno a uma perspectiva apenas universal, racional e objetiva, do século das luzes: "é preciso voltar-se para o sujeito como princípio fundador da cidadania e definir os conflitos sociais como um debate sobre o sujeito – aposta cultural central – entre os atores sociais opostos e complementares" (Touraine, 1994, p. 358).

Pode-se, a partir deste ponto, analisar a relação entre os particularismos dos movimentos sociais e os universalismos do poder público na construção de políticas públicas LGBT. Conforme o trecho de entrevista a seguir, as ações de parceria entre movimentos sociais e poder público na construção de políticas públicas LGBT ainda são muito incipientes e pontuais, principalmente, em Portugal. Contudo, uma iniciativa mais consolidada começa a ser vislumbrada com a inserção da CIG nessas discussões, mesmo que suas ações universalistas ainda sejam reducionistas:

> O Estado português não tem políticas públicas LGBT, assim, todo o trabalho de consciencialização, de informação à população, é feito pelo movimento. Portanto, há uma ausência do Estado. Não estou a dizer que não esteja a mudar: há cinco anos a coisa era horrível. Só que não há um instrumento político, não há instrumento de política pública. (Entrevista 10L)

Sobre as parcerias dos movimentos sociais LGBT, é relevante a constatação de que não há uma rede de parcerias consolidada com outros movimentos sociais em Lisboa. As iniciativas de maior impacto ocorreram apenas a partir de 2003. Esse fato é justificado pelo baixo reconhecimento das lutas LGBT em relação às demais lutas sociais, conforme é levantado pelo entrevistado a seguir:

> Antes de 2003, portanto, nós não tínhamos ninguém, não tínhamos aliados – exceto pessoas concretas em alguma associação feminista ou em alguma associação antirracista, mas eram coisas muito isoladas mesmo. Até 2003 não há nada e, sobretudo, não há relação institucional. Eu lembro-me, por exemplo, das associações como a ILGA ou a Rede Ex Aequo tentarem desenvolver junto ao Ministério da Educação programas para a Educação Sexual... [...] E nem sequer recebemos resposta. Era só negligência. Não havia um ministério ou um órgão institucional que se atrevesse a tocar no tema. (Entrevista 14L)

Além disso, esse fenômeno é reforçado pela cultura imposta por alguns grupos, cultura de que haveria um discurso padrão proferido pela associação de maior visibilidade pública, no qual as demais deveriam se alinhar. Isso dificulta a aglutinação de parceiros com discursos diferenciados:

> As divergências nasceram com o nosso súbito aparecimento no mundo LGBT, sem sequer ter havido qualquer contacto – como practicamente não houve até hoje. Tratou-se de uma posição ideológica afirmativa, de que devia haver uma única associação LGBT em Portugal, e todas as que surgissem deviam discursar pelo mesmo padrão ideológico, de um partido político com que elas estivessem alinhadas. [...] Por isso a Opus Gay foi amplamente atacada, vilipendiada a vários níveis. (Entrevista 15L)

A respeito da relação entre as legislações e as políticas públicas, percebem-se enfoques diferenciados entre a política LGBT de Belo Horizonte e a de Lisboa. No Brasil, o Poder Legislativo não tem alcançado muitas conquistas na área LGBT. Já com relação ao Poder Executivo, há maior número de políticas LGBT consolidadas no poder público, o que pode ser justificado tanto por maior abertura do Poder Executivo para esse tipo de ação, quanto pela necessidade de um compromisso público formal com o fato de o Brasil ter o maior índice de assassinatos homofóbicos do mundo.

Em Lisboa, por sua vez, e acompanhando a conjuntura portuguesa, percebe-se um Legislativo mais comprometido com as causas LGBT. Ao contrário do Brasil, a bancada de religiosos fundamentalistas em Portugal não tem uma influência significativa perante a bancada mais progressista do congresso. Esse argumento foi utilizado pela maioria dos entrevistados lisboetanos. Além disso, o fato de Portugal ter um número muito reduzido de assassinatos homofóbicos em relação à realidade dos demais países nos leva a perceber que os portugueses estão muito mais preocupados com uma mudança cultural para igualdade de direitos do que com uma ação prioritária de combate à violência.

Sobre a dificuldade com o Poder Legislativo, a entrevistada brasileira argumenta de forma direta e sucinta, que:

> [...] no Brasil, a tênue separação entre religião e Estado torna-se um complicador a mais nesse processo, pois, na prática, não há separação entre Estado e religião. Cada vez mais as religiões têm interferido nas decisões do Estado. (Entrevista 10BH)

Essa fala permite retomar a discussão sobre a nova configuração da relação religião-política-mídia, não apenas em Belo Horizonte, mas, em todo país. Em 2013, por exemplo, o pastor evangélico e deputado federal Marco Feliciano (SP), do Partido Socialista Cristão (PSC) de São Paulo, foi eleito presidente da Comissão de Direitos Humanos e Minorias da Câmara Federal (CDHM). Os protestos dos movimentos universalistas de direitos humanos e dos movimentos sociais LGBT, desde então, se intensificaram frente às declarações discriminatórias em relação às pessoas negras, às mulheres e aos homossexuais, bem como pela ausência do partido e seu representante em uma trajetória no campo dos direitos humanos. Apesar da justificativa do partido de que, em uma democracia, eles teriam direito de indicar o representante que quisessem, uma análise crítica sobre esse fato indica o quanto os espaços políticos de direitos humanos estão cada vez mais fragilizados e sendo utilizados como mercadorias de trocas. A não efetivação da laicidade do Estado possibilita uma reconfiguração do lugar dos evangélicos fundamentalistas na política, o que inclui disputas por poder e hegemonia no campo religioso, interesses políticos partidários em coligações para suas campanhas e abertura de espaços da mídia hegemônica conservadora – os quais, até então, eram cedidos em momentos pontuais apenas para católicos.[1]

---

1. Para mais informações, ver o artigo de Renato Janine Ribeiro, publicado no *Observatório da Imprensa* (n. 740, 02/04/2013) e o texto de Leonardo Boff, "O que se esconde atrás do caso Marco Feliciano da Comissão de Direitos Humanos", publicado em 09/05/2013 no *link*: < https://leonardoboff.wordpress.com/2013/05/09/o-que-se-esconde-atras-do-caso-marco-feliciano-da-comissao-de-direitos-humanos/ >.

Assim, por mais que haja um gradativo fortalecimento da perspectiva sócio-histórica e crítica dos direitos humanos, principalmente entre ativistas e acadêmicos, percebe-se que a perspectiva naturalista-cristã, defendida pelos segmentos religiosos fundamentalistas, ainda perpassa o discurso dos direitos humanos (Jurkewicz, 2005). Esse fato ocorre em uma lógica de que "direitos humanos são para humanos direitos", isto é, para humanos identificados ao modelo imposto pela elite dominante. Isso aponta as contradições da teoria naturalista-cristã sobre os ditos direitos humanos universais e sua efetivação frente à diversidade humana.

Sobre o mesmo assunto, a entrevistada portuguesa a seguir aponta outros elementos. Acrescenta, como motivo para o destaque de Portugal na construção de leis LGBT, a pressão e a concorrência entre os países que compõem a União Europeia:

> A nível do Estado, as conquistas no campo dos direitos LGBT têm sido, sobretudo, legislativas. Não foi só o casamento. Antes disso, o código penal tinha sido revisto e os crimes de homofobia passaram a ser agravante. Isto é, os crimes de ódio, se foram por razões homofóbicas, têm uma pena de prisão maior. [...] O que é que não se conseguiu fazer ainda? Ainda não se conseguiu que todos os organismos do Estado - a saúde, a polícia, a segurança social, etc. - tenham as suas próprias normas anti-homofóbicas e de inclusão da diversidade LGBT; que façam programas de combate à homofobia, acções de formação, tenham programas concretos de acolhimento, de discriminação positiva, etc. Percebes? Todo este trabalho que existe mais no Brasil, por exemplo. Ainda não conseguimos dar esse passo. Eu acho que isso agora vai começar a ser possível, porque passou a haver uma Secretaria de Estado da Igualdade, que vem da experiência da SIDA - que, por sua vez, já estava a incluir as questões de orientação sexual e de identidade de género -, e, portanto, vai haver acções pró-activas nesse sentido. Mas grande parte disso tem que vir do movimento, pois chegará o momento em que o movimento vai esgotar a agenda legislativa; assim, o próprio movimento e as alianças com instituições do Estado, que estejam capacitadas e adaptadas para tratar da igualdade, têm que agora promover esse tipo de acções. Estas coisas não estão a resultar em Portugal, mas eu acho que estão a começar a serem feitas. (Entrevista 9L)

No trecho de entrevista a seguir, é acrescentado que, com exceção das políticas públicas voltadas para o enfrentamento da AIDS, não há outras políticas públicas consolidadas nessa área no país, pois o enfoque dos movimentos LGBT portugueses sempre foram as ações legislativas. Porém, com as novas conquistas legislativas na área LGBT, as ações políticas têm caminhado gradativamente para ações junto ao Poder Executivo.

> Faz-me lembrar de coisas que nós não temos e que não estão na agenda da discussão pública. Ou seja, que as políticas sociais integrem a questão LGBT e as discriminações específicas que existem em determinados segmentos da nossa população. [...] Não há nenhum apoio jurídico para homossexuais. Quer dizer, é possível que a ILGA tenha algumas coisas, mas não me parece ser muito acessível. [...] Além disso, também não adianta ter a lei se o próprio mecanismo de manutenção da lei não funciona. [...] Agora que estamos a conseguir uma série de conquistas legais, eu espero que possamos trabalhar a implementação dos direitos que decorrem destas leis, e que a implementação de políticas sociais tenham em conta a especificidade da discriminação LGBT. (Entrevista 4L)

O trecho de entrevista a seguir reafirma, de forma sintética, tal discussão:

> Não há um organismo para queixas. Nós temos, neste momento, uma lei que versa sobre 'crimes de ódio'. [...] Mas, não há ninguém para receber estas queixas e tratá-las, tendo competências para isto. (Entrevista 12L)

A articulação entre direitos humanos e direitos LGBT também foi um ponto de divergência entre os paradigmas teórico-políticos escolhidos por cada país e, consequentemente, por suas cidades. No Brasil e, mais precisamente, em Belo Horizonte, percebe-se que a construção da política LGBT acontece no âmbito da política pública de direitos humanos: desde ações mais pontuais, ocorridas a partir da década de 1970, até a formalização dessa política pelo Ministério de Direitos Humanos, a partir do Programa Brasil sem Homofobia, em 2004, que descentralizou serviços vinculados aos órgãos de direitos humanos pelo país. Essa articulação é perpassada por tensionamentos, já discutidos ao longo desta pesquisa; porém, é uma articulação que sempre esteve presente, seja nas ações políticas, seja nas discussões teóricas. No entanto, se, por um lado, do ponto de vista legalista e sócio-histórico, essa articulação potencializa as lutas por direitos LGBT, por outro lado, do ponto de vista institucional e da execução da política municipal, tal articulação enfraquece as lutas por direitos LGBT, dado que a política municipal de direitos humanos está cada vez mais deslegitimada pelo governo. Isso conduz a uma desmobilização de suas ações políticas, tanto no âmbito interno governamental quanto na sua visibilidade e relevância social.

As tensões se apresentam em dimensão mais ampla pela forma excludente da própria criação dos documentos universais de direitos humanos e dos documentos específicos de direitos LGBT. Esse fato conduz ao questionamento: é possível participar da construção da política sexual reivindicando especificidades e pluralidades sem cair nos mesmos efeitos da universalidade disciplinar que se critica? É a partir de uma releitura da relação entre direitos sexuais e direitos humanos que a construção de identidades políticas aparece na ampliação do que é o humano. Pensar a dinâmica das ONGs e dos grupos sociais, bem como as trajetórias dos militantes, é perceber quando os direitos sexuais se deslocam dos direitos individuais para os direitos sociais, como princípio do bem comum.

É por isso que, para Foucault (2002), o Estado não é uma grande caixa da qual o poder emana, mas um processo permanente de criação e recriação de lógicas de poder. Assim, o posicionamento dos novos atores sociais, ativistas do movimento LGBT, também propicia impactos nos programas. Frequentemente, esses novos atores resistem às normas que lhes são impostas pelas políticas de direitos humanos, argumentando que, muitas vezes, tais políticas têm servido apenas à higienização da sexualidade.

Em Portugal, constata-se outra lógica de construção da política LGBT, sobretudo, pelo fato de o país e o contexto europeu no qual está inserido dar maior relevância aos direitos fundamentais, isto é, àqueles direitos já garantidos constitucionalmente. Com isso, a discussão não ocorre via direitos humanos, mas via direitos de igualdade. Quer dizer, seja pela ênfase no poder legislativo, seja pelo descrédito no princípio da universalidade nos documentos internacionais de direitos humanos, as lutas por direitos LGBT perpassam as discussões sobre igualdade de direitos. Percebe-se também que, quanto mais esses atores sociais estão articulados à esquerda política, menos associam direitos humanos a direitos LGBT e, quanto mais estão articulados à direita política ou mesmo às ações do poder público, maior é a articulação dos direitos LGBT com os direitos humanos.

Dessa forma, é possível analisar, junto às entrevistas a seguir, que essa relação entre direitos humanos e direitos LGBT está presente em alguns discursos pontuais, quando querem, por exemplo, tratar de questões ligadas à violência – porém, essas discussões não ocorrem de forma explícita.

> A minha percepção é de que essa relação nem sempre foi explícita, ou que nem sempre se disse que os direitos sexuais são direitos humanos. Acho que isso começa a ser uma questão, e começa a olhar para os direitos sexuais como uma questão de direitos humanos. Não vejo muito essa associação: de que os direitos sexuais são direitos humanos. [...] Esta é uma relação que para mim não está de todo clara e que não está presente no meu quotidiano activista, digamos. Essa força 'direitos sexuais são direitos humanos' não informa o meu activismo. Não vejo os direitos humanos como um discurso associado aos direitos sexuais. No movimento, pelo menos, eu não vejo isso. Da mesma forma que eu não associo, nunca ouvi ninguém me falar em termos de direitos humanos: o máximo que fazem é dizer 'os direitos LGBT são direitos humanos'. (Entrevista 13L)

Dizer que direitos LGBT são direitos humanos é uma afirmação que, para os entrevistados portugueses, não aparece de forma clara nem informa o cotidiano de suas ações reivindicatórias. Alguns, inclusive, apontaram que pensar direitos humanos como um guarda-chuva para a proteção e promoção dos direitos específicos é algo interessante. Porém, muitos ressaltaram que isso se torna abstrato, uma vez que nos maiores documentos internacionais de direitos humanos não consta algo explícito sobre os direitos LGBT – embora sustentem representações explícitas de outras lutas sociais. Por isso, o entrevistado a seguir aponta como um risco e, ao mesmo tempo, como um desafio, a tradução desses direitos humanos para o caso das particularidades do direito à igualdade para o público LGBT:

> Não sei bem responder a isso, porque eu nunca percebi muito bem o que é direitos humanos do ponto de vista político. [...] Eu acho que a ideia de 'direitos humanos' é um chapéu-de-chuva muito grande. Mas é importante, porque é uma espécie de referente simbólico sobre aquilo que se considera ser absolutamente fundamental da ordem da moral. Nesse sentido, acho correta a ideia dos direitos da sexualidade, ou identidade sexuada, orientação, identidade de género, serem direitos humanos. [...] A mim, o que me interessa – se calhar por ser antropólogo – na questão dos direitos humanos, é a questão da 'universalidade' ou não dos mesmos. [...] Está implícita no reconhecimento

> do direito humano a livre orientação sexual, a livre identidade de género. Não é este o instrumento de reivindicação. Eu uso muito mais 'igualdade', 'igualdade de direitos' e, por direitos, eu quero dizer os direitos constitucionais, os direitos das leis. [...] Eu acho que é um risco quando os direitos são transpostos para outros contextos culturais. [...] Mas eu sei muito pouco sobre isto, infelizmente. Isto é, sei muito pouco sobre como, por exemplo, no mundo árabe ou no mundo islâmico ou no oriente, os activistas estão a tratar a questão. A nível internacional é um problema. [...] Todas as declarações de direitos humanos não incluem nada LGBT. Grande parte do nosso esforço é fazer com que incluam. E não incluem, por quê? Porque justamente são declarações feitas por signatários, muitos deles oriundos de contextos políticos e culturais onde a questão é impensável. Como é que nós fazemos o trabalho de tradução disso? É muito difícil. Esse é o principal desafio. (Entrevista 9L)

No trecho de entrevista a seguir, aparece um desejo do Poder Executivo de fazer uma maior aproximação nessa articulação entre direitos humanos e direitos LGBT. Porém, é ressaltada essa dificuldade dado que, mesmo a ONU – conforme os entrevistados belo-horizontinos também destacaram –, não demonstra nas suas prioridades uma preocupação com os direitos LGBT:

> No plano mais internacional, o movimento LGBT tem tentado estar aqui e acolá em algumas agendas, e tem sido invisibilizado de facto por outros movimentos – por exemplo, em Pequim, de forma geral, as mulheres invisibilizaram as lésbicas. [...] Posso dizer que essa agenda está muito escondida nas Nações Unidas [...] e não me parece que a ONU tenha uma preocupação muito grande com a agenda específica LGBT. (Entrevista 5L)

Nesse sentido, no trecho de entrevista a seguir é esclarecido que a noção de igualdade, como arcabouço das várias lutas sociais, se torna mais instigante e mais afirmativa, possibilitando um discurso mais crítico sobre o respeito às diferenças por meio da igualdade de oportunidades:

> Até a noção de igualdade, como chapéu de chuva, é uma noção que acaba por ser mais aguçada que a noção de direitos humanos. É um termo que é mais específico e que não deixa margem para dúvidas. A Igualdade é mais afirmativa, o que não significa que nós não utilizemos também materialmente os direitos humanos como referência em vários níveis. [...] Nomeadamente, a ideia de

> igualdade, a ideia de cidadania, igualdade de género, são designações que se adéquam também ao que nós pretendemos. (Entrevista 11L)

O fragmento de entrevista seguinte ilustra os efeitos desse contexto na criação das próprias nomeações de suas políticas públicas. Além disso, o trecho acrescenta que a origem da ênfase na questão da igualdade vem da fundamentação das lutas por igualdade de gênero, igualdade de oportunidades, como uma especificidade das discussões levantadas pela União Europeia:

> A própria secretaria, a CIG, é a secretaria da igualdade e não a secretaria de direitos humanos. A discursividade dos direitos humanos é muito menos presente, o que faz com que grande parte do discurso seja sobre igualdade [...] O nosso discurso político é muito mais centrado em direitos fundamentais e em questões como promoção de igualdade e luta contra a discriminação e, portanto, menos relacionado com os direitos humanos. (Entrevista 10L)

Porém, alguns entrevistados apontam uma menor resistência sobre o tema dos direitos humanos, por que também demonstram pouca vivência com o mesmo:

> A aliança entre o movimento LGBT e o movimento dos direitos humanos é uma aliança que tem crescido. Até há algum tempo, eram duas coisas distintas. Felizmente, com o passar dos anos, essa aliança tornou-se mais compacta. [...] Há muitas pessoas que fazem parte de organizações de direitos humanos que têm levado a cabo muitas ações de reinvidicações dos direitos LGBT, e eu acho isso muito importante, porque direitos LGBT são direitos humanos; são direitos que dizem respeito a pessoas, portanto, são direitos humanos. [...] Eu acho que cada vez mais a sociedade portuguesa tem dado provas dessa aliança, o que é muito bom. (Entrevista 6L)

No fragmento seguinte, o entrevistado também menciona o seu apoio à concepção de que direitos sexuais são direitos humanos.

> Quando esse discurso começou a ser feito, quando começaram a dizer que os direitos LGBT eram direitos humanos, eu achei óptimo. Eu achei que era por aí que se tinha de ir. (Entrevista 12L)

No trecho de entrevista a seguir, essa adesão se apresenta de forma mais contundente, a partir de um argumento de impossibilidade de dissociação entre direitos LGBT e direitos humanos. A fala aponta para o reconhecimento de que a universalidade supõe a particularidade e vice-versa:

> Eu acho que são a mesma coisa: para mim, direitos LGBT são uma questão de direitos humanos, na medida que nós temos na nossa Constituição um artigo que refere que todos os cidadãos têm direito à formação livre de sua personalidade. [...] Portanto, eu não consigo dissociar. Para mim, a questão dos direitos LGBT sempre foi uma questão de direitos humanos; tem tanta validade como todas as outras. (Entrevista 3L)

Enfim, no trecho de entrevista a seguir, também aparece uma afinidade ao tema, porém, muito mais do ponto de vista dos valores humanitários do que do ponto de vista das ações políticas do cotidiano:

> Eu acho que os movimentos LGBT são herdeiros dos movimentos de libertação em geral, e não vou muito nesse ponto de vista. Na minha opinião, são realmente direitos, isto é, movimentos pelos direitos humanos. (Entrevista 14L)

No trecho de entrevista de um belo-horizontino, é destacada a importância da colaboração entre as lutas sociais, seja por igualdade, seja por direitos humanos. Esse aspecto aponta para uma tentativa de mediação das perspectivas particularistas, por meio de um arcabouço universalista:

> É incontornável a questão dos direitos humanos, ou seja, fazer uma referência à Carta dos Direitos Humanos. Quase todas as leis para um país desenvolvido têm que se delinear também pela carta dos direitos humanos e pela igualdade. Para isso, os direitos humanos têm de obedecer determinadas regras e isso não acontece, mesmo em países democráticos como o nosso. É importantíssimo que haja uma colaboração muito próxima entre os direitos humanos e a comunidade LGBT. (Entrevista 2BH)

Com relação às novas demandas associadas aos direitos LGBT, há também um distanciamento entre as pautas das lutas LGBT e suas parcerias com outras temáticas. O poliamor, por exemplo, tem sido uma nova frente de reivindicações por direitos e suas mobilizações têm se aproximado das

Paradas LGBT portuguesas, principalmente em Lisboa. Em Belo Horizonte, não existe tal articulação; há algumas manifestações acadêmicas pontuais, focadas na região sul do país, mas, sem inserção política nos movimentos sociais. Contudo, a articulação do poliamor às lutas LGBT ainda não é vista de uma forma consensual dentro do movimento LGBT português: há aqueles que reconhecem o poliamor como uma causa de direitos humanos, e há aqueles que diferenciam tais grupos em relação aos grupos LGBT.

Outro fato muito específico da realidade de Lisboa se refere à existência da União Europeia e do Conselho Europeu. Na América Latina, ou mesmo no Brasil, não temos instâncias equivalentes a essas. Dessa forma, algumas negociações políticas acabam divergindo em Belo Horizonte e Lisboa, devido ao fluxo e às hierarquias entre as funções do poder público. Talvez, se existissem, no Brasil ou mesmo na América Latina, instâncias como a União Europeia e o Conselho Europeu, haveriam organismos de maior pressão social pelos avanços humanitários. Dessa forma, comparações entre países vizinhos poderiam ocorrer na busca de avanços civilizatórios. Entretanto, conforme Touraine (1995) elucida, a América Latina possui raízes políticas do autoritarismo, por meio dos seguintes "ismos": clientelismo, populismo e paternalismo. Em tais sociedades, não ocorreu uma ruptura revolucionária do modelo político tradicional, sendo exatamente o papel dos atores sociais na definição do conflito e no compromisso com a participação social que sustentam as reivindicações frente ao sistema político vigente (Touraine, 1997).

No trecho de entrevista a seguir, é enfatizado que muitas conquistas ocorridas na área social, inclusive na área dos direitos LGBT, em Portugal, se devem às orientações e diretrizes da União Europeia, uma vez que o país quer também acompanhar as agendas socialistas da comunidade europeia, que são consideradas como vanguardistas:

> Acho que a União Europeia facilitou uma visão da política enquanto política europeia. Eu considero que as conquistas de lugares, que foram conseguidas em Portugal, foram por influência dos atores europeus, razão pela qual eu penso que realmente aprovaram a não discriminação na Constituição e, agora, o casamento. Não foi pela força do ativismo português, que é muito débil; foi, precisamente, por quererem acompanhar uma agenda socialista europeia. (Entrevista 1L)

Dessa forma, o trecho de entrevista a seguir ressalta que as agendas sobre políticas LGBT estão muito mais presentes na União Europeia do que na ONU. A grande maioria dos entrevistados destacou o Ano Europeu como o marco de formalização dessa agenda política. Foi destacado o papel da União Europeia no financiamento de ações da ILGA Europeia e da ILGA Portugal.

> Já percebi que as questões LGBT na União Europeia estão com muito mais empoderamento, estão muito mais na agenda do que a nível das Nações Unidas. [...] A União Europeia é uma das grandes financiadoras da estrutura da ILGA Europa. [...] O que te posso dizer é que o Conselho da Europa tem uma Comissão para os Direitos Humanos e que o comissário para os Direitos Humanos está com uma agenda fortíssima sobre as questões LGBT. (Entrevista 5L)

No trecho de entrevista seguinte, também é feita uma comparação entre a União Europeia e a ONU, apontando um exemplo ocorrido em Bruxelas, que demonstra uma certa negligência da ONU com as lutas LGBT:

> Creio que foi uma discussão sobre a aprovação do casamento. Foi uma coisa que se desencadeou cá, em Portugal, e que chegou até a discussão da ONU em Bruxelas, e tudo que a ONU fez foi aconselhar sobre a importância da aprovação, para uma melhor convivência na Sociedade. Ou seja, aconselhou que o governo português tomasse uma atitude; aconselhou, mas não obrigou ou proferiu uma fala mais afirmativa apoiando o ponto. (Entrevista 7L)

Da mesma forma, o entrevistado a seguir destaca a importância da União Europeia e do Conselho da Europa nas articulações entre direitos LGBT e direitos humanos.

> A União Europeia e o Conselho da Europa são duas estruturas diferentes, mas que têm uma claríssima repercutividade sobre os direitos LGBT. (Entrevista 10L)

Sobre os regimes políticos, Brasil e Portugal possuem instâncias diferentes, a execução das políticas pelo poder público em Belo Horizonte e em Lisboa possuem especificidades nos seus fluxogramas e nas representatividades dos agentes públicos. O entrevistado a seguir, que é um parlamentar com trajetória no ativismo LGBT, aponta com detalhes as particularidades das instâncias que compõem o poder público português:

> O meu problema aqui é assim: os projectos-lei que nós construímos no grupo parlamentar são mais progressistas do que as propostas de lei que vêm do governo. Mas, basta o governo decidir que em determinado assunto vai ser tratado como proposta de lei e não como projecto-lei para, de certo modo, já não haver nada a fazer. [...] Para isso, tu tens que ver bem que o sistema político não tem nada a ver com o brasileiro. Nós temos uma câmara, o parlamento; o sistema é parlamentar, basicamente. E ao parlamento concorrem diferentes partidos, e elegem os seus deputados. O partido que ganha constitui o governo. Do partido maior – que ganha – sai um governo. Então, o primeiro-ministro – que é o poder executivo – é a principal figura de autoridade, e quem tem capacidades legislativas também, que faz propostas de lei. Depois, completamente à parte, na outra direcção, o presidente da República, que não é uma figura completamente simbólica – como noutros países parlamentares – mas não é executiva, como no Brasil. É 'semi'. Isto é, tem a capacidade de intervir, até um certo limite, nas decisões do governo, por exemplo: ele pode pedir a verificação da constitucionalidade de uma lei, e é o que ele fez com o casamento. Sendo que, em última instância, é sempre o parlamento que decide. Isto por quê? Como são duas eleições distintas, muitas vezes o governo que sai no parlamento é de uma orientação política diferente à do presidente da República. E é o caso agora, não é? O presidente é de direita e o governo é de esquerda. Todas as leis, seja sobre o que for, são aprovadas pelo parlamento e têm de ser publicadas, têm que ser assinadas pelo Primeiro-Ministro e pelo Presidente da República. Assim, após aprovar a lei do casamento no parlamento é que o presidente pode dizer 'eu não gosto disso; suspeito que não é constitucional', e então envia para o tribunal constitucional, que é um órgão 'independente'; juízes nomeados pelos dois grandes partidos verificam a constitucionalidade da lei. Foi isto que ele fez. Só que, desta vez, curiosamente, o tribunal constitucional achou que o presidente não tinha razão, que era perfeitamente constitucional. [...] Nesse sentido, foi uma ótima vitória para nós, porque ele é representante do conservadorismo em Portugal, e todas as suas teses contra o casamento foram derrotadas pelo órgão máximo de verificação da constitucionalidade e, portanto, foi ótimo. Contudo, o presidente da República não pode 'entupir' o processo; ele nunca pode acabar com o processo. O que poderia acontecer era a lei voltar para o parlamento, ser

> reformulada e discutida outra vez. A única coisa que o presidente pode fazer é 'evitar' leis, usando o direito de veto. Só que quando o presidente veta uma lei, ela volta para o parlamento; e o parlamento, se quiser, aprova ela outra vez, e aí já não há mais veto para o presidente. Os poderes dele são, portanto, um pouco simbólicos. (Entrevista 9L)

Com relação ao Poder Judiciário, o entrevistado a seguir argumenta a respeito da pouca expressão pública de Portugal em relação a outros países, inclusive ao Brasil, onde, por compromisso político do Supremo Tribunal Federal, foi aprovada a união civil homoafetiva – mesmo ainda não sendo aprovada pelo Poder Legislativo:

> Não estou a dizer que o Poder Judiciário seja desimportante. Acho que ele não é muito utilizado porque as pessoas não têm um acesso fácil à justiça, porque as pessoas que são vítimas de discriminação dificilmente apresentam queixa, e porque Portugal não tem essa tradição existente em outros países do Poder Judiciário. No fundo, aqui, o poder judiciário tem uma componente apurativa, estritamente, de criar as interpretações das leis. (Entrevista 3L)

Assim, o parlamentarismo é um sistema de governo no qual o chefe de Estado – que pode ser um monarca, como na Inglaterra, Suécia e Japão, ou presidente, como ocorre na França, Itália e Portugal – não detém as funções de chefe de governo. No caso de Portugal, o parlamento escolhe um chefe de governo, entre os blocos político-partidários com maior presença, e este recebe o título de primeiro-ministro – contudo, nada impede a oposição de eleger um representante como primeiro-ministro. Em tese, o líder do partido ou coalizão que obtiver a maioria das cadeiras parlamentares terá direito de escolher o chefe de governo e a compor o gabinete de governo.

Em outra via, o presidencialismo, regime político brasileiro, é uma forma de governo na qual o líder é escolhido pelo povo para mandatos regulares, acumulando a função de chefe de Estado e a função de chefe de governo. Juridicamente, o presidencialismo se caracteriza pela separação de poderes: o Legislativo, o Judiciário e o Executivo são independentes entre si. Tais diferenças implicam lógicas de fluxos e correlações de força e poder específicos nas realidades de Belo Horizonte e Lisboa na construção de políticas de direitos humanos LGBT. Isto é, em Lisboa, o presidente tem pouco poder nas decisões e, com isso, no momento da presente pesquisa, as decisões geralmente vinham de partidos ligados a ideologias de direita, mais conservadores. Conforme foi discutido, é estratégico, em Lisboa, ter um parlamento com ideias progressistas, para que os projetos de lei voltados para os direitos LGBT sejam articulados e aprovados.

No Brasil, ter um presidente com poder político partidário e que seja apoiado pelo Parlamento, significa, portanto, ter autonomia para deliberar sobre projetos de lei. Porém, em 2012, vive-se um momento em que o governo, apesar da sua trajetória de esquerda, tem preferido se posicionar de maneira passiva frente aos projetos de lei violadores de direitos LGBT que se apresentam no Congresso. Mesmo com alguns avanços pelo Supremo Tribunal Federal, como a aprovação do casamento civil, os avanços na legislação sobre a igualdade de direitos às pessoas LGBT ainda são escassos, por omissão do poder público.

Assim, as diferenças dos regimes em si não refletem tanto no compromisso dos governantes com a garantia de direitos humanos, mas têm incidência maior nos fluxos das tramitações e negociações políticas. Em Lisboa, ao contrário de Belo Horizonte, os grupos LGBT possuem uma identificação maior, bem como uma vivência das teorias e práticas que transitam pelo reconhecimento da fluidez identitária. Esses grupos também destacam que há momentos estratégicos para defender uma posição *queer* ou uma posição identitária mais rígida. Acredita-se que na realidade brasileira, tanto pela pouca inserção acadêmica formal dos ativistas quanto pelos altos índices de homofobia que exigem estratégias de construção de políticas identitárias, a teoria *queer* não tenha sido tão identificada pela luta dos movimentos LGBT no país. Porém, essa justificativa precisa ser analisada de forma contextualizada, para não correr o risco de gerar o pensamento equivocado de que a teoria *queer* não esteja preocupada com a homofobia. Ao contrário disso, se, por um lado, as pessoas com "identidade fixa" são nomeadas como aquelas que defendem a parceria com o Estado, o que também gerou, algumas vezes, cooptação e clientelismo, por outro lado, as pessoas de identidade *queers* propõem uma relação mais crítica com o Estado, colocando em xeque a essencialização identitária estratégica. Assim, estes não são necessariamente anti-identitários e/ou acadêmicos como alguns de forma reducionista tentam classificar.

No trecho de entrevista a seguir, é ressaltado que o trabalho dos grupos LGBT de Lisboa não é pela via da afirmação rígida, haja vista que o discurso é sempre pela via da igualdade. Nessa lógica, as diferenças somente se apresentam quando o Estado não reconhece as pessoas LGBT. Assim, é argumentado que a teoria *queer* se torna potencialmente transformadora se não cair em uma perspectiva ortodoxa sobre a fluidez das identidades:

> A questão não é a da afirmação de identidade, a questão é a do combate à homofobia: a heteronorma de atividades. [...] Nós não dizemos que um casal gay é um casal diferente de um casal hétero, dizemos que eles são iguais e têm que ter condições iguais – ou seja, a discursividade é realmente a da Igualdade. E onde é que estão as diferenças? Estão as diferenças na ausência do Estado nos entender como um grupo. [...] Sem entrar em algum radicalismo, o que a teoria *queer* sustenta é, por exemplo, a questão da fluidez e da negação de identidade. Não entro na lógica da hiper fluidez – que, por exemplo, a hiper fluidez impede políticas públicas próprias. (Entrevista 10L)

No trecho de entrevista belo-horizontina a seguir, é argumentado que, em uma cultura de direitos para todos, seria possível abrir mão da luta por uma maior visibilidade da política identitária. Porém, quando ocorre uma violência por motivos homofóbicos, é preciso ter clareza de que, para além de suas *performances*, a identidade sexual e/ou de gênero daquela pessoa foi discriminada. Daí, portanto, advém a necessidade de dialetizar essas perspectivas e estratégias políticas:

> Num mundo ideal, não há nenhuma necessidade de recorrer a conceitos de gênero e a conceitos binaristas de gênero – homens e mulheres –, porque as pessoas constroem as suas identidades a partir de referências múltiplas e exercem determinados modelos que prescrevem determinadas formas de ser, do jeito de pensar, etc., etc. [...] Eu acho que, para viver num mundo em que a gente possa dispensar essas categorias particulares, nós precisamos, primeiro, afirmar as suas existências. Então, isso me faz afirmar as suas existências e juntar pessoas e mobilizá-las no movimento político e no movimento social em torno de categorias dominadas. Portanto, enquanto houver discriminação a homossexuais, enquanto houver discriminação a mulheres, é importante utilizar essa categoria. Isso não quer dizer que não possamos lutar contra a discriminação; e, se não houver discriminação, pode ser que essa categoria deixe de ser útil para a nossa luta. Mas, enquanto houver discriminação, nós temos de usar essa categoria. (Entrevista 4BH)

Com relação à articulação entre trajetória acadêmica e ativista, esse é um outro ponto de diferença entre as cidades pesquisadas. Em Belo Horizonte, percebe-se que o nível de escolaridade dos militantes é, na maioria, secundarista, e que há uma resistência, informal e velada, por parte de muitos membros do movimento social LGBT, em fazer parcerias com a academia ou mesmo em se apropriarem diretamente do discurso acadêmico, por argumentarem que este seria elitista e muito abstrato. Não obstante, algumas experiências êxitosas, mesmo que pontuais, têm ocorrido de forma gradativa. Contudo, percebe-se, também, uma apropriação estratégica do discurso acadêmico por parte dos militantes LGBT.

Em Lisboa, é possível constatar uma lógica diferenciada. O próprio movimento social é composto de forma significativa por acadêmicos militantes, o que torna o movimento bastante intelectualizado. Há uma identificação explícita com o discurso acadêmico, o que propicia um caráter mais teórico nas suas argumentações, com maior inserção de temas acadêmicos ainda não tratados nas experiências de Belo Horizonte.

O entrevistado belo-horizontino a seguir faz parte de uma das exceções locais, conciliando ativismo, trajetória acadêmica e, ainda, experiências no poder público:

> Eu acho que o discurso dos direitos sexuais vem depois dos direitos humanos. [...] Eu tenho a sensação de que eu escutei muito mais direitos humanos LGBT do que direitos sexuais. Direitos sexuais é uma construção mais intelectualizada, que eu acho que requer um pouco mais de formação, requer um pouco mais de inserção nesse campo dos direitos humanos, porque existem subdivisões nele, ou seja, demanda conhecimento de conjuntura, porque os direitos sexuais estão muito mais fora do Brasil do que no âmbito nacional. Os movimentos sociais daqui não têm uma formação acadêmica e nem souberam se apropriar do conhecimento da academia para fortalecerem suas lutas. (Entrevista 7BH)

A partir da coleta e análise dos dados, constatou-se alguns pontos de aproximação entre as experiências e vivências das ações políticas LGBT em Belo Horizonte e Lisboa. No entanto, vale ressaltar que não são aproximações lineares, pois se tratam de contextos muito diferentes. Por isso, é utilizado do referencial teórico-metodológico denominado "tradução" (Santos, B. S., 2003; 2004; 2005; 2008; 2009).

Verificou-se, por exemplo, que os movimentos sociais LGBT de Belo Horizonte e de Lisboa têm relação ativa com partidos políticos. Porém, em Lisboa, essa parceria aparece de forma mais explícita e mantendo constância em partido específico. Em Belo Horizonte, por sua vez, estas são parcerias mais diversificadas e fluidas, e a constância se apresenta apenas com relação ao partido ser da esquerda ou da direita política. Assim, percebeu-se que a relação entre os grupos LGBT e os partidos políticos em Lisboa é muito forte, o que contribui para a compreensão dos conflitos entre as diferentes ideologias partidárias defendidas pelos próprios grupos LGBT. No trecho de entrevista a seguir aparece esse dilema político:

> Os partidos são como uma espécie de bolha absorvedora daquilo que são as dinâmicas sociais: as pessoas são absorvidas para os Partidos, são absorvidas para um tipo de política que se esgota na vida partidária; as pessoas são cultivadas politicamente num tipo de pensamento político que esgota a Política na política institucional e na política partidária, e isto é uma armadilha de pensamento terrível que, infelizmente, ainda limita o movimento social em Portugal – todo ele, e não só o movimento LGBT. (Entrevista 14L)

O entrevistado seguinte também faz uma crítica ao dizer que não existem associações LGBT independentes em Lisboa e que isso acaba prejudicando a autonomia das ações políticas:

> Aqui em Portugal sofremos muito com esse problema: o problema de muitos militantes de um mesmo grupo pertencerem ao mesmo partido político. Não há associações independentes nos diversos setores com os quais se possam fazer coligações alargadas. Isso tem outras consequências negativas, quando, por exemplo, em vez de sermos vistos como uma coligação de esquerda contra-hegemônica, somos vistos como uma coligação mais específica do bloco de esquerda. (Entrevista 1L)

O entrevistado belo-horizontino a seguir busca relativizar esse fato, apontando que a relação entre movimentos sociais e partidos políticos faz parte das ações políticas. Percebe-se que em alguns casos, a adesão aos partidos políticos ocorre espontaneamente e, em outros casos, por pressão dos próprios partidos; no entanto, em ambas as situações, essas adesões ocorrem a partir de muitos jogos de poder e negociações de interesses públicos e privados:

> Tínhamos diferentes visões políticas não só sobre princípios, mas diferentes visões sobre as escolhas de fato e sobre as escolhas estratégicas. Há alguns grupos que têm uma boa relação com o governo e que, portanto, têm uma cooperação mais forte com o governo – mesmo do ponto de vista institucional. Há outros, contudo, que têm um conflito maior com o governo e que, portanto, têm menos cooperação institucional. Nos grupos LGBT também têm militantes com diferentes visões acerca da própria luta LGBT, isto é, do conflito político. (Entrevista 4BH)

A partir desse trecho de entrevista, percebe-se mais um indicador de aproximação entre as experiências políticas LGBT de Belo Horizonte e Lisboa: a fragmentação nos discursos entre os diferentes atores sociais. Essa fragmentação foi constatada na fala de diversos entrevistados, de ambas as cidades pesquisadas, por exemplo, nos argumentos dispersos e fragmentados apresentados por diferentes atores sociais, isto é, pelos movimentos sociais, pelo poder público e pela academia – principalmente, com relação aos dois primeiros, que demonstram um desconhecimento das (e/ou desconsideração pelas) ações políticas que o outro tem trabalhado. A grande maioria dos entrevistados, militantes e agentes públicos, demonstrou ter conhecimento e consideração apenas pelo que seus pares têm realizado.

No trecho de entrevista a seguir, é argumentado que o poder público não consulta os movimentos sociais antes de fazerem suas propostas. O movimento social, no entanto, também não tem monitorado o que o poder público tem realizado:

> Nunca nos perguntaram se era a nossa prioridade, nunca perguntaram ao movimento associativo. Normalmente, avançam com projetos de lei sem perguntar a ninguém; portanto, acabam por querer impor ao movimento uma agenda. (Entrevista 2L)

No fragmento de entrevista seguinte, percebe-se uma divergência entre a lógica de atuação do poder público e do movimento social. Tal divergência é constatada pela dificuldade que cada um desses atores sociais possui para compreender, fora de suas percepções particulares, as possibilidades e limites das ações do outro. Muitas vezes, o mesmo fato é percebido de maneira totalmente diferente por estes atores, o que conduz a tensionamentos que poderiam ser mais produtivos se houvesse maior abertura para construção conjunta:

> Há estruturas do Estado que aplicam as políticas públicas de direitos humanos separadas por ministérios. Por exemplo, tratam isoladamente a questão dos jovens, a questão das crianças e a questão dos deficientes. (Entrevista 10L)

No contexto belo-horizontino, os conflitos entre movimento social e poder público são perpassados por tensões que, na verdade, revelam valores políticos partidários distintos e, consequentemente, posições distintas frente às parcerias estabelecidas com o Estado. No contexto lisboetano, os conflitos se assemelham aos de Belo Horizonte, estando relacionados a valores políticos também distintos. Porém, diferente de Belo Horizonte, em Lisboa são acrescentadas, de uma forma mais acirrada, outras tensões internas mais específicas referentes às reivindicações dos grupos sociais. Conforme aponta a entrevista a seguir, a discussão sobre a aprovação do casamento e, atualmente, a discussão sobre a homoparentalidade, não era consenso entre os movimentos LGBT, o que tem gerado fortes conflitos entre a ala dita "radical" e a ala dita "consensual" dos grupos LGBT:

> Há várias reivindicações no movimento. Há uma associação que há vários anos colocava como prioridade a questão do casamento entre pessoas do mesmo sexo. Essa prioridade, que era atribuída ao casamento, entrava muitas vezes em conflito com outras reivindicações de movimentos ditos 'mais radicais'. [...] E, então, combatiam a ideia de que o casamento deveria ser a grande prioridade do movimento LGBT. Nesse sentido, o grande caminho a traçar seria, por exemplo, o direito ao poliamor – questão que se faz presente no movimento dito mais radical e não se percebe, de forma nenhuma, nas preocupações de associações como a ILGA Portugal. Portanto, a diversidade é uma questão colocada prioritariamente por estes movimentos ditos radicais, e o casamento é a principal questão colocada pela ILGA. Tínhamos, aqui, um ponto de discórdia entre os movimentos, sobretudo, com relação às questões da parentalidade. (Entrevista 13L)

No excerto de entrevista a seguir, é argumentado que essa diversidade de pensamentos e atitudes dentro do movimento é algo progressista, e tem possibilitado uma maior representatividade dos diferentes grupos sociais.

> Acho que há diferentes hegemonias políticas dentro das associações, o que é normal e saudável. Ruim seria se o movimento LGBT fosse um movimento todo homogêneo. Isso seria péssimo, porque significaria que o movimento não seria representativo. E o movimento LGBT será mais representativo quanto mais diverso for. E acho que ele ainda tem que representar também milhares de pessoas que, ainda hoje, não são bem representadas a partir do movimento LGBT existente. Portanto, eu não estou sequer a fazer uma crítica. Acho que é bom que haja diversidade, mas é evidente que isto também significa que há associações que politicamente estão mais próximas de determinados sectores políticos. E isso é assim, isso faz parte da vida, é saudável; faz parte da democracia. (Entrevista 4L)

No trecho de entrevista a seguir, é indicado um conflito entre o segmento transgênero e os demais segmentos LGBT, referente à reprovação da luta pelo casamento e priorização das lutas específicas, pelos primeiros.

> Vez em quando há algum tipo de tensão entre Ts [Transgêneros] e LGBs [Lésbicas, Gays e Bissexuais]; e aqui tens um exemplo mais recente, que é a questão do casamento. (Entrevista 5L)

Este conflito pode ser entendido como um fato emancipatório, pois aponta para a pluralidade existente no próprio movimento LGBT, o que conduz a uma diversidade de lutas e de prioridades. Conforme argumentam Mellucci (1996), Gohn (1997) e Dagnino (2004), essa estratégia garante um caráter mais democrático e crítico ao próprio movimento.

No trecho de entrevista seguinte é ressaltado que falta em Portugal uma lei sobre identidade de gênero, o que também tem conduzido a divergências entre os movimentos LGBT. Essa reivindicação está presente também no Brasil, onde são escassas as políticas públicas voltadas para transexuais e travestis. Apesar de algumas experiências pontuais espalhadas em ambos os países como, por exemplo, a aprovação do nome social nos documentos e nos registros educacionais, as políticas de geração de emprego e renda para este público ainda se fazem ausentes:

> Acho que neste momento falta-nos uma lei de identidade de gênero em Portugal. [...] As pessoas transexuais em Portugal têm uma luta muito difícil, que dura

> cinco, dez anos e que acarreta, neste tempo, uma série de frustrações pessoais, de maus tratos por parte de organismos públicos e privados. (Entrevista 6L)

Em uma entrevista em Belo Horizonte, percebe-se o argumento de que os conflitos internos ao movimento LGBT se apresentam devido às diferentes dinâmicas de atuação apresentadas por cada grupo LGBT, o que remete, justamente, às especificidades das demandas de cada grupo: enquanto os gays estão, na maioria das vezes, vinculados a demandas por reconhecimento (de direitos civis), os grupos de travestis e transexuais estão mais vinculados a demandas por redistribuição (de direitos sociais). Por isso, a discussão sobre reconhecimento e redistribuição (Fraser, 1997) e a discussão sobre velhos e novos movimentos sociais (Touraine, 1984; Melucci, 1996a; Santos, B. S., 2006) não pode ocorrer de forma estanque, mas deve ser dialetizada com as tensões entre o que é possível de ser universalizado e particularizado em cada situação:

> Existem dinâmicas muito diferentes dentro do próprio movimento social LGBT, isto é, existe um movimento mais institucional e tendencialmente voltado para o governo, e outro movimento contrário ao Estado e que faz pressão política no sentido de alterar a legislação, tentando influenciar o Estado. (Entrevista 10BH)

Em ambas as cidades estudadas, foram percebidas hierarquias entre as lutas que compõem o próprio movimento LGBT. De forma geral, elas são percebidas e reconhecidas tanto pelos entrevistados que fazem parte do segmento mais dominante, os gays, quanto dos entrevistados que fazem parte do segmento mais subalternizado, lésbicas, travestis e transexuais. Tanto em Belo Horizonte quanto em Lisboa, os(as) entrevistados(as), gays e lésbicas, apontam o movimento LGBT como um movimento que, em suas lutas, reproduz lógicas machistas e patriarcais, mesmo que indiretamente. Em Lisboa, contudo, a existência dessa hierarquia foi justificada não apenas por questões de gênero, mas, também, por questões de visibilidade e legitimidade política de alguns grupos LGBT:

> A ILGA Portugal quase se especializou na questão jurídica, se desvinculando de toda parte social, enquanto que a Rede Ex-Aequo, por exemplo, se especializou na questão da transformação cultural. [...] A única coisa que, de alguma

> forma, divide as ações das diferentes Associações é que algumas, por exemplo a ILGA Portugal e Rede Ex-Aequo, são muito próximas do governo atual e todas as outras não. (Entrevista 7L)

No trecho de entrevista seguinte, uma militante compara Portugal ao Brasil com relação à situação de subalternidade da luta das lésbicas frente à luta dos gays, afirmando que, em Portugal, a invisibilidade das lésbicas nas ações políticas é ainda maior. Entretanto, apesar deste fato ter ficado claro, apesar dessa subalternidade, há também uma certa desmobilização dos grupos sociais compostos especificamente por lésbicas do país. Elas se encontram desorganizadas, enfraquecidas e pulverizadas e, assim, participam apenas dos grupos mistos:

> Em Portugal, neste momento, não há um movimento específico de lésbicas. Eu sei que vocês, no Brasil, têm um dia contra a lesbofobia e em prol da visibilidade lésbica. Também há lutas específicas em Portugal, mas que nunca foram voltadas para as mulheres lésbicas. (Entrevista 1L)

Sabe-se que a cultura machista impede a abertura de espaços significativos de participação feminina. Por mais que existam feministas lésbicas muito ativas em Portugal, percebe-se um movimento, tanto interno aos grupos LGBT quanto externo a estes, de resistência frente à participação das mulheres nos espaços de decisão política:

> Sobretudo, penso que ninguém está tão bem posicionado como nós para fazer a crítica à cultura gay: às novas discriminações que ela encerra; à discriminação dos transexuais entre gays, na cultura gay; à discriminação das lésbicas dentro das associações gays – que são maioritariamente femininas, mas cujas direções são maioritariamente masculinas. [...] Há pouca coisa para as mulheres; por isso, é preciso dizê-lo e é preciso criar essas alternativas. Mas, para as criar, também é preciso criar a consciência de que existe um problema e uma desigualdade de gênero, inclusive dentro do próprio movimento LGBT. (Entrevista 14L)

Com relação às semelhanças entre Brasil e Portugal, um fator que vale ser destacado é o processo de personificação dos grupos LGBT, isto é, a dificuldade dos grupos sociais LGBT em fazer a alternância de poder dentro do próprio movimento social. Isso tem conduzido a uma personificação dos grupos LGBT pelas lideranças que o representam. Muitas vezes, o grupo é confundido com seu representante. Por um lado, esse fato se deve à dificuldade em formar novas lideranças com qualidade técnica e política; por outro lado, esse fenômeno também pode ser explicado pela dificuldade dos grupos redistribuírem o saber-poder. O entrevistado a seguir comenta sobre esse dilema no contexto belo-horizontino:

> Toda a militância está centralizada em torno de uma [mesma] pessoa. E essas pessoas, por mais que elas tenham tentado democratizar as relações dentro do grupo e mobilizar mais gente, não conseguiram dar voz para novas militâncias; não conseguiram formar novas lideranças. (Entrevista 7BH)

O entrevistado lisboeta a seguir também comenta esse dilema, a partir de sua própria experiência. Acrescenta que essa complexidade perpassa a vida dos militantes pioneiros; quer dizer, daqueles que tiveram de abdicar de formações profissionais e de trabalhos formais para se dedicarem à militância. Com o passar do tempo, sentem-se também inseguros em abrir mão dos cargos de liderança no movimento para se inserirem no mercado de trabalho formal e, com isso, serem impedidos de continuarem com os trabalhos de militância:

> Eu sou chamado frequentemente para ir às escolas. Se eu fosse um empregado e hoje, segunda-feira, eu não fosse trabalhar porque estou indo numa escola, o patrão iria dizer: 'o que está fazendo este cara aqui?'; 'ele trabalha quantos dias, afinal?'; 'eu estou pagando ele para quê?'. (Entrevista 7L)

A partir da discussão sobre as *Epistemologias do Sul*, alavancada por Boaventura de Sousa Santos, é possível pensar no modo como as cidades de Belo Horizonte (Brasil) e Lisboa (Portugal) vêm construindo processos de planejamento estratégico que podem ser considerados como exemplos paradigmáticos de participação e de envolvimento de diferentes atores na política de direitos humanos LGBT. Assim, é por esse viés que são identificadas algumas correlações entre as cidades de Belo Horizonte e Lisboa, frente às tensões da interação entre direitos humanos e direitos específicos, universal e particular:

- A hierarquia presente na institucionalização dos direitos humanos, estabelecendo uma hierarquização de prioridades na gestão orçamentária e administrativa das políticas públicas;
- A disputa entre movimentos sociais sobre qual é o mais violado nos seus direitos, conduzindo a estratégias distantes das mesas de negociação já estabelecidas e de valores já pactuados;
- A tensão entre direitos humanos e direitos de cidadania (garantidos nas leis), desconhecendo as suas diferenças, reduzindo as reivindicações e desresponsabilizando o Estado de sua função;
- O discurso acrítico que, pretensamente defendendo uma igualdade, anula as especificidades.

Assim, ao resgatar as contradições do discurso hegemônico – religioso, científico (médico, jurídico, universitário, etc.) e moral –, é possível discutir a naturalização do preconceito e das hierarquias. Uma naturalização que conduz a hierarquias sexuais e que suscita a institucionalização da homofobia frente à heteronormatividade, a partir de uma hierarquização dos direitos humanos e, consequentemente, do não questionamento das prioridades na gestão orçamentária e administrativa das políticas públicas. Romper com esse modelo heteronormativo requer também a tradução de valores e experiências democráticas, as quais, mesmo a passos lentos, apontam saídas para uma sociedade mais pluralista.

CONSIDERAÇÕES FINAIS

Digo: o real não está na saída nem na chegada: ele se dispõe para a gente é no meio da travessia.

João Guimarães Rosa

Nesse momento, ao fechar essa travessia, vale retomar o início dessa caminhada para a sistematização de considerações (in)concluídas nesse processo. Buscou-se, ao longo dos capítulos deste livro, levantar, descrever, analisar e sistematizar alguns elementos sobre as políticas de direitos humanos e direitos LGBT no âmbito das cidades de Belo Horizonte e Lisboa. Ainda que o objetivo não tenha sido realizar uma pesquisa comparada, foi contemplada a tradução de experiências de ambas as cidades, por meio da descrição dos impasses da (não) institucionalização de políticas públicas na esfera do vasto campo dos direitos humanos. O tema analisado contemplou o campo dos direitos LGBT a partir da discussão da relação entre possíveis universalizações da política de direitos humanos e as demandas específicas dos grupos LGBT, revelando as contradições, dissensos e articulações advindas desse embate. Foi realizada uma análise de tradução das aproximações e distanciamentos entre o universal e o particular; entre os direitos humanos e os direitos LGBT; entre a política governamental e os movimentos sociais; e entre política e sexualidade.

Percebeu-se que a complexidade dos direitos humanos se localiza nas diferentes formas nas quais eles podem ser concebidos e praticados. Seja como uma prática hegemônica, seja como uma prática contra-hegemônica, há uma linha tênue entre o que pode ser emancipatório ou regulatório. Traduzindo a discussão intercultural dos direitos humanos (Santos, A. C., 2004) para a questão dos direitos humanos LGBT, constatou-se, também, que a condição de universalidade é, em si mesma, não universal. Se, por um lado, há uma lógica de opressão que perpassa as minorias sociais e, por isso, afirmam os direitos humanos como necessidade em um eixo unificador das lutas sociais, por outro lado, essa afirmação precisa ocorrer como uma forma de estratégia política, ou seja, uma estratégia possível de ser, a todo tempo, (des)construída e (re)inventada, de maneira a melhor alcançar as especificidades, as particularidades dos grupos sociais e os sujeitos envolvidos nesse processo.

Contudo, paralela a essa história teórica, jurídica e formal dos direitos humanos, existem, também, práticas e discursos que se constroem, na sociedade, por diferentes pessoas e organizações, como formas de tradução de experiências e vivências que lutam pela igualdade e justiça social. B. S. Santos (2010a) sustenta que é possível usar, de maneira contra-hegemônica, instrumentos hegemônicos. Para tanto, argumenta que o Direito deve atuar em rede e de forma transversal, pois o poder está em todos os lugares, e a transformação do mundo ocorre via transformação do poder.

As correlações de força e poder presentes nas fronteiras indefinidas entre políticas universalistas e particularistas na relação entre a sociedade civil e o Estado, seja como adversários, seja como apoiadores na construção da política LGBT, materializam-se na diversidade de atores sociais envolvidos na cena pública. Esse fenômeno pôde ser percebido tanto em Belo Horizonte quanto em Lisboa, resguardados seus contextos históricos e políticos.

Tal discussão permite a reflexão sobre as fronteiras flexíveis entre o Estado e a sociedade civil e, dentre elas, a constatação de quais são menos determinantes para a compreensão da garantia de direitos. Contudo, mais importante do que a identificação de tais fronteiras, é o reconhecimento da heterogeneidade das demandas universais e particulares e a análise das formas a partir das quais elas se apresentam e se articulam – isto é, a quem e para que estão a serviço.

O processo de redemocratização possibilitou espaços de interlocução entre a sociedade civil e o Estado, propiciando mudanças na forma de atuação de cada um dos atores sociais. Contudo, a relação entre as demandas específicas do movimento social LGBT e as respostas universais construídas pela política pública de direitos humanos não é linear. Um exemplo disso está refletido na profissionalização de militantes e no ativismo de agentes públicos, sobretudo, em Belo Horizonte, mas com alguma expressão inicial em Lisboa.

A sociedade civil tem buscado qualificação técnica e teórica para se inserir nos serviços e projetos públicos, e o trabalho voluntário tem sido substituído pela categoria de profissional socialmente engajado, a partir da ocupação de militantes em cargos técnicos e políticos das instituições governamentais. Além disso, o financiamento das organizações não governamentais passa a ser efetivado também por editais e orçamentos estatais, conduzindo, algumas vezes, à cooptação dos movimentos sociais pelo poder público. A forma com a qual o Estado, por sua vez, se constrói para reconfigurar seu papel na democracia demonstra uma tentativa de dar visibilidade ao diálogo público, transferindo responsabilidades para a sociedade civil.

O contexto social, histórico, político, cultural e econômico português é diferente do brasileiro; consequentemente, os contextos belo-horizontino e lisboeta também são diferentes. O poder público em Lisboa começou a formalizar ações políticas que poderão conduzir no futuro a uma política pública na área LGBT. Em Belo Horizonte, mesmo que de forma insuficiente e, por vezes, equivocada, existe uma política efetivada na gestão pública, embora não seja, ainda, uma política de Estado. Ao contrário de Lisboa, existe em Belo Horizonte um alto índice de casos de violência e assassinatos ao público LGBT, o que aponta como imperativo o fato de que as leis e as políticas públicas apenas não bastam, sendo necessário uma transformação cultural cotidiana frente ao modelo heteronormativo ainda dominante na sociedade. Tal realidade diferenciada possibilitou uma análise do processo de construção da política LGBT em tais cidades a partir de momentos diferentes de criação de uma política pública.

Outro ponto de distanciamento se encontra na estratégia política prioritária de cada uma dessas cidades na luta pelos direitos LGBT. Lisboa tem encontrado uma abertura na esfera do Poder Legislativo para ampliar e fortalecer a rede de atores sociais pelas conquistas LGBT. Atualmente, o fato de a maioria dos partidos que compõem o parlamento ser da esquerda política contribui para uma aposta na mudança legislativa, o que transformou Portugal em um país de destaque internacional pelo seu pioneirismo em termos de leis específicas na área LGBT. No Brasil, existe um parlamento muito influenciado por segmentos religiosos e de base fundamentalista. Consequentemente, a abertura para uma rede social LGBT com o poder público tem se dado muito mais no campo do poder executivo e judiciário – como, por exemplo, a realização das Paradas LGBT a partir da parceria entre movimento social e poder executivo, e a recente aprovação, pelo Supremo Tribunal Federal, do casamento civil.

Outro ponto de diferença entre as cidades pesquisadas se refere ao fato de que em Belo Horizonte há um grande número de militantes com escolaridade secundarista, e há resistência, também por parte de muitos membros do movimento social LGBT, em fazer parcerias com a academia ou, mesmo, em se apropriarem do discurso acadêmico, por julgá-lo elitista e muito abstrato. Porém, em Lisboa, percebe-se uma lógica diferenciada, uma vez que o próprio movimento social é composto de forma significativa por acadêmicos militantes, o que torna o discurso mais teorizado, com inserção de temas ainda não tratados em experiências menos teóricas, como no Brasil.

Os movimentos LGBT de Belo Horizonte e de Lisboa possuem relação ativa com partidos políticos. Não existem grupos independentes de ideologias partidárias, o que limita a atuação dos movimentos. Porém, em Lisboa, essa parceria aparece de forma mais explícita e mantendo constância em partido específico: geralmente, um grupo LGBT específico é todo apoiador de um determinado partido político, o que gera consequências políticas partidárias em decisões ligadas ao tema LGBT, e demonstra que, às vezes, o conflito não passa pela via de valores gerais, mas de ideologias partidárias. Já no Brasil, as parcerias são mais diversificadas e fluidas, e a constância se apresenta apenas com relação ao partido de apoio ser da esquerda ou da direita política.

Os entrevistados de ambas as cidades apresentaram argumentos contrários, dispersos e fragmentados – principalmente aqueles dos movimentos sociais e do poder público –, que apontam para o desconhecimento e/ou desconsideração das ações políticas nas quais o outro (grupo/ator) tem trabalhado. A maioria dos(as) entrevistados(as) demonstrou ter conhecimento apenas daquilo que os seus pares têm realizado. Além disso, tanto em Belo Horizonte quanto em Lisboa, os(as) entrevistados(as), gays e lésbicas, apontam o movimento LGBT como um movimento que, em suas lutas, reproduz lógicas machistas e patriarcais, mesmo que indiretamente.

As cidades, mais do que seus respectivos países, têm sido pioneiras na construção de alternativas de enfrentamento aos problemas sociais. Talvez, isso se deve ao fato de que, na contemporaneidade, são nas cidades – sobretudo, nos grandes centros – que se concentram as decisões políticas. Nessa direção, quanto maior o número populacional, a dimensão da cidade e a desigualdade social, maior se torna o problema social – devido, justamente, à complexidade das relações sociais e das formas de organização e administração da vida em sociedade. Da mesma forma, quanto mais amplo é o repertório das lutas por direitos humanos, mais difícil é chegar a uma coesão entre elas. Como encontrar uma forma alternativa de dar coesão à sociedade? O consenso acaba sendo apenas sobre aquilo que é possível ser negociado, mantendo, assim, a legitimidade de determinados conflitos.

Em 2004, no âmbito governamental brasileiro, conforme já discutido, ocorre um avanço nas conquistas dos direitos LGBT com a criação, a partir de uma parceria entre Estado e sociedade civil organizada, do Programa Brasil sem Homofobia. A elaboração desse programa teve a participação direta de representantes dos movimentos LGBT, o que contribuiu para o exercício do controle social por meio do acompanhamento e avaliação das diferentes ações que integram o Programa.

Acompanhando os desdobramentos do Programa Brasil sem Homofobia, foi realizada, no ano de 2008, a I Conferência Nacional de Direitos Humanos LGBT, com a presença do então Presidente da República, Luiz Inácio Lula da Silva. Nesse âmbito, foi realizado um conjunto amplo e coletivo de ações, junto aos estados e alguns municípios do país, para que mobilizassem encontros, assembleias e conferências locais para discussão e aprovação de propostas a serem encaminhadas à conferência nacional. Foi nesse quadro que, em âmbito local, na cidade de Belo Horizonte, realizou-se um Encontro Municipal de Direitos LGBT, no qual foi construído um relatório das propostas aprovadas no Encontro Municipal de Direitos Humanos LGBT de Belo Horizonte. A realização desse evento, bem como o documento então elaborado, levou em consideração a apresentação de propostas e de instrumentos para a construção de um modelo de participação de diferentes atores na proposição de políticas públicas locais.

No Brasil, percebe-se uma contradição nos documentos analisados e nas ações políticas no que se refere à permanência, em maior ou menor grau, de um discurso que compreende a noção de gênero de forma binária, reproduzindo sutilmente processos discriminatórios e estigmatizantes. Apesar da visibilidade política, as discussões sobre a construção dos direitos humanos LGBT não problematizaram, até o momento, de maneira efetiva, a necessidade da desconstrução das hierarquias sexuais. Esse tipo de posicionamento tem fragilizado o enfrentamento das construções sócio-históricas da heteronormatividade compulsória.

Em Portugal, nessa mesma direção, apenas recentemente a questão da orientação sexual entrou no quadro das políticas públicas. Assim, pode-se salientar como o processo que leva à construção de diretivas e políticas portuguesas locais de direitos humanos, direitos sexuais e promoção da cidadania LGBT deverá ser um elemento fundamental da promoção da diversidade social (e sexual) nas cidades contemporâneas. Efetivamente, a forma como o tema é trabalhado nas políticas públicas, ainda como uma política de menor valor em relação às demais, demonstra o quanto a naturalização da homofobia institucional nos desafia no rompimento dessa lógica sexista.

Apesar das fortes ações sociais, caracterizadas pelos eventos e documentos governamentais, principalmente em Belo Horizonte, e de eventos que proporcionam interlocução entre governo e sociedade civil, ainda há o grande desafio de transformar as políticas incipientes, geridas ao longo dos últimos anos, especialmente a partir de 2004, em efetivas políticas públicas. Desse modo, há o desafio de transformá-las em políticas de Estado, que não esperem somente pelo desejo dos governantes e das incertezas decorrentes da inexistência de um marco legal de combate à homofobia e de promoção da cidadania LGBT.

Enquanto em Belo Horizonte a lógica dessa política caminha pelo reconhecimento de que os direitos LGBT são direitos humanos, em Lisboa, a lógica é pelos direitos de igualdade. Dizer que direitos LGBT são direitos humanos, é uma afirmação que, para os entrevistados portugueses, é pouco clara e não informa o cotidiano de suas ações. Alguns até apontaram que pensar direitos humanos como um arcabouço para a proteção e promoção dos direitos específicos é algo interessante; porém, muitos ressaltaram que isso se torna abstrato, uma vez que, nos maiores documentos internacionais de direitos humanos, não consta algo explícito sobre os direitos LGBT – embora apareçam representações explícitas de outras lutas sociais.

Consequentemente, a institucionalização da homofobia nos diferentes dispositivos de saber e poder tem legitimado uma desigualdade de acesso às políticas públicas, ao exercício de cidadania e à liberdade de expressão e circulação pela cidade. Reconhecer os limites tênues e as tensões entre o espaço público e privado, bem como a regulação e redução das orientações sexuais e das pluralidades identitárias sexuais frente à diversidade humana, é um processo político importante para a ampliação do campo democrático no espaço urbano.

Entre as principais reivindicações do movimento social LGBT de Belo Horizonte, que, aliás, coincidem com as demandas gerais do país, estão: equidade nos direitos, direito ao casamento,[1] a parentalidade com a defi-

1. No momento da pesquisa de campo em Belo Horizonte, ainda não havia sido aprovado o casamento civil pelo Superior Tribunal Federal (STF).

nição jurídica e social de família, a criminalização da homofobia, o nome social, geração de emprego e renda para o segmento T, a criação de Centros de Referência LGBT que funcionem 24 horas/dia e de políticas públicas no formato de Coordenadorias LGBT. Entre as demandas do movimento social LGBT de Lisboa, capital do país, estão: casamento civil,[2] despatologização das pessoas trans, homoparentalidade e adoção. Vale ressaltar que as reivindicações de ambas as cidades são similares, porém, no Brasil, há uma ênfase nas demandas pela criminalização da homofobia, devido ao alto índice de assassinatos homofóbicos – em Portugal, a violência homofóbica atinge um índice baixo, o que explica o fato dessa demanda só ter aparecido referente ao segmento T.

Nas entrevistas realizadas em Belo Horizonte e Lisboa, ficaram claras as insatisfações dos movimentos sociais quanto às respostas construídas pelo poder público. Porém, nas entrevistas dos representantes governamentais, é notável a concordância, entre eles, de que tem sido feito o melhor possível para responder as reivindicações políticas LGBT. Isso mostra um dos motivos dos desencontros e conflitos entre esses atores sociais. Em ambas as cidades aparecem, nas entrevistas, uma crítica quanto à insuficiência das respostas governamentais; quando estas respostas ocorrem, elas se direcionam mais ao âmbito de demandas pontuais do que de reivindicações estratégicas e estruturais para a transformação social. Nesse aspecto, a principal diferença entre Belo Horizonte e Lisboa se refere ao fato de que em Belo Horizonte as respostas políticas apresentadas pelo poder executivo são mais avançadas do que em Lisboa, que, por sua vez, está mais avançada nas respostas do poder legislativo.

Os debates sobre a inserção legal e social do movimento LGBT devem ser mantidos em ambas as cidades. Esse posicionamento está representado praticamente em todas as entrevistas desta investigação. Contudo, em ambas as cidades, pode-se manter o questionamento sobre em que medida a luta por direitos assimilacionistas – como, por exemplo, o casamento civil e a adoção de crianças por casais homossexuais – têm ou não oprimido as vivências de LGBT, principalmente do segmento T, que é ainda diariamente marginalizado, estigmatizado e violentado. Esse dilema só pode ser respondido em cada contexto e situação.

2. No momento da pesquisa de campo em Lisboa ainda não havia sido aprovado o casamento civil pelo Parlamento português.

Para a construção de uma cidade efetivamente inclusiva, é preciso repensar os valores hegemônicos e as relações de poder que nortearam, até aqui, a edificação de uma cidade para poucos. Assim, é preciso, também, debater os critérios utilizados para avaliar e classificar o mundo, as coisas, as pessoas e suas atitudes. É preciso construir dialogicamente novas regras e novas formas de convívios democráticos.

Ao resgatar os equívocos do discurso hegemônico – religioso, científico (médico, jurídico, universitário, etc.) e moral – pode-se questionar a naturalização do preconceito e das hierarquias, a qual conduz a hierarquias sexuais que favorecem a institucionalização da homofobia, estabelecendo, também, uma hierarquização dos direitos humanos e das prioridades na gestão orçamentária e administrativa das políticas públicas.

Foram citados vários impactos positivos da construção da política LGBT pelo poder público na sociedade civil, tais como: reconhecimento social; visibilidade política; ampliação dos espaços de visibilidade e de discussão sobre o tema; maior aceitação social; maior acessibilidade para as reivindicações; quebra de tabus; transformações culturais e legais; ampliação das possibilidades de manifestações sociais de afeto; e politização dos discursos. Como impactos negativos, foram destacados: avanços ainda incipientes das políticas LGBT, baixo impacto social; pequena eficácia destas políticas; pouca e ineficiente divulgação dos serviços; pouco conhecimento e procura do próprio público-alvo; contradição entre emancipar e tutelar a população. É possível sintetizar, como impacto positivo, a maior visibilidade política sobre o tema dos direitos LGBT e, como impacto negativo, a pouca eficiência das políticas existentes nessa área, o que aponta que existem muitas manifestações e ações sendo produzidas, porém, ainda com pouca efetividade.

Na cidade de Belo Horizonte, a política municipal de direitos humanos faz uma tentativa de gestão local baseada na transversalidade com as demais políticas. Em contrapartida, revela limites políticos e institucionais nesta perspectiva de atuação. A CMDH, no período de 1993 a 2000, por estar vinculada diretamente à Secretaria de Governo, possuía legitimidade política e estrutura administrativa para as ações intersetoriais embasadas na universalidade dos direitos humanos. Há mais de uma década, contudo, a CDMH está vinculada à SMADC, o que enfraqueceu suas ações políticas, uma vez que a SMADC possui frágil posição estrutural e institucionalização fragmentada do conjunto de suas políticas, o que gera maior resistência e falta de compreensão do caráter transversal da política de direitos humanos.

No contexto lusitano, especificamente em Lisboa, tem existido grandes avanços do ponto de vista legislativo; contudo, permanecem contradições entre a lei formal e sua efetivação, devido a uma cultura ainda conservadora. Mesmo com a inclusão de ações políticas voltadas para os direitos LGBT na Secretaria de Estado da Igualdade, por meio da CIG, as ações políticas LGBT ainda são menos priorizadas se comparadas ao conjunto das frentes de trabalho desse órgão público.

Os efeitos produzidos nas tensões e diálogos entre as perspectivas universalistas e particularistas, nos momentos e contextos em que esses conflitos se apresentam de forma regulatória ou emancipatória, podem ser agora sistematizados, a partir da tradução das experiências de Belo Horizonte e Lisboa, na construção da política de direitos humanos LGBT, tais como:

- As tensões construídas pelas diferenças entre a cultura política do poder público e do movimento social, ou seja, por um lado, as tensões frente às burocracias e hierarquias do serviço público e, por outro, as tensões frente à informalidade e incipiente organização dos movimentos sociais. Com relação a tais tensões, percebe-se que a convivência entre esses atores sociais tem possibilitado novas configurações na relação entre poder público e movimento social, nas quais o poder público, por vezes, tem buscado realizar práticas mais participativas, como a realização de conferências, fóruns e grupos de trabalho; e os movimentos sociais, que têm buscado se organizar de forma mais eficiente para a administração de suas demandas;
- Os conflitos por (re)distribuição de verbas, orçamentos e seleções em editais para projetos, programas e políticas públicas voltados para grupos de minorias, que ainda permanecem como processos regulatórios e disciplinares das parcerias;
- A discordância sobre qual deve ser o perfil dos profissionais para realizar o atendimento ao público LGBT. O poder público continua considerando, como critério, apenas ter uma formação adequada e experiência ou sensibilidade com a temática, principalmente em Belo Horizonte. No entanto, o movimento social ainda sustenta que o principal critério deveria ser a orientação sexual LGBT dos profissionais, o que acontece em menor grau em Lisboa;

- A pouca descentralização na delegação de poder pelo governo, o que conduz à falta de transparência nas decisões e ao autoritarismo por parte de alguns agentes e gestores públicos nas relações de parcerias. Infelizmente, esta é uma tensão que ainda se encontra muito presente, mesmo nas políticas governamentais coordenadas por ativistas. Sutilmente, essa disciplina sobre os corpos e discursos ainda é constatada;
- A priorização das ações vinculadas a interesses privados e/ou de um determinado segmento, na maioria dos casos, motivadas por rivalidades partidárias. Esta também é uma prática que se mantém, principalmente em Lisboa;
- A cultura política do "jeitinho brasileiro", com práticas de clientelismo, nepotismo, assistencialismo e tutela, promovidas pelo poder público e vivenciadas de forma contraditória pelos grupos sociais. Tais condutas continuam servindo de confronto entre o poder público e grupos de pessoas LGBT. Às vezes, tais tensões conduzem a práticas conservadoras de regulação e, por outras, a práticas emancipatórias de rompimento com tais modelos, devido à pressão social;
- As dificuldades de maior envolvimento e participação da população da cidade de uma forma geral, seja LGBT ou não, nas atividades realizadas. Percebe-se que o processo de dar maior visibilidade à relação entre direitos humanos e direitos sexuais tem alargado a compreensão da sociedade civil sobre a legitimidade das lutas LGBT;
- A falta de maior envolvimento e participação dos grupos LGBT nas atividades mais amplas desenvolvidas pelo Estado, por meio de sua política universal de direitos humanos. Nas entrevistas, contudo, aparecem dados que apontam para uma maior inserção do movimento LGBT nessas ações;
- A resistência dos grupos específicos em participar e compartilhar das lutas de outros grupos de minorias ou mesmo de realizar ações conjuntas, conduzindo a uma não adesão às ações realizadas em uma perspectiva universal de direitos humanos. Percebe-se, recentemente, um gradativo deslocamento de ações muito particularistas para a iniciativa de eventos que tratam da transversalidade das lutas sociais por direitos humanos, principalmente em Belo Horizonte, por haver uma ação política LGBT mais consolidada;

- Os desencontros entre movimento social e poder público. Percebe-se, ainda, a falta de conhecimento e interesse do governo local sobre as especificidades das demandas dos grupos sociais e, também, a falta de conhecimento e interesse dos movimentos sociais com relação aos organogramas e fluxogramas do governo. Isso demonstra o desconhecimento de que, para demandar ao governo, é preciso construir formas mais estratégicas que viabilizem a efetivação das ações dentro da realidade burocrática dos serviços. Esse aspecto aparece principalmente em Belo Horizonte, onde a construção da política governamental sobre direitos LGBT é mais efetivada e, justamente por isso, demanda um maior nível de familiaridade com o funcionamento da gestão pública;
- O perfil identitário dos diferentes atores sociais envolvidos na política, em que os agentes e gestores públicos tendem a um modelo de posturas e atitudes mais normatizadas enquanto que os militantes tendem a um modelo de posturas e atitudes com maior liberdade de expressão e despojamento. Estes diferentes perfis têm transitado entre posturas emancipatórias e regulatórias. Por exemplo, a linha tênue entre a aquisição de novas vestimentas formais utilizadas por militantes quando vão se reunir com o governo e, ao mesmo tempo, um certo processo de higienização de suas vestimentas, principalmente no segmento de travestis e transexuais, como condição implícita para serem acolhidas nesse universo governamental;
- As divergências nas visões sobre as ações políticas, cujas práticas universalistas os movimentos sociais criticam como sendo muito abstratas, argumentando que tais práticas só ganham materialidade nas lutas específicas. O poder público, por sua vez, critica a dispersão das demandas por práticas particularistas, argumentando que estas conduzem à fragmentação e fragilidade das lutas por direitos humanos universais. Percebeu-se um alargamento da perspectiva universalista ao iniciar um movimento de maior inclusão das particularidades, como, por exemplo, a aprovação do casamento civil, no Brasil e em Portugal – pelo STF e pelo Parlamento, respectivamente; ambos, a partir do argumento de garantia da igualdade de direitos;

- Os conflitos entre os movimentos sociais LGBT e os movimentos sociais de direitos humanos e serviços públicos desta área frente à falta de laicidade dos espaços vinculados a uma perspectiva universal de direitos humanos. Tais conflitos ainda permanecem nas relações do movimento LGBT mais radical com aqueles movimentos de direitos humanos que, de alguma forma, se vinculam a discursos religiosos – os quais, por sua vez, estão historicamente vinculados ao campo dos direitos humanos, a partir de uma perspectiva naturalista-cristã. No caso de Belo Horizonte, devido, principalmente, às correntes fundamentalistas vinculadas às religiões evangélicas; no caso de Lisboa, principalmente, devido às correntes fundamentalistas vinculadas à religião católica. Tanto em Belo Horizonte quanto em Lisboa, as correntes religiosas mais críticas – relacionadas à teologia da libertação, por exemplo – defendem práticas de emancipação social, enquanto que as correntes religiosas mais fundamentalistas – aquelas vinculadas ao protestantismo e a renovação carismática, por exemplo – defendem práticas de regulação social;
- As diferenças nas concepções sobre direitos humanos com relação às penalidades e punição aos agressores ainda permanecem em debate. Com relação à criminalização da homofobia, por exemplo, existe uma discussão sobre se a penalidade deve ocorrer via prisão tradicional ou por responsabilização, via penas alternativas. Atualmente, este diálogo apresenta alargamentos, diante da escuta de uma corrente sobre a percepção da outra;
- As tensões entre o reconhecimento da necessidade da criação de um órgão público específico para os direitos LGBT ou, somente, da necessidade de fortalecimento dos serviços específicos às pessoas LGBT no âmbito de um órgão público de direitos humanos na perspectiva universal. Percebe-se que tais tensões têm conduzido a deslocamentos sobre o significado do caráter democrático dos direitos humanos, o qual não é inerente ao tema LGBT, mas que, todavia, se apresenta nos efeitos promovidos por suas ações;
- As demandas dos movimentos sociais para a criação de políticas sociais específicas, voltadas não apenas para assistência social e participação, como, também, para políticas de autogestão e auto sustentação – por exemplo, os programas de geração de emprego

e renda para travestis e transexuais. Percebe-se um alargamento dessas ações, contemplando os dois tipos de demandas; porém, ainda são iniciativas pontuais;

- O desacordo entre movimento social e gestores públicos sobre quais devem ser as prioridades das políticas de direitos humanos LGBT. Atualmente, permanecem conflitos sobre se as prioridades devem abarcar a melhoria na infraestrutura dos serviços específicos ou a ampliação do orçamento financeiro e a promoção da visibilidade das ações políticas;
- Os desgastes e retrocessos causados pelas mudanças de governo, principalmente pela desmobilização das ações políticas diante da inserção de novos profissionais sem perfil e/ou sem experiência para ocupar os cargos públicos específicos. Na conjuntura belo-horizontina, sobretudo, este efeito continua visível;
- A contradição entre a perspectiva universalista de direitos humanos e a perspectiva particularista de direitos humanos LGBT. Percebe-se um gradativo alargamento das participações e parcerias entre movimento social e Estado, por meio de uma maior disponibilidade e compromisso com as políticas universais, por parte do movimento social LGBT, e com as políticas particulares, por parte do Estado;
- A confusão de papéis e funções dos diferentes atores sociais na construção da política de direitos humanos LGBT. Permanecem conflitos de ordem estrutural e conjuntural;
- Os tensionamentos estratégicos mobilizados pelo movimento social LGBT contra o poder público, de modo a dar visibilidade pública à pressão social exercida pelo movimento. De fato, tais estratégias políticas têm propiciado uma maior visibilidade das reivindicações dos movimentos sociais junto ao poder público;
- Uma resistência informal, por parte dos movimentos sociais LGBT, frente às parcerias do poder público com pesquisadores e profissionais vinculados a universidades. Em Lisboa, contudo, o discurso acadêmico já se encontra consolidado no movimento social; em Belo Horizonte, do mesmo modo, cada vez mais os grupos sociais têm se apropriado estrategicamente destes conhecimentos teóricos;
- Os conflitos velados entre governo e movimento social. Muitas vezes, mesmo discordando de alguns posicionamentos do movimento social LGBT, o governo atende suas demandas, para evitar maiores

divergências políticas. Por sua vez, o movimento social também cede em suas reivindicações, visando a manutenção de outros benefícios públicos. Esta realidade apresenta particularidades que dependem de cada serviço e de cada ator social envolvido;

- O desconhecimento e a falta de interesse dos diferentes atores sociais, tanto no campo do trabalho quanto nas ações políticas, pelo trabalho desenvolvido por outros atores inseridos no processo. Tal fato conduzia a uma desmobilização das ações conjuntas. Contudo, essa realidade tem alcançado novas configurações, a partir de reconhecimentos recíprocos.

Os dilemas entre o universal e o particular com os quais nos deparamos no cotidiano de trabalho e estudo suscitaram a formulação desse problema de pesquisa, que aqui se tem chamado de universalidade dos direitos humanos – ou seja, as tensões vividas nas divergências das ações políticas mais amplas pela garantia de uma perspectiva de indivisibilidade dos direitos e das lutas de minorias sociais –, até aquilo que aqui se tem chamado de particularidade das lutas por direitos humanos LGBT, isto é, aquelas tensões mais específicas, particulares às lutas, tal como a luta em prol da criminalização da homofobia. A partir desse tensionamento, foi possível questionar até que ponto as ações políticas do governo, do movimento social LGBT e até mesmo da sociedade civil em geral têm buscado novas configurações sociais para que todos sejam reconhecidos e respeitados como humanos.

Nesse sentido, o campo dos direitos humanos pode ser visto, por um lado, como um horizonte de igualdade social, uma utopia ativa que busca universalizar direitos para todos e, por outro lado, como uma diretriz para a construção da política de universalização dos direitos em nosso cotidiano. Por isso, nesta pesquisa, não se buscou tratar de um campo de direitos específicos para um grupo social, mas de demandas particulares de um grupo social que se encontra excluído daquilo que é formalizado como política universal de direitos humanos.

As discussões anteriores servem para pensar o paradoxo discutido por Laclau (2011), segundo o qual o universal não tem um conteúdo concreto próprio, mas é um horizonte sempre móvel e, por isso, incomensurável com qualquer particularidade, só existindo dentro dela. Enfim, esse paradoxo entre os direitos humanos ditos universais e particulares não pode ser resolvido, pois sua irresolubilidade é justamente o que garante a democracia. Dessa forma, pode-se exemplificar que, nos momentos em que os atores sociais LGBT, que representam uma particularidade nas lutas por direitos humanos, podem realizar o universal a partir de suas ações políticas, eles conseguiram superar a própria forma de dominação, mantendo uma permanente assimetria entre o universal e o particular, e garantindo, assim, o alargamento das lutas democráticas.

Além das teorias *queers*, existe a perspectiva e a postura *queer* como uma possibilidade de questionar e romper com a reprodução de lógicas hegemônicas de organização social, que legitimam a violação de direitos daqueles que não são reconhecidos como humanos pelo modelo heteronormativo imposto pela elite dominante. A discussão de tais posturas, contudo, não visa gerar um impasse para as conquistas identitárias de direitos humanos LGBT, mas possibilitar a constatação da fluidez identitária no campo das relações do reconhecimento de si mesmo – isto é, permitir o livre processo identitário. Por isso, ao longo desta pesquisa, manteve-se um posicionamento *queer* que permitisse alargar os limites do que nossa sociedade reconhece como humano.

Defendeu-se, por meio das ideias de Plummer (2001), Butler (2004), Fraser (1997) e Corrêa (2006), a articulação entre reconhecimento e redistribuição, a partir da noção de universalidade situada. Segundo essa perspectiva, o foco nas lutas por direitos sexuais não deve ser apenas no âmbito dos direitos civis, devendo ser ampliado para a luta por direitos sociais. Posto o foco apenas nos direitos civis, há o risco de se perder em uma disputa de personagens, em uma política de reconhecimento que se afirma apenas nas especificidades – quais sejam, o casamento gay e a não discriminação para cada categoria sexual. Quando se recoloca essa discussão no campo dos direitos sociais, contudo, é possível construir uma luta menos dependente dos personagens, retomando o tema da desigualdade existente a partir de novos arranjos sociais, tais como: previdência social, saúde, trabalho e outras demandas mais amplas. Desse modo, deve-se garantir a construção de uma pauta política que não se limite a reivindicar direitos para este ou aquele personagem, mas, sim, retomar os direitos humanos na sua amplitude, utilizando como referência as particularidades.

Na sociedade pós-moderna, tanto a racionalização quanto a subjetivação são imprescindíveis para abarcar a complexidade e pluralidade das demandas sociais. Por isso, razão e sujeito, universal e particular são dois lados opostos e, ao mesmo tempo, complementares. Passou-se muito tempo acreditando naquilo que a elite capitalista, identificada com a racionalidade, tentava impor: a ideia de que, para que a ciência pudesse triunfar, seria necessário renunciar ao sujeito, ao sentimento, à imaginação, ou seja, a todas as particularidades pertencentes às lutas dos diversos grupos sociais (Touraine, 1994). Essa crença, contudo, contribuiu para o enfraquecimento das lutas por direitos LGBT, como se esta fosse uma luta menor em relação às mobilizações universalistas por direitos humanos.

O que a experiência e a pesquisa de campo produziram foi um dilema entre o universal e o particular, o qual não se finda. Um dilema que apenas pode ser resolvido em cada contexto e em cada momento histórico específico. Por isso, a importância do reconhecimento das especificidades deve ser pensada de uma forma mais dinâmica, não apenas por fatores de sexo, gênero, cor, etc., mas por aquilo que é próprio de cada um e em cada situação, e na necessidade de que isso seja reconhecido e valorizado universalmente.

A universalidade adquire um caráter crítico quando ocupa o lugar de fazer traduções de experiências particulares, entre o que elas se aproximam e se distanciam, podendo assim abarcar melhor suas complexidades e intervir de forma mais eficaz sobre elas. Seja por meio da noção de universalidade situada (Plummer, 2001) ou de universalidade contextualizada (Shivji, 2006), o grande desafio está em não perder de vista as diferenças e nem abrir mão de um horizonte de universalidades.

A emergência dos sujeitos políticos LGBT no cenário das políticas universalistas denunciam como o campo dos direitos humanos é uma hegemonia reguladora de discursos e práticas sociais; isto é, um particular construído pelas elites no poder e universalizado para todos, de modo a não aparecer como particular. Contudo, é exatamente por meio desse discurso que a ambiguidade dos direitos humanos se faz aparente, na prática cotidiana.

A política é construída a partir de paradoxos; ela é a negociação do impossível (Scott, 2005). Assim, reconhecer e manter uma tensão necessária entre perspectivas universalistas e particularistas contribui para ampliar e radicalizar a democracia. A inserção de uma política de direitos LGBT em uma política de direitos humanos é estratégica como via de politização do debate.

Nesse sentido, constatou-se que as tensões produzidas na relação entre as perspectivas universalistas e particularistas na construção da política de direitos humanos LGBT são analisadores psicopolíticos estratégicos, por apresentarem os possíveis efeitos de alargamento, deslocamento e reconfiguração das noções universais de direitos humanos frente às particularidades das lutas por direitos LGBT. O universal só consegue consistência, na prática, quando as particularidades são universalizadas. Em uma sociedade desigual, entretanto, é possível perceber que as particularidades que se universalizam são, na maioria das vezes, modelos impostos pela elite dominante.

Assim, se, por um lado, o enfoque em uma especificidade absoluta traz problemas como fragmentação e enfraquecimento das lutas sociais, dado que existe uma lógica de opressão que perpassa todas as minorias sociais, por outro lado, o tensionamento entre os direitos universais e específicos amplia, desloca e torna mais crítica a noção de universalidade dos direitos humanos. A universalidade destes direitos precisa se assumir como um instrumento de tradução de reciprocidades, daí a relevância de pensar os direitos humanos como um significante vazio (Laclau, 2011), no qual as disputas realizadas entre os diferentes discursos sociais buscam dar forma, preenchimento e significado àquilo que compreendem como universal. Contudo, cada um irá partir de seus próprios referenciais, posições e valores - os quais, em sua maioria, acabam sendo os hegemônicos. Por isso, é relevante a manutenção constante dos conflitos e demandas dos grupos LGBT para o alargamento da possibilidade de os direitos humanos serem universalizados, garantindo um caráter mais pluralista e democrático.

Vale ressaltar que dizer dos efeitos produzidos pelas tensões entre as perspectivas universalistas e particularistas na incipiente construção da política de direitos humanos LGBT em Belo Horizonte e Lisboa envolve, antes de tudo, reconhecer que essa história é, ainda, muito recente e dinâmica. Por isso, é preciso ter clareza de que seus efeitos mais significativos, seja via emancipação, seja via regulação, serão percebidos apenas futuramente, após a realização dessas ações políticas de forma mais permanente.

A escrita dessas considerações (in)conclusivas foi iniciada e também finalizada a partir das sábias palavras de Guimarães Rosa, no livro *Grande Sertão: Veredas*. O escritor mineiro afirma que quem elegeu a busca não pode se recusar à travessia. Ao parafraseá-lo, pode-se dizer que quem elegeu a busca por uma sociedade com direitos humanos universais para todas e todos não pode se recusar a uma travessia tensa e constante pelas particularidades e especificidades de cada grupo e de cada sujeito na garantia da sua emancipação subjetiva e social.

REFERÊNCIAS

AFONSO, M. L. M. *A Polêmica sobre Adolescência e Sexualidade*. Belo Horizonte: Edições do Campo Social, 2001.

ALMEIDA, S. J. *Homossexuais no Estado Novo*. Lisboa: Sextante, 2010.

ALMEIDA, M. V. *Ser mas não ser, eis a questão*: o problema persistente do essencialismo estratégico. Working Paper CRIA 1: Lisboa, 2009.

AN-AN'IM, A. (org.). *Cultural Transformations and Human Rights in Africa*. Londres: Zed Books, 2002.

ÂNGELO, M. *Direitos humanos*. Rio de Janeiro: LED Editora de Direito, 1998.

ANJOS, G. Homossexualidade, direitos humanos e cidadania. *Sociologias*, Porto Alegre, n. 4, v. 7, p. 222-52, 2002.

ARCARY, V. Peculiaridades da história política do Brasil contemporâneo: notas para um balanço do ciclo de supremacia do PT e da CUT. *Lutas Sociais* (PUCSP), v.19/20, p.150-162, 2008.

ARENDT, H. *La condición humana*. Barcelona: Ediciones Paidós, 1996.

______. *As Origens do Totalitarismo*: Antissemitismo, Imperialismo, Totalitarismo. Trad. Roberto Raposo. São Paulo: Companhia das Letras, 1989.

BELO HORIZONTE. Prefeitura. *Relatório técnico de Fortalecimento da implantação do CRLGBT*. CMDH. Belo Horizonte, 2007.

______. Prefeitura. *Relatório técnico parcial do projeto de implementação do CRLGBT em Belo Horizonte* – maio a dezembro de 2007. Belo Horizonte, 2008.

______. *Lei Estadual n. 14.170 de 15 jan. 2002*, que determina a imposição de sanções à pessoa jurídica por ato discriminatório praticado contra pessoa em virtude de sua orientação sexual, 2010. Disponível em: <http://www.abglt.org.br/port/leiest14170.htm>. Acesso em: 29 jan. 2010.

______. *Lei Municipal n. 8.176 de 29 jan. 2001*, que estabelece penalidade para estabelecimento que discriminar pessoa em virtude de sua orientação sexual e dá outras providências, 2010. Disponível em: <http://cm-belo-horizonte.jusbrasil.com.br/legislacao/236845/lei-8176-01>. Acesso em: 29 jan. 2010.

______. Prefeitura. *Belo Horizonte: metas e resultados*: Planejando o futuro, transformando o presente, 2010-2030. Disponível em: <https://bhmetaseresultados.pbh.gov.br/sites/all/themes/metas/pdf/planejamento_2030.pdf>. Acesso em: 23 nov. 2010.

______. Prefeitura. Secretaria Municipal de Políticas Sociais. Secretaria Municipal Adjunta de Direitos de Cidadania. Processo Seletivo Público Simplificado. Seleção SMADC 01/2009. Diário Oficial do Município de Belo Horizonte, 14 de jan. 2010. Disponível em: <http://portal6.pbh.gov.br/dom/iniciaEdicao.do?method=DetalheArtigo&pk=1022167>. Acesso em 29 jan. 2010.

BARDIN, L. *Análise de conteúdo.* São Paulo: Edições 70, 2011.

BERNSTEIN, M. Celebration and Supression: The Strategic Uses of Identity by the Lesbian and Gay Movement. *American Journal of Sociology*, n. 103, 1997.

BOBBIO, N. *A era dos direitos.* Rio de Janeiro: Campus, 1992.

______. *Locke e o direito natural.* Brasília: Universidade de Brasília, 1997.

BRASIL. Conselho Nacional de Combate à Discriminalização. *Brasil sem Homofobia*: Programa de Combate à violência e à discriminação contra LGBT e a promoção da cidadania homossexual. Brasília: Secretaria especial de Direitos Humanos da Presidência da República, 2004.

______. Presidência da República: Secretaria Especial de Direitos Humanos. Anais da Conferência Nacional de Gays, Lésbicas, Bissexuais, Travestis e Transexuais – GLBT. Direitos Humanos e políticas públicas: o caminho para garantir a cidadania GLBT. Brasília, 2008a. 326 p.

______. Secretaria Especial dos Direitos Humanos. Regimento da Conferência Nacional de Gays, Lésbicas, Bissexuais, Travesti e, Transexuais. In: BRASIL. Secretaria Especial dos Direitos Humanos. Texto-Base da Conferência Nacional de Gays, Lésbicas, Bissexuais, Travestis e Transexuais. Brasília, 2008b, p. 59-68.

______. Secretaria Especial dos Direitos Humanos. Texto-Base da Conferência Nacional de Gays, Lésbicas, Bissexuais, Travestis e Transexuais. Brasília, 2008c.

______. Presidência da República: Secretaria Especial de Direitos Humanos. Plano Nacional de Promoção da Cidadania e Direitos Humanos de LGBT. Brasília, 2009.

______. Presidência da República: Secretaria Especial de Direitos Humanos. Programa Nacional de Direitos Humanos / PNDH-3. Brasília, 2010.

BUTLER, J. *Undoing Gender*. New York: Routledge, 2004.

CABRAL, E. A. Política Pública: o que é e como se faz. In: *Sistema de Garantia de Direitos*. Um caminho para a Proteção Integral. Recife: CENDHEC, 1999.

CARMONA, A. M. *A prática interdisciplinar de psicólogos no campo dos direitos humanos*: tentativa de formalização. 2006. 308f. Dissertação (Mestrado em Psicologia) – Faculdade de Filosofia e Ciências Humanas, Universidade Federal de Minas Gerais, Belo Horizonte. 2006.

CARNEIRO, N. S. *Homossexualidades:* uma psicologia entre ser, pertencer e participar. Porto: LivPsic, 2009.

CARRARA, S. Uma Reflexão sobre Direito Sexual. In: RIOS, Luís Felipe *et al.* (org). *Homossexualidade*: produção cultural, cidadania e saúde. Rio de Janeiro: Associação Brasileira Interdisciplinar de AIDS, 2004. p. 154-57.

CARRARA, S. & UZIEL, A. P. *Novas legalidades e democratização da vida social*: família, sexualidade e aborto. Apresentação. In: ÁVILA, M. B. *et al.* (org.). Rio de Janeiro: Garamond, 2005.

CARVALHO, J. M. *Cidadania no Brasil*: o longo caminho. Rio de Janeiro: Civilização Brasileira, 2008.

CASCAIS, A. F. Diferentes como só nós. O associativismo GLBT português em três andamentos. In: SANTOS, A.C. (org.). Estudos queer: identidades, contextos e acção colectiva. *Revista Crítica de Ciências Sociais*, n. 76, p.109-26, 2006.

CHACHAM, A. S. Direitos sexuais, direitos de gênero: novos desafios conceituais e políticos. In: MAYORGA, Claudia & PRADO, Marco Aurélio Máximo (org.). *Psicologia social:* articulando saberes e fazeres. Belo Horizonte, Autêntica, 2007, p. 143-158.

COMPARATO, F. K. *A afirmação histórica dos direitos humanos.* São Paulo: Saraiva, 1999.

CORRÊA, S. Cruzando a linha vermelha: questões não resolvidas no debate sobre direitos sexuais. *Horizontes Antropológicos*, n. 26, p.101-21, 2006.

______. O percurso global dos direitos sexuais: entre "marges e centros". *Bagoas*, Natal: UFRN, v. 4, p.17-42, 2009.

CORRÊA, S.; PARKER, R. Sexuality, human rights and demographic thinking: connections and disjunctions in a changing world. *Sexuality Reseach and Social Policy*, n. 1 (v. 1), p.15-38, 2004.

CORRÊA, S.; PETCHESKY, R. Direitos sexuais e reprodutivos: uma perspectiva feminista. *Phisis: revista de saúde Coletiva*, n. 6 (v. 2), p.147-77, 1996.

CUNHA, E. P.; CUNHA, E. S. M. Políticas Públicas Sociais: um pouco de sua história. In: CARVALHO, A. *et. al.* (org.). *Políticas Públicas*. Belo Horizonte: UFMG, Proex, 2002, p.11-25.

DAGNINO, E. *Os anos 90*: política e sociedade no Brasil. São Paulo: Brasiliense, 2004.

DAMATTA, Roberto. *Carnavais, malandros e heróis*: para uma sociologia do dilema brasileiro. Rio de Janeiro: Zahar, 1979.

DAMATTA, Roberto. *O que faz o brasil, Brasil?* Rio de Janeiro: Salamandra, 1984.

DANILIAUSKAS, M. De "temas polêmicos" a "sujeitos de direitos": LGBT nas políticas públicas de direitos humanos e de educação (Brasil, 1996-2010). *IV Seminário Nacional Sociologia & Política: Pluralidade e Garantia dos Direitos Humanos no Século XXI*, UFPR, 25-27 de set. 2012.

DORNELLES, J. R. W. Sobre a fundamentação histórica e filosófica dos direitos humanos. *Revista do Gajop,* Recife, 1998.

DUQUE, T. Sexualidade, gênero e abjeção: uma reflexão sobre direitos humanos e LGBT no Brasil contemporâneo. *I Seminário nacional de Sociologia e Política: Sociedade e Política em tempos de incerteza*, UFPR, 2009.

ESTANQUE, E. Acção colectiva, comunidade e movimentos sociais. *Revista Crítica de Ciências Sociais*, n. 55, p. 85-111, 1999.

FACCHINI, R. *Sopa de letrinhas?*: movimento homossexual e produção de identidades coletivas nos anos 1990. Rio de Janeiro: Garamond, 2005.

_____ . Entre compassos e descompassos: um olhar para o 'campo' e para a 'arena' do movimento LGBT brasileiro. *Bagoas:* Revista de Estudos Gays, v. 3, n. 4, p. 131-158, jan./jun. 2009.

FONSECA, C. M.; NASCIMENTO, L. A.; MACHADO, F. V. Dilemas contemporâneos dos movimentos sociais GLBT. *Arquivo público do CRGLBT/CMDH/SMADC/PBH*. Belo Horizonte: PBH, 2007. p. 1-14.

FOUCAULT, M. *Microfísica do poder*. Rio de Janeiro: Graal, 2002.

______. *História da sexualidade 1*: a vontade de saber. Rio de Janeiro: Graal, 2007a.

______. *História da sexualidade 2*: o uso dos prazeres. Rio de Janeiro: Graal, 2007b.

______. *História da sexualidade 3*: o cuidado de si. Rio de Janeiro: Graal, 2007c.

FRASER, N. De la redistribución al reconocimiento? Dilemas en torno a La justicia em uma época 'postsocialista'. In: FRASER, N. *Reflexiones críticas desde la 'posición postsocialista'*. Siglo Del Hombre Editores, Universidad de Los Andes, Facultad de Derecho, 1997.

FRASER, Nancy.; HONNETH, Axel. *Redistribution or recognition?*: a political-philosophical exchange. London; New York, USA: Verso, 2003.

GREEN, J. N. *Além do carnaval*: a homossexualidade masculina no Brasil do século XX. São Paulo: Unesp, 2000.

GÓIS, J. Desencontros: as relações entre os estudos sobre a homossexualidade e os estudos de gênero no Brasil. *Revista Estudos Feministas*, Florianópolis, v. 11, n. 1, jan./jun. 2003.

GONH, M. G. *Teorias dos movimentos sociais*: paradigmas clássicos e contemporâneos. 6. ed., São Paulo: Ed. Loyola, 1997.

HALL, S. *A identidade cultural na pós-modernidade*. Rio de Janeiro: DP&A, 2005.

HELLER, A. Right, Modernity, Democracy. In: D. CORNELL. M. ROSENFELD & D. G. CARLSON (org.). *Desconstruction and the possibility of Justice*. New York: Routledge, 1992.

JACQUES, M. G. Identidade. In: JACQUES, M. G *et al.* (Orgs.). *Psicologia social contemporânea*: livro-texto. Petrópolis: Vozes, 1998, p. 159-167.

JURKEWICZ, R. S. Cristianismo e homossexualidade. In: M. P. Grossi et al. (Orgs.). *Movimentos sociais, educação e sexualidade*. Rio de Janeiro: Garamond, 2005, p.45-52.

LACLAU, E. *New reflections on the resolution of our time*. Londres: Verso, 1990.

LACLAU, E. *Emancipação e diferença*. Rio de Janeiro: EdUERJ, 2011.

LACLAU, E.; MOUFFE, C. *Hegemony & socialist strategy*: towards a radical democratic politics. London; New York: Verso, 1985.

LAFER, C. *A reconstituição dos direitos humanos*. São Paulo: Companhia das Letras, 1988.

LEFORT, C. *Ensaios sur lê politique*. Paris: Seuil, 1996.

LIMA JÚNIOR, J. B. O caráter expansivo dos direitos humanos na afirmação de sua indivisibilidade e exigibilidade. In: LYRA, R. P. (org.). *Direitos humanos*: os desafios do século XXI – uma abordagem interdisciplinar. Brasília: Brasília Jurídica, 2003.

LOURO, G. L. Teoria queer: uma política pós-identitária para a educação. *Estudos Feministas*, n. 9, p. 542-53, 2001.

MACHADO, F. V. *Muito além ao arco-íris. A constituição de identidades coletivas entre a sociedade civil e o Estado*. 308f. Dissertação

(Mestrado em Psicologia), Faculdade de Filosofia e Ciências Humanas, Universidade Federal de Minas Gerais. Belo Horizonte, 2007.

______. *Do estatal à política*: uma análise psicopolítica das relações entre o Estado e os movimentos de juventude e LGBT no Brasil (2003-2010). Tese (Doutorado em Psicologia) - Programa de Pós-graduação em Psicologia, Faculdade de Filosofia e Ciências Humanas Universidade Federal de Minas Gerais. Belo Horizonte, 2013.

MACHADO, F. V.; PRADO, M. A. M. Movimentos homossexuais: a constituição da identidade coletiva entre a economia e a cultura. O caso de dois grupos brasileiros. *Interações*, vol.10, n.19, p. 35-62, 2005.

MAGALHÃES, J. L. Q. *Poder Municipal*. Belo Horizonte: Del Rey, 1997.

______. *Direitos Humanos*: sua história, sua garantia e a questão da indivisibilidade. São Paulo: Juarez de Oliveira, 2000.

______. *Direitos humanos e direito dos cidadãos*. Belo Horizonte: PUC/MG, 2001.

MARSHALL. T. H. *Cidadania, classe social e status*. Rio de Janeiro: Zahar, 1967.

MAYORGA, C. *Anotações realizadas na qualificação de doutorado em Psicologia Social*. Belo Horizonte: UFMG, 2011.

MELLO, L.; AVELAR, R. B.; MAROJA, D. Por onde andam as políticas públicas para a população LGBT no Brasil. *Soc. Estado*, v. 27, n. 2, p.289-312, 2012a.

______. Políticas públicas para a população LGBT no Brasil: notas sobre alcances e possibilidades. *Núcleo de Estudos de Gênero* – Pagu/Unicamp, 2012b.

MELUCCI, A. Um objetivo para os movimentos sociais? *Revista Lua Nova*, São Paulo, n. 17, p. 49-65, 1989.

______. *Challenging codes*: colletive action in information age. Cambridge: University Press, 1996a.

______. A Experiência Individual na Sociedade Planetária. *Revista Lua Nova*, n. 38, 1996b.

______. Movimentos Sociais e Sociedade Complexa. *Cadernos do Núcleo de Estudos e Pesquisas sobre Movimentos Sociais* – Movimentos sociais na contemporaneidade. São Paulo. PUC – Serviço *Social*, n. 2, p. 11-32, 1997a.

______. Sociedade Complexa, Identidade e Ação Coletiva: Entrevista a Dalila Pedrini e Adrian Scribano. *Cadernos do Núcleo de Estudos e Pesquisas sobre Movimentos Sociais – Movimentos sociais na contemporaneidade*. São Paulo. PUC – Serviço Social, 2, p. 33-63, 1997b.

______. *A invenção do presente*: movimentos sociais nas sociedades complexas. Petrópolis: Vozes, 2001.

MENDES, J. M. O. O desafio das identidades. In: SANTOS, B. S. (org.). *A globalização e as ciências sociais*. São Paulo: Cortez, 2002, p.503-540.

MINAYO, M. C. S. *O desafio do conhecimento*: Pesquisa qualitativa em saúde. São Paulo: Hucitec, 2007.

MISKOLCI, R. Não somos, queremos - reflexões *queer* sobre a polílticа sexual brasileira contemporânea. In: COLLING, L. (Org.). *Stonewall 40 + o que no Brasil?* Salvador: EDUFBA, 2011, p. 37-56.

MOTT, L. Antropologia, teoria da sexualidade e direitos humanos dos homossexuais. *Bagoas*, Natal: UFRN, v.1, n.1 p.1-15, 2007.

MOUFFE, C. *O regresso do político*. Lisboa: Gradiva, 1996.

NARDI, H. C.; RIOS, R. R.; MACHADO, P. S. Diversidade Sexual: políticas públicas e igualdade de direitos. *Athenea Digital*, n. 12, v.3, p. 255-266, 2012.

PASSOS, A. D. B. As políticas para mulheres e LGBT na Prefeitura de Belo Horizonte: um estudo comparativo. 2010. 291f. Dissertação (Mestrado em Ciências Sociais) - Pontifícia Universidade Católica de Minas Gerais, Belo Horizonte. 2010.

PIOVESAN, F. *Temas de direitos humanos*. São Paulo: Max Limonard, 1998.

PIOVESAN, F. *Direitos humanos e o direito constitucional internacional*. São Paulo: Saraiva, 2008.

PLUMER, K. Sexualities in a runaway world: utopian and dystopian challenges. *Seminário Sexuality and Social Change*, ABIA, Rio de Janeiro, 2001.

PORTUGAL. Presidência do Conselho de Ministros. *Documento sobre ações da Comissão para a Cidadania e Igualdade de Gênero - CIG*. Lisboa, 2010.

______. Presidência do Conselho de Ministros. *III Plano Nacional para a Igualdade - Cidadania e Gênero, Resolução do Conselho de Ministros*. Lisboa, 2007.

PORTUGAL PRIDE. *Manifesto 2002*: Reconhecer a diversidade promover a igualdade. Disponível em: <http://portugalpride.org/manif2002.asp>. Acesso em: 18 ago. 2010.

PRADO, M. A. M. Da mobilidade social à constituição da identidade política: reflexões em torno dos aspectos psicossociais das ações coletivas. *Psicologia em Revista*, n. 8 (v. 11), p. 59-71, 2002.

______. Psicologia política e direitos humanos: tensões da relação indivíduo e bem comum. In: GUERRA, A. M. C. *et al.* (org.). *Psicologia Social e Direitos Humanos*. Belo Horizonte: Edições do Campo Social, 2003, p. 65-75.

PRADO, M. A. M.; MACHADO, F. V. *Preconceito contra homossexualidades*: a hierarquia da invisibilidade. São Paulo: Cortez, 2008.

PRADO, M. A. M.; MACHADO, F. V.; CARMONA, A. M. A luta pela formalização e tradução da igualdade nas fronteiras indefinidas do Estado contemporâneo: radicalização e/ou neutralização do conflito democrático? *Interface: a journal for about social movements*, n. 1 (v. 2), p. 134-65, 2009.

PRINCÍPIOS DE YOGIACARTA. *Princípios sobre a aplicação da legislação internacional de direitos humanos em relação à orientação sexual e identidade de gênero*, 2009. Disponível em <http://www.clam.org.br/uploads/conteudo/principios_de_yogyakarta.pdf>. Acesso em: 12 out. 2009.

RAMOS, S. Violência e homossexualidade no Brasil: as políticas públicas e o movimento homossexual. In: GROSSI, M. P. *et al.* (org.). *Movimentos Sociais, Educação e Sexualidades*. Rio de Janeiro: Garamond, 2005.

RAMOS, S.; CARRARA, S. A constituição da problemática da violência contra homossexuais: a articulação entre ativismo e academia na elaboração de políticas públicas. *Physis: Revista de Saúde Coletiva*, v. 2, n. 16, p. 185-205, 2006.

RIOS, R. R. O conceito de homofobia na perspectiva dos direitos humanos e no contexto dos estudos sobre preconceito e discriminação. In: POCAHY, F. (org.). *Rompendo o silêncio*: homofobia e heterossexismo na sociedade. Porto Alegre: Nuances, 2007, p. 27-48.

SANTOS, A. C. Orientação sexual em Portugal: para uma emancipação. In: SANTOS, B. S. (org.). *Reconhecer para libertar*: os caminhos do cosmopolitismo multicultural. Rio de Janeiro: Editora Civilização Brasileira, 2003, p. 335-79.

______. Quando o direito das minorias sexuais também são direitos humanos: regulação versus emancipação. *V Congresso Português de Sociologia*. Universidade do Minho: Braga, 2004.

______. *A Lei do Desejo*: Direitos Humanos e Minorias Sexuais em Portugal. Porto: Afrontamento, 2005.

______. *Enacting Activism. The Political, Legal and Social Impacts of LGBT Activism in Portugal*. University of Leeds: UK, 2008.

SANTOS, B. S. *A crítica da razão indolente*: contra o desperdício da experiência. São Paulo: Cortez, 2000.

______. Para uma concepção multicultural dos direitos humanos. *Contexto Internacional*, n. 23 (v. 1), p. 7-34, 2001.

______. *Pela mão de Alice*: o social e o político na pós-modernidade. São Paulo: Cortez, 2006.

______. *Renovar a teoria crítica e reinventar a emancipação social*. São Paulo: Boitempo, 2007.

______. *A gramática do tempo*: para uma nova cultura política. São Paulo: Cortez, 2008.

______. Para além do Pensamento Abissal: das linhas globais a uma ecologia de saberes. In: SANTOS, B. V.; MESESES, M. P. (Orgs.). *Epistemologias do Sul*. Coimbra: Edições Almedina, 2009, p.23-72.

______. *Anotações em sala de aula*. Programa de Doutoramento: Pós-colonialismo e Cidadania Global. Universidade de Coimbra (CES\FEUC), Portugal, 2010a.

______. Anotações em sala de aula. Disciplina: "Teorias e debates sobre direitos humanos e globalização: definições, genealogias e contextos". Programa de Doutoramento: Democracia no Século XXI (2. ed.). Universidade de Coimbra (CES\FEUC), Portugal, 2010b.

______. Sumário. In: *Programa de Doutoramento "Democracia no Século XXI" 2ª edição – 2009-2010*. Universidade de Coimbra (CES\FEUC), Portugal, 2010c.

SANTOS, B. S.; NUNES, J. A. Introduction: Democracy, Participation and Grassroots Movements in Contemporary Portugal. *South European Society and Politics*, n. 9, v. 2, p. 1-15, 2004.

SANTOS, G. *Estado, projetos políticos e trajetórias individuais*: um Estudo com as lideranças homossexuais na cidade de São Paulo. Dissertação (Mestrado em Ciência Política) - Departamento de Ciência Política do Instituto de Filosofia e Ciências Humanas da Universidade Estadual de Campinas, 2006.

SCOTT, J. W. O enigma da igualdade. *Estudos Feministas*, n. 13 (v. 1), p. 11-30, 2005.

SCHERER-WARREN, I. Cidadania e Participação em Políticas Sociais. In: ______. (org.). *Cidadania sem fronteiras*. São Paulo: Hucitec, 1999.

______. A contribuição de Alain Touraine para o debate sobre sujeito e democracia latino-americanos. *Revista de Sociologia Política*, n. 25, 2005.

SEN, A. Elements of a Theory of Human Rights. *Philosophy and Public Affairs*, n. 32 (v. 4), p. 315-56, 2004.

SERRÃO, Joel. *Dicionário de História de Portugal.* n. 2 (6 v.), Porto: Figueirinhas, 1980.

SHIVJI, I. G. *Let the People Speak*: Tanzania Down the Road to Neo-Liberalism. Dakar: Codesria, 2006.

SIMÕES, J. A.; FACCHINI, R. *Na trilha do arco-íris*: do movimento homossexual ao LGBT. São Paulo: Ed. Fundação Perseu Abramo, 2009.

SORONDO, F. Los derechos humanos através de la história. *Educación y Derechos Humanos*, n. 2, v. 3, 1998.

SOUZA, J. Uma teoria crítica do reconhecimento. *Lua Nova,* São Paulo, n. 50, p.133-158, 2000.

SPOSATI, A. O. A constituição de 1988 e o percurso das políticas públicas no Brasil. In: In: LOPES, J. R. (Org.). *O processo de democratização na sociedade brasileira contemporânea*: 20 anos de luta pela cidadania. São Paulo: SESC, 1999.

TORRES, M. A. Direitos humanos LGBT na educação e as lógicas heterossexistas. *Fazendo Gênero:* Diásporas, Diversidades, Deslocamentos, UFSC, 2010.

TOURAINE, A. *Return of the actor*. Minneapolis: Universty of Minnessota Press, 1984.

______. *Crítica da Modernidade.* Petrópolis: Vozes, 1994.

______. *Producción de la Sociedad.* UNAM - IFAL. México, 1995.

______. *Poderemos vivir juntos? Iguales y diferentes.* Buenos Aires: Fondo de Cultura Económica, 1997.

TREVISAN, J. S. *Devassos no paraíso*: a homossexualidade no Brasil, da colônia à atualidade. Rio de Janeiro: Record, 2000.

TRINDADE, A. A. C. *A incorporação das normas internacionais de proteção dos direitos humanos no direito brasileiro.* Suécia: ASDI, 1996.

______. Dilemas e desafios da protecção internacional dos Direitos Humanos no limiar do séc. XXI. *Revista Brasileira de Política Internacional*, n. 40 (v. 1), p. 167-17, 1997.

______. A *proteção internacional dos direitos humanos e o Brasil.* Brasília: Fundação Universidade de Brasília, 1998.

VASAK, K. *As dimensões internacionais dos direitos do homem*: manual destinado ao ensino dos direitos do homem nas universidades. Lisboa: Livros Técnicos e Científicos, 1979.

YOUNG, I. M. Representação política, identidade e minorias. *Lua Nova*, São Paulo, n. 67, p.139-190, 2006.

APÊNDICE A

Quadro com o perfil dos entrevistados em Belo Horizonte

Número da Entrevista	Função/Cargo	Data
01BH	Servidora Pública da Coordenação de DST/AIDS na Secretaria Municipal de Saúde/PBH	06/06/2012
02BH	Servidora Pública da Secretaria Municipal de Políticas Sociais Ex-técnica de referência histórica na área LGBT da Coordenadoria Municipal de Direitos Humanos	07/12/2010
03BH	Gestor da Secretaria Municipal de Políticas Sociais	10/11/2010
04BH	Militante Histórica do Movimento LGBT de Belo Horizonte Membro do Grupo/ONG do Segmento Travestis e transexuais Gestora Pública da Política Estadual LGBT Ex-Coordenadora Voluntária do Centro de Referência da Diversidade Sexual da Secretaria Municipal Adjunta de Direitos de Cidadania/PBH	10/11/2010
05BH	Militante Histórico do Movimento LGBT de Belo Horizonte Membro de Grupo/ONG do Segmento Gay Gestor Público Histórico da Política Municipal LGBT da Secretaria Municipal Adjunta de Direitos de Cidadania	25/11/2010 e 21/05/2012
06BH	Gestora Pública da Política Municipal de Direitos Humanos da Secretaria Municipal Adjunta de Direitos de Cidadania	10/11/2012
07BH	Ex-técnico de referência histórica na Política Municipal LGBT da Secretaria Municipal Adjunta de Direitos de Cidadania	30/06/2012
08BH	Gestor Público da Política Municipal de Direitos de Cidadania Ex-Assessor da Secretaria Municipal de Educação no Programa Diversidade Sexual na Educação e no Núcleo de Relações Étnico-Raciais e de Gênero	21/05/2012
09BH	Gestor Público da Coordenação de DST/AIDS na Secretaria Municipal de Saúde/PBH	06/06/2012

10BH	Assessoria Parlamentar na Assembleia Legislativa do Estado de Minas Gerais Ex-vereadora de referência histórica na área LGBT	29/05/2012
11BH	Ex-Ministro da Secretaria Especial de Direitos Humanos da Presidência da República de referência histórica na área LGBT Ex-Parlamentar Estadual e Federal	25/04/2012
12BH	Militante Histórica do Movimento LGBT de Belo Horizonte Sócio-Fundadora de Grupo/ONG do Segmento Lésbico	02/12/2010
13BH	Militante do Movimento Universitário LGBT de Belo Horizonte	22/05/2012
14BH	Militante Histórica do Movimento LGBT de Belo Horizonte do Segmento Travesti, Transexual e Transgênero	15/05/2012

APÊNDICE B
Quadro com o perfil dos entrevistados em Lisboa

Número da Entrevista	Função/Cargo	Data
01L	Militante do Movimento LGBT de Lisboa, no segmento Lésbico	16/07/2010
02L	Gestor de Grupo LGBT do Sindicato Unificado da Polícia de Segurança Pública	11/07/2010
03L	Parlamentar de referência na área LGBT	15/11/2010
04L	Parlamentar de referência na área LGBT	10/07/2010
05L	Assessor da Secretaria de Estado da Igualdade	14/07/2010
06L	Militante do Movimento LGBT Membro da Direção de Grupo Gay Jovem	16/07/2010
07L	Militante Histórica do Movimento LGBT Dirigente e Editor de site Gay	12/07/2010
08L	Militante do Movimento LGBT Membro da Direção de Grupo de pais de pessoas LGBT	17/07/2010
09L	Parlamentar de referência histórica na área LGBT Professor Universitário	15/07/2010
10L	Militante do Movimento LGBT de Lisboa, no segmento Gay	27/07/2010
11L	Militante do Movimento LGBT de Lisboa, no segmento Gay	14/07/2010
12L	Militante do Movimento LGBT de Lisboa Servidora Pública da Comissão para a Cidadania e igualdade de Gênero da Secretaria de Estado da Igualdade	14/07/2010
13L	Militante do Movimento LGBT de Lisboa, no segmento Lésbico	20/05/2010
14L	Militante do Movimento LGBT de Lisboa, no segmento Gay	15/07/2010
15L	Militante do Movimento LGBT de Lisboa, no segmento Gay	25/05/2010

LISTA DE ABREVIATURAS E SIGLAS

ABGLT	Associação Brasileira de Gays, Lésbicas, Travestis e Transexuais
AGM	Associação Gay de Minas
AIDS	Acquired Imunne Deficiency Syndrome
ALEM	Associação Lésbica de Minas Gerais
ASSTRAV	Associação de Travestis, Transexuais e Transgêneros de Minas Gerais
BELOTUR	Empresa Municipal de Turismo de Belo Horizonte S.A.
CDHC	Coordenadoria de Direitos Humanos e Cidadania
CDHM	Comissão de Direitos Humanos e Minorias da Câmara Federal
CELLOS	Centro de Luta pela Livre Orientação Sexual
CES	Centro de Estudos Sociais
CMDH	Coordenadoria de Direitos Humanos
CRDS	Centro de Referência da Diversidade Sexual
CRGLBT	Centro de Referência pelos Direitos Humanos e Cidadania de Gays, Lésbicas, Bissexuais, Travestis e Transexuais
CRLGBT	Centro de Referência pelos Direitos Humanos e Cidadania de Lésbicas, Gays, Bissexuais, Travestis e Transexuais.
CRLGBTTT	Centro de Referência pelos Direitos Humanos e Cidadania de Gays, Lésbicas, Bissexuais, Travestis e Transexuais do Estado de Minas Gerais
CRP	Conselho Regional de Psicologia
CRS	Clube Rainbow de Serviços
DST	Doenças Sexualmente Transmissíveis
FEUC	Faculdade de Economia da Universidade de Coimbra
FSP	Fórum Social Português
GAPA	Grupo de Apoio e Prevenção à Aids
GGB	Grupo Gay da Bahia
GLBT	Gays, Lésbicas, Bissexuais, Travestis e Transexuais
GLS	Gays, Lésbicas e Simpatizantes
GLTB	Gays, Lésbicas, Travestis, Transexuais e Bissexuais
HIV	Human Immunodeficiency Virus
HSH	Homens que Fazem Sexo com Homens
ILGA	Internacional Lesbian and Gay Association
LBL	Liga Brasileira de Lésbicas

LGBT	Lésbicas, Gays, Bissexuais, Travestis e Transexuais
LGBTTT	Lésbicas, Gays, Bissexuais, Travestis, Transexuais e Transgêneros
MAHR	Movimento de Ação Homossexual Revolucionário
NPP	Núcleo de Psicologia Política
NUH	Núcleo de Direitos Humanos e Cidadania LGBT
OMS	Organização Mundial da Saúde
ONU	Organização das Nações Unidas
PBH	Prefeitura de Belo Horizonte
PBSH	Programa Brasil sem Homofobia
PCP	Partido Comunista Português
PDT	Partido Democrático Trabalhista
PEV	Partido Ecologista Os Verdes
PNDH	Plano Nacional de Direitos Humanos
PPS	Partido Popular Socialista
PS	Partido Socialista
PSC	Partido Socialista Cristão
PSR	Partido Socialista Revolucionário
PT	Partido dos Trabalhadores
PV	Partido Verde
SAIC	Serviço de Atendimento Integrado ao Cidadão
SCOMPS	Secretaria Municipal de Coordenação da Política Social
SEDH	Secretaria Especial dos Direitos Humanos
SIDA	Síndrome da Imunodeficiência Adquirida
SMADC	Secretaria Municipal Adjunta de Direitos de Cidadania
SMATDC	Secretaria Municipal Adjunta de Trabalho e Direitos de Cidadania
SMDC	Secretaria Municipal de Direitos de Cidadania
SMED	Secretaria Municipal de Educação
SMPS	Secretaria Municipal de Políticas Sociais
SMSA	Secretaria Municipal de Saúde
SOMOS	Grupo de Afirmação Homossexual
STF	Supremo Tribunal Federal
UFMG	Universidade Federal de Minas Gerais
UNESCO	Organização das Nações Unidas para a Educação, a Ciência e a Cultura
UNFPA	Fundo de População das Nações Unidas
UNICEF	Fundo das Nações Unidas para a Infância

SOBRE A AUTORA

Andréa Moreira Lima é psicóloga, Doutora em Psicologia Social pela UFMG, com período de doutoramento, como bolsista da CAPES, no Centro de Estudos Sociais (CES) da Universidade de Coimbra/ Portugal. Trabalhou na Coordenadoria Municipal de Direitos Humanos da Prefeitura de Belo Horizonte, ao longo de uma década, sendo gestora no período de 2004 a 2008, momento em que coordenou a equipe de criação do CRLGBT (2007). Membra da Associação Brasileira de Psicologia Social (ABRAPSO). Professora do Centro Universitário UNA.

1ª EDIÇÃO [2017]

Esta obra foi composta em Minion Pro e Din sobre papel
Pólen Bold 70 g/m² para a Relicário Edições.